Maritime Archaeology

海洋考古学

第二版

〔英〕基思·马克尔瑞 / 著

戴开元　邱克 / 译

海洋出版社

2023 年·北京

图书在版编目（CIP）数据

海洋考古学 /（英）基思·马克尔瑞著；戴开元，邱克译 . — 2 版 .
— 北京：海洋出版社，2023.5
书名原文：Maritime Archaeology
ISBN 978-7-5210-0922-4

Ⅰ . ①海… Ⅱ . ①基… ②戴… ③邱… Ⅲ . ①海洋学—考古学—研
究 Ⅳ . ① K85

中国版本图书馆 CIP 数据核字 (2022) 第 011344 号

北京市版权局著作权合同登记号 图字：01-2023-1166

HAIYANG KAOGUXUE

责任编辑：张　欣
责任印制：安　淼

海洋出版社 出版发行

http：// www.oceanpress.com.cn
北京市海淀区大慧寺路 8 号　邮编：100081
北京中科印刷有限公司印刷　新华书店北京发行所经销
2023 年 5 月第 2 版　2023 年 5 月第 1 次印刷
开本：787mm×1092mm　1 / 16　印张：19.75
字数：352 千字　定价：158.00 元
发行部：010-62100090　编辑部：010-62100096　总编室：010-62100034

海洋版图书印、装错误可随时退换

译者序

基思·马克尔瑞及其《海洋考古学》的学术价值

　　海洋考古学的先驱之一基思·马克尔瑞（Keith Muckelroy）所著《海洋考古学》自 1978 年由剑桥大学出版社出版以来，一直是各国海洋考古学研究和教学的必读书之一，至今仍然被广泛认为是海洋考古学里程碑式的奠基性著作①。尽管四十多年来出现了许多关于海洋考古学的研究成果，但基思·马克尔瑞这部深思熟虑的著作及其对海洋考古学理论方

---

① Matthew Harpster: Keith Muckelroy: Methods, Ideas and Maritime Archaeology, J Mari Arch (2009) 4:67−82; Jonathan Adams: Comments on Keith Muckelroy: Methods, Ideas and Maritime Archaeology, Published online: 19 May 2009, Springer Science+Business Media, LLC 2009; Joyce Steinmetz：Mid−AtlanticC Deepwater Shipwreck Study: Side−Wheel Paddle Steamer Admiral Dupont, 1847−1865 https://www.academia. edu/5292541; Matthew Harpster:Muckelroy, Keith (Extreme Environments).Encyclopedia of Global Archaeology,2014; Paula Martin:Muckelroy, Keith (Underwater and Maritime Archaeology),Encyclopedia of Global Archaeology,2014.

法的研究依然是经典之作[1]，被称为"备受欢迎的补充"[2]，至今还有着一定的参考价值。

即使这部《海洋考古学》明显是那个时代的产物，今天读来依然令人印象深刻，而且还没有一本其他著作能直接取代它的位置，这证明了基思·马克尔瑞的成就。有学者甚至说这部书应该得到跟西方考古学大师大卫·克拉克（David Clark）教授代表作《分析考古学》一样的评价[3]。

本文通过对基思·马克尔瑞及其学术活动的介绍，希望对《海洋考古学》的学术价值以及影响有一个全面的认识。

英年早逝

基思·马克尔瑞生于 1951 年 9 月 6 日，1970 年考进剑桥大学考古系。剑桥大学考古系有一个灵活的研究传统，就是鼓励学生从第一年开始专攻某一项科目，也可以选择一个广泛的开始，第二学年再专注一门或者两门科目。显然，基思很早就对水下考古产生兴趣，第二年开始参加水下勘探小组（CUUEG），在潜水官杰夫·都伯里（Jeff Dubery）的指导下学习潜水。这个小组是 1957 年成立的，吸引了来自建筑、工程和自然科学的参与者，它不完全是一个考古学团体，基思是该组织这些年唯

[1] J. Du Plat Taylor：Review of Keith Muckelroy (ed.): Archaeology underwater. An atlas of the World's submerged sites. London & New York: McGraw-Hill, 1980. in Journal: Antiquity / Volume 55 / Issue 213 / March 1981, Published online by Cambridge University Press: 02 January 2015, pp. 66−67.

[2] George F. Bass: review of Keith Muckelroy: Maritime archaeology. Cambridge: Cambridge University Press, 1978. in Antiquity / Volume 54 / Issue 210 / March 1980, Published online by Cambridge University Press: 02 January 2015, pp. 67−68; Matthew Harpster:Keith Muckelroy: Methods, Ideas and Maritime Archaeology, J Mari Arch (2009) 4:67−82.

[3] Jonathan Adams: Comments on Keith Muckelroy: Methods, Ideas and Maritime Archaeology,Published online: 19 May 2009, Springer Science+Business Media, LLC 2009.

一一位考古专业的学生，很快他就成为该组织的助理潜水员。

1973 年，他带领一个由来自不同学科的潜水员组成的探险队，对利比亚阿波罗尼亚（Apollonia）的水下港口结构进行调查、测绘和研究。同年，在水下勘探小组的推荐下，他加入了英国伯明翰阿斯顿大学组织的位于设得兰岛的发掘工作，主要发掘十七世纪荷兰东印度公司"肯内默兰"号沉船（Kennemerland），并在 1974 年共同撰写了关于该遗址的第二季发掘报告 [1]。对这艘从荷兰运货到荷属东印度群岛的武装商船的发掘是海洋考古学最早的实践之一。对基思·马克尔瑞来说，这个分散的遗址成为他研究沉船形成过程的主要焦点，他很快成为这一新领域的主要实践者和理论家之一 [2]。

在格雷厄姆·克拉克（Grahame Clark）教授和大卫·克拉克教授的指导下，基思·马克尔瑞于 1974 年夏天毕业获得本科学位，来到位于苏格兰东海岸的圣安德鲁斯大学海洋考古研究所担任研究助理一职。这个研究所是 1973 年才成立的，基思在所长科林·马丁（Colin Martin）的带领下，共同从事发掘和研究沉没于爱尔兰和苏格兰沿海的西班牙无敌舰队船只"特立尼达·巴伦西亚"号和"大格里丰"号以及马尔海峡的"达特茅斯"号快速舰遗址，长达六年之久。在这个时期，正像基思在其前言中所提到的，他已经开始构思这部《海洋考古学》的结构和内容。其中最令人激奋的和富有创造力的真知灼见都是在与大海的直接联系中产生的。大海使他的思想日臻成熟，并独具特色 [3]。

在 1975 年至 1978 年期间，基思在《国际航海考古学杂志》《世界考古学》《不列颠尼亚》和英国航海协会季刊《水手之镜》等顶尖学术

---

[1] Price,R.& Muckelroy,K.(1974).The second season of work on the Kennemerland site,1973;an interim report.I.J.N.A.,3,257-68.

[2] Muckelroy,K.(1976).The Integration of Historical and Archaeological Data Concerning an Historic Wreck Site: the Kennemerland. World Archaeology 7(3):280-290.

[3] 科林·马丁（Colin Martin）：《致中国读者》，载基思·马克尔瑞.《海洋考古学》[M]. 戴开元、邱克，译. 北京：海洋出版社，1992：1-2.

杂志上连续发表了七篇学术论文，引起国际学术界的重视。

1977 年，基思离开圣安德鲁斯，回到剑桥攻读研究生，他的兴趣集中于对欧洲青铜时代晚期沉船遗址的研究。对于英格兰南部沿海两处青铜时代沉船遗址的探索，充实了他的理论研究，并为他发展水下遗址调查和各种资料分析技术的方法奠定了基础。他以后陆续发表的著述，展示了史前遗址是如何以一种特有的方式使考古学记录熠熠闪光彩的[①]。

同年，基思接到英国国家海事博物馆考古研究中心邀请担任考古潜水员一职，他的学术地位在英国学术界已经广为人知，无疑可以使他对海洋考古学在世界范围内的广泛发展起到持久和重要的作用。他热爱这一事业，并已经为之做出了如此卓越的成绩。10 月，开始准备博士论文《论海洋考古学与晚期青铜时代跨渠道联系的几个问题》，并在 12 月完成了他第一部学术著作《海洋考古学》的初稿。

1978 年，他继续在"肯内默兰"号进行第五季的发掘工作，并担任水下勘探小组（CUUEG）的考古主管。这一年，他的《海洋考古学》出版，被誉为"由一位备受尊敬的英国海洋考古学家撰写的重要著作"，代表着"水下考古学时代的到来"。

1979 年和 1980 年同样忙碌，他带领水下探险小组前往希腊的普利特拉，并对德文郡兰登湾附近的第二个青铜时代遗址进行进一步调查[②]，并准备另外两部书稿的草稿。

1980 年，基思·马克尔瑞刚刚过完 29 岁的生日，正是风华正茂之时，却不幸在苏格兰第六大湖泰湖（Loch Tay）的一次潜水事故中去世，年轻鲜活的生命戛然而止，学术界失去了一位才识过人的青年学者，实

---

① Muckelroy,K.(1977).Historic Wreck Sites in Britain and Their Environs. International Journal of Nautical Archaeology 6(1):47–57; – A Possible Seventeenth-Century Dutch Backstaff, The Mariner's Mirror Vol. 63, London, pp 213–214.

② Muckelroy, K.(1980). Two bronze age cargoes in British waters. Antiquity Vol 54 number 211 pp100–109.

在是令人扼腕长叹！他的最后两部学术著作《水下考古学：世界水下遗址地图集》和《发现历史沉船》是在他去世后才出版的 [①]。

学有师承

英国剑桥大学考古学专业在英国乃至全球都是声名卓著的，已有百年历史，一直被誉为考古学家的摇篮。这里不仅汇聚了全球最顶尖的导师和最先进的仪器设备，也孕育了学术界最新的研究理念。基思在剑桥大学有幸得到了两位著名考古学大师的教诲，让他的学术观念与以往考古学家所采用的传统主义或历史学方法迥然有异。基思《海洋考古学》一书也揭示了他如何师承往哲先贤的精髓，在史前考古学的基础上，坚持了 20 世纪 70 年代逐渐成熟的新考古学基本原则 [②]。

有趣的是基思的两位老师的姓都是一样的，格雷厄姆·克拉克（Grahame Clark）和大卫·克拉克（David Clark）。

格雷厄姆·克拉克教授（1907—1995）是 20 世纪最重要的史前学家之一，专门研究中石器时代的欧洲史和古经济学。克拉克充满活力的研究领域包含了景观、经济和社会主题，而不仅仅是贴有标签的器物。他更关心过去发生了什么，而不是如何或为什么。这与其他考古学家过分关注器物类型相反。

从 1972 年起，克拉克开始大量参与使用新开发的科学技术来分析考古材料。受德国和斯堪的纳维亚考古模式的影响，克拉克利用民间传说和民族志来更好地了解史前的生存方式。尽管如此，他并没有不加批

---

① Muckelroy, K.(1980).Archeology Under Water: An Atlas of the World's Submerged Sites. McGraw-Hill, New York;Muckelroy, K.(1981).Discovering a Historic Wreck: A Handbook Offering Some Advice on What to Do When You Find an Archaeological Site Under Water (Handbooks in Maritime Archaeology).National Maritime Museum.

② Matthew Harpster: Keith Muckelroy: Methods, Ideas and Maritime Archaeology, J Mari Arch (2009) 4:67-82.

判地使用这样的类比，他相信当较旧和较新的社区之间存在持续的历史联系，并且他们都生活在非常相似的环境条件下时，它们才最有用。

克拉克帮助将史前考古学确立为"完全专业的学科"，具有明确概述的目标和方法及基础。他是生态学、功能主义考古学方法的先驱，也是第一位撰写全球人类史前史的考古学家。

基思·马克尔瑞非常推崇克拉克教授的代表作《考古学与社会》，尤其是关于遗址保护的一章，启发了基思《海洋考古学》的很多想法[①]。克拉克关于环境因素对遗址保存情况的影响分析、文化重建的思路深刻影响了基思。正如克拉克写的干热或湿冷的气候一样，基思写的是海流、海浪和风向。克拉克讨论不同类型的土壤，基思用同样的方法讨论了海床的坡度、地形以及不同的沉积物。基思将克拉克的气候和地质过程转化为水下分解和海床运动。克拉克关于社会行为的第三部分，同样启发基思讨论在水中的打捞活动。最终，基思破译沉船遗址形成的过程与克拉克描述人工制品生存或消失的章节异曲同工[②]。

另外一位大卫·克拉克（1937—1976）是格雷厄姆·克拉克教授的学生，以过程考古学（另译为"新考古学"）而闻名。1964 年，他在剑桥大学获得博士学位，导师就是格雷厄姆·克拉克教授。

大卫·克拉克教授早期研究分析考古学，重视系统论、量化和科学推理在考古学中的应用，并将生态学、地理学和比较人类学牢牢地纳入考古学的范围内。他强调一个合格的考古学家必须具备这些学术知识。他的代表作《分析考古学》对基思的影响最大[③]。

大卫·克拉克试图建立一系列解释考古学数据的科学分析方法，并试图证明这些方法如何成为考古学的基础。从本质上来讲，这是一个

---

① Clark, G. (1939). Archaeology and society. London: Methuen and Co., Ltd.

② Matthew Harpster: Keith Muckelroy: Methods, Ideas and Maritime Archaeology, J Mari Arch (2009) 4:67−82.

③ Clark, D. (1968). Analytical archaeology. London:Methuen and Co., Ltd.

供其他考古学家遵循的指南，在这种情况下，基思就是这些考古学家之一。他对基思的统计学和系统理论的应用产生了全面的影响，并为他提供了可以进行分析和测试想法的框架。基思统计分析的大部分应用都采用了《分析考古学》中的观点。

《海洋考古学》对于古代社会的认识方式，也参考了《分析考古学》所探讨的社会子系统的体系。在探索海洋考古学这一新分支学科的理论框架时，基思通过不同层次的研究来充分估价出各个沉船遗址的意义，勾勒出这一分支学科的整个范围。这种分析层次与《分析考古学》中提出的分析层次非常相近，但克拉克教授采用周密的分析方法是为了从器物和器物组合方面获取大量的知识，基思则花了很多精力论及遗址及其形成过程。

克拉克教授知识渊博，乐于提携后进，对学生给予极大的包容和鼓励，深受基思和其他学生的热爱。基思的这本《海洋考古学》就是 1974 年受克拉克教授的委托，成为其《考古学新研究》出版系列的一部分，于 1977 年 12 月完成的。可惜克拉克教授在 1976 年突然死于败血症，基思·马克尔瑞在前言中把《海洋考古学》作为献给老师的礼物。他深情地说："令人悲痛的是，这本曾得到他大力支持的著作，现在却只能作为一件菲薄的奉献品来报答他的恩情了"[①]。

除了这两位考古学大师之外，基思的导师还包括"世界水下考古之父"乔治·巴斯（George Bass）教授。1960 年，他率领美国宾夕法尼亚大学的考古队员对土耳其格里多亚角沉船进行的水下调查和发掘，是世界上最早并且最规范的水下考古实践。他建立的标准、理论及工作程序，在很长时间内一直是考古工作者努力遵循的楷模[②]。他主编的《基于水下考古学的航海史》也是基思推崇的经典之作，在他的书中多次引用。巴斯教授认真阅读了基思的《海洋考古学》，并提出了很多建设性的意

---

① 基思·马克尔瑞.《海洋考古学》[M]. 戴开元，邱克，译. 北京：海洋出版社，1992：12.

② 基思·马克尔瑞.《海洋考古学》[M]. 戴开元，邱克，译. 北京：海洋出版社，1992：17.

见。他将基思视为海洋考古学领域的领军人物。当然，他更喜欢基思的另一部专著《水下考古学》，因为他认为《海洋考古学》的研究过于学术化。

科林·马丁（Colin Martin）是基思在圣安德鲁斯大学工作期间的导师，他指导了基思对西班牙舰队船只的突破性研究，为基思提供该书许多观点得以产生的知识背景，还通读了全书初稿并和他讨论过其中的不少章节。他跟巴斯教授一样，已经花了十年的时间来完善水下调查和发掘的技术，并证明了这些成果与在陆地上获得的成果一样行之有效和富有价值。作为一个年轻的后来者，基思的角色是在这些基础上承嬗离合，将海洋考古学发展成一门成熟的学科。正如许多人所评论的那样，基思的研究朝着这个方向迈出了自信的第一步。

薪火相传

基思·马克尔瑞的英年早逝虽然留下了无尽的遗憾，让后人痛心惋惜，但他的名字并没有渐渐消弭，无人铭记。恰恰相反，四十多年来，基思·马克尔瑞形骸虽无但精神不灭，他的理论通过其《海洋考古学》承前草创，启后规模，影响了几代学者不断在海洋考古学这条艰难的路程上砥志研思，深稽博考。

曾经写过《考古学与船舶社会史》的美国布朗大学考古学教授古尔德（Richard Allan Gulde）回忆说，他 1977 年在剑桥出版社见到基思之前，对海洋考古完全没有概念，由于跟基思多次兴奋的交谈才对海洋考古产生兴趣。"正是基思，而不是别人，将这种观念移植到我的大脑中，即水下考古学拥有学术上的合理性，而绝不只是神秘详细的航海故事和航海技术"。"他的《海洋考古学》为我沿此方向开辟了途径。二十年后，对于熟悉基思工作的人来说，其卓具才智的影响在我的书中将明晰可见。对于在这一航行之始他所给予的激发与鼓励，我深为感激"[1]。

20 世纪 80 年代，美国有越来越多的海洋考古学家受到了基思·马克尔瑞的影响。在这些研究人员中，有佛罗里达州立大学的乔治·费舍尔（Fischer）及其学生。1983 年，费舍尔领导了对 1748 年英国军舰"富伟号"（HMS Fowey）的系统性发掘，就像基思·马克尔瑞在"肯内默兰"号所做的一样，使用网格系统和分层取样策略来确定文物模式。费舍尔的学生在研究沉船遗址的过程中，也继续应用过程考古学理论，以寻求比较沉船文物组合中的定量模式[2]。

1998 年出版的《海洋考古学：实质性和理论性贡献的读本》一书面向有志于从事海洋考古的学生以及关心海洋考古的公众，对该学科的发展和现状提供了及时的观察和评论。该书特意转载了基思《海洋考古学》一书中的三个章节，作为对他的致敬[3]。

1999 年，中国著名海洋考古学家、厦门大学吴春明老师在他早期研究海洋考古学的论文中也多次引用了基思这部书的观点和资料[4]。

进入千禧年后，基思·马克尔瑞的遗址分布模式继续影响着世界各地的海洋考古学家。科林·马丁以基思·马克尔瑞的技术为基础，对整个北欧的遗址进行了研究[5]。托马林（Tomalin）等人在 2000 年有意识地遵循这一方法，在英国怀特岛附近的泼默恩（Pomone）遗址取得了同样

---

① 理查德·A. 古尔德. 考古学与船舶社会史 [M]. 张威，王芳，王东英，译. 济南：山东画报出版社，2011：71.

② Chuck Meide: The Development of Maritime Archaeology as a Discipline and the Evolving Use of Theory by Maritime Archaeologists（2013）https://www.academia.edu/4376520

③ David J. Stewart: Northeast Historical Archaeology Volume 27 1998 Book Review: Maritime Archaeology: A Reader of Substantive and Theoretical Contributions edited by Lawrence E. Babits and Hans Van Tilburg 1998, The Plenum Series in Underwater Archaeology, Plenum Press, New York and London.

④ 吴春明. 试说海洋考古与社会经济史学的整合 [J]. 中国社会经济史研究 .1999,(1)：1-7.

⑤ Joe Flatman and Mark Staniforth:Historical maritime archaeology,Article － October 2006 DOI: 10.1017/CCO9781139167321.010 － Source: OAI https://www.researchgate.net/publication/32894250.

令人印象深刻的证明。马丁·吉布斯（Martin Gibbs）2006 年的一篇论文扩展了基思·马克尔瑞的模型，以考虑灾难发生时的人类行为以及人与沉船之间的长期关系。该模型使用对参与灾难的人类的研究，将人类活动描述为围绕失事时间的不同阶段①。

2016 年，马修·基思（Matthew E. Keith）在其主编的《沉船遗址的形成过程》（Site formation processes of submerged shipwrecks）（佛罗里达大学出版社）导言中概述了海洋考古学中遗址形成理论的发展，介绍了基思·马克尔瑞的基础性工作，并采用了他开发的流程图方案，用于解释环境和遗址的形成过程②。2017 年，南安普顿大学的莎拉·霍兰德（Sarah Holland）在她的博士论文《沉船简史：重新调查和持续管理英吉利海峡沉船遗址的综合方法》中基于《海洋考古学》的理论，对适合重新调查的分散性遗址提出新的解决方案③。

一直到 2020 年，在巴西塞尔吉佩联邦大学鲁阿娜·巴蒂思塔·古拉尔特（Luana Batista-Goulart）研究沉船遗址形成过程的论文中依然重视"第一个研究沉船遗址考古学形成过程的考古学家基思·马克尔瑞及其名著《海洋考古学》一书"④。

此外，基思的同事和朋友们通过建立"基思·马克尔瑞奖"（Keith Muckelroy Award），评选出英国海事、航海或水下考古学方面的最佳作品，让基思的开创性思想和学术理念在世界范围内得以继续传承和不断

---

① Martin Gibbs:Cultural Site Formation Processes in Maritime Archaeology: Disaster Response, Salvage and Muckelroy 30 Years on,First published: 06 January 2006 https://doi.org/10.1111/j.1095-9270.2006.00088.xCitations: 21.

② Martin Gibbs:Cultural Site Formation Processes in Maritime Archaeology: Disaster Response, Salvage and Muckelroy 30 Years on,First published: 06 January 2006 https://doi.org/10.1111/j.1095-9270.2006.00088.xCitations: 21.

③ Sarah Holland:Shipwreck bibgraphies:an integrated methodology for the re-investigation and ongoing management of shipwreck sites of the English Channel.https://www.researchgate.net/publication/318046921.

④ Luana Batista-Goulart：A methodology for studying shipwreck sites formation processes,ttps://hal.archives-ouvertes.fr/hal-02463968 Submitted on 4 Feb，2020.

发展[①]。

作为勉励后学的精神遗产，"基思·马克尔瑞奖"旨在奖励涉及海洋、航海或水下考古学的优秀出版物，作者的国籍、书籍出版地点以及项目地点均不受限制，但要求提交作品必须用英文写作。从 2004 年起，"基思·马克尔瑞奖"已经成为英国考古奖的一部分，由基思·马克尔瑞信托基金（Keith Muckelroy Trust）、IFA 海事小组、航海考古学会和地方政府考古官员协会海事委员会赞助。

该奖项的评委有他的老师和同事科林·马丁博士（圣安德鲁斯大学）、保拉·马丁博士（Dr. Paula Martin，《国际航海考古学杂志》编辑）、戴夫·帕勒姆（Dave Parham，伯恩茅斯大学）、马克·雷德克纳普博士（Dr. Mark Redknap，威尔士国家博物馆）和艾莉森·谢里丹博士（Dr. Alison Sheridan，苏格兰国家博物馆）等。

"基思·马克尔瑞奖"没有奖金，只有一个证书和奖杯，但还是吸引了众多的学者参与。海洋考古学者们也以获得这项奖项为荣。如澳洲的吉米·格林（Jeremy Green）是航海考古学委员会成员、西澳大利亚大学史前史中心荣誉研究员、考古学研究所研究员、澳大利亚人文科学院研究员和航海考古学研究所研究助埋，科廷科技大学和詹姆斯·库克大学的兼职副教授，也是《国际航海考古学杂志》的顾问编辑。在自我介绍中他把获得"基思·马克尔瑞奖"作为自己的殊荣[②]。顺便说一下，这位格林先生对中国海洋考古学也有相当的贡献，后面还要提及。

由于疫情缘故，我们迄今还没有看到 2020 年"基思·马克尔瑞奖"的评奖活动的报道。纵览历年"基思·马克尔瑞奖"的评比资料，被提名的作品都具有一定的学术水准，其主题具有相当的广度和深度。例如，2013 年"基思·马克尔瑞奖"得主为巴里·坎利夫（Barry Cunliffe）的《不列颠的开端》（Britain Begins）（牛津大学出版社）。该书以海

---

① https://www.nauticalarchaeologysociety.org/keith-muckelroy-award.

② Australian Archaeology Number 66, June 2008, pp.94.

洋视角贯穿整个论证过程，给评委们留下深刻的印象。这正是吸引基思·马克尔瑞的那种视角和理念，它对英国和爱尔兰人民的起源提供了一个新颖的看法，融合了海洋考古学的所有方面，构成了对英国故事的一个非常容易理解的介绍。

2015 年的"基思·马克尔瑞奖"得主为斯图亚特·尼德汉姆（Stuart Needham）等人撰写的《大海的召唤》（Claimed by the Sea），其清晰无缝的叙述，体现了基思·马克尔瑞的思想，即将这些遗址视为水下考古学和陆地考古学之间的桥梁，跨越了当时存在并在某种程度上仍然存在的观念鸿沟。如果没有基思·马克尔瑞的开创性努力，这些最初未受保护的遗址就得不到科学的发掘，也不会以这种规范的方式整理出这份出版物。从发现和发掘遗址的方法到地貌学分析以及遗址形成过程的建模，创造了对古老历史的新理解，评委们一致认为这部书是对海洋考古学的重大贡献。

在对提交的作品进行排名时，评委们遵循的标准是，获奖作品应该是"最能反映基思·马克尔瑞的兴趣和愿望"。换句话说，基思·马克尔瑞自己会选择哪一个？如果基思·马克尔瑞在天之灵有知，一定会含笑九泉的。

《海洋考古学》的学术价值

（1）基思·马克尔瑞对海洋考古学的明确定义。基思的兴趣主要集中于水下遗址的分析调查和解释，这也是他的博士研究和许多出版物的主题。在他的时代，海洋考古学作为考古学的分支学科还很年轻，但已不再是一个新鲜事物。英国特别是剑桥大学的考古学前辈们正在吸收新的哲学思想和分析方法，并尝试应用在海洋考古学的研究中。因此，基思·马克尔瑞浸润在剑桥大学这个"考古学理论温室"浓厚的学术氛围中，很早开始从哲学的角度思考海洋考古学的理论范畴，从而前瞻性地对海洋考古学的本质属性做深入的思考。

　　基思《海洋考古学》探讨了海洋考古学的各种特征，把学科定义为
"对人类及其海洋活动物质遗存的科学研究[1]"。他明确指出，研究的首
要对象是人，而不是研究者直接接触的船只、货物、设备或仪器。考古
学与其说是研究遗物本身，不如说是通过遗物来了解制造或使用它们的
人。其次，他强调海洋考古学关心的不仅仅是船舶，而是与最广泛意义
上的海洋活动有关的一切物质。海洋考古学涉及海洋文化的各个方面，
不仅有技术问题，还包括社会、政治、经济、宗教及其他许多方面的问
题，从而使这一年轻并且缺乏系统理论基础的考古学分支具有明确的内
涵[2]。有人评价说，自基思以来，没有一位考古学家的观点对海洋考古学
产生了如此深远的影响。有了这个框架，该学科明显走向了对人类、陆
地和海洋之间关系更加全面的理解。[3]

　　基思·马克尔瑞让海洋考古学作为一个分支学科的概念很快获得学
术界的认可，其独具特色的方法论以及对历史现象的评判方式，形成了
解释海洋文化遗产问题的现代科学观点[4]。海洋文化遗产被定义为与航行
和人类发展所有方面相关的物质和非物质文化遗产的总合[5]。正是由于基
思·马克尔瑞的影响，"海洋考古学"一词在很大程度上取代了其他曾经
常用的术语，如航海考古学、水下考古学、船舶考古学等[6]。

① 基思·马克尔瑞著. 海洋考古学 [M]. 戴开元，邱克，译. 北京：海洋出版社，1992：3.

② 吴春明，张威. 海洋考古学：西方兴起与学术东渐 [J]. 中国海洋大学学报·社会科学
版 .2003,(3)：43-49；吕章申主编. 中国国家博物馆水下考古成果 [M]. 合肥：安徽美术
出版社 .2015：27.

③ Chuck Meide:The Development of Maritime Archaeology as a Discipline and the Evolving
Use of Theory by Maritime Archaeologists（2013）https://www.academia.edu/4376520

④ David Berg Tuddenham:Maritime Cultural Landscapes, Maritimity and Quasi
Objects,Published online: 8 May 2010

⑤ Nikolaev Ivan：Maritime Cultural Heritage: The History of the Formation and
Development of the Concept on the Example of Great Britain（2020）DOI: 10.36343/
SB.2020.21.1.002

⑥ Chuck Meide:The Development of Maritime Archaeology as a Discipline and the Evolving
Use of Theory by Maritime Archaeologists（2013）https://www.academia.edu/4376520

（2）基思·马克尔瑞开发了沉船形成过程模型，对水下遗址形成过程有了更系统的了解，可以更好地理解现存的考古记录，并澄清影响沉船遗址的全部考古学背景。四十年来，这一方法已被广泛用于考古沉船遗址的发掘、记录和解释。可以说，这是基思《海洋考古学》最主要的贡献之一[①]。

基思认为，在海洋考古学中，任何正确的结论都取决于对沉船过程的认识。因此，对沉船过程的研究必然在海洋考古学中占有中心地位。通过了解遗址的形成过程，考古学家可以更准确地了解文物的分布和沉船的腐烂，从而更完整和准确地重建船上的生活。但以往许多沉船遗址的考古报告往往对沉船的过程及其以后的情况轻率地作出不合实际的臆测，从而降低了其价值和权威性[②]。

在 1973—1978 年的发掘工作中，基思·马克尔瑞直接受到已经用于陆地遗址的类似模型的影响，开发了研究分布模式的统计方法。1976年，基思在《世界考古学》发表的题为《沉船遗址的历史与考古数据整合研究——以"肯内默兰"号为例》一文中，首次提出了沉船遗址形成过程的理论构想。

1978 年，基思·马克尔瑞在《海洋考古学》中扩展了该理论，用很大篇幅详细讨论了沉船遗址和地貌的形成过程。在他提出的 11 个影响遗址形成的因素中，有 4 个是地貌因素，包括他发现的决定考古遗迹生存最重要的三个因素：水下地形、最粗沉积物的性质和最细沉积物的性质[③]。接着，他用流程图表示沉船遗址形成过程的理论，并使用统计模型

① David Gibbins：Analytical approaches in maritime archaeology: a Mediterranean perspective.
Journal: Antiquity / Volume 64 / Issue 243 / June 1990，Published online by Cambridge University Press: 02 January 2015, pp. 376-38.

② 基思·马克尔瑞. 海洋考古学 [M]. 戴开元，邱克，译. 北京：海洋出版社，1992：162.

③ Matthew E. Keith (ed.). Site formation processes of submerged shipwrecks. 2016. Gainesville: University Press of Florida,17-43；基思·马克尔瑞著. 海洋考古学 [M]. 戴开元，邱克，译. 北京：海洋出版社，1992：169.

来澄清大量的数据，以辨别沉船过程中的模式。这些想法以前从未被提出过[1]。

他的这些概念与新考古学呼吁更加科学的分析方法不谋而合，并首次将其引入到水下沉船研究当中。基思的沉船遗址形成理论成为解释沉船遗址的经典模型，直至今天，对水下遗址（尤其是沉船遗址）堆积物的讨论研究，都要从基思的《海洋考古学》谈起。所以有学者称基思·马克尔瑞在海洋考古学界"引起了一场革命"[2]。

（3）基思·马克尔瑞提出船舶是前工业社会的一个非常特殊的特征，船员也形成了一种非常特殊的社会群体，具有特定的海洋文化，并受到当时经济和社会框架以及周围海洋环境与船舶本身关系的影响。基思·马克尔瑞提出了一个解释框架，用于在其历史背景下更好地理解沉船，这个框架系统的三个方面是：①船舶作为一种机器，旨在利用动力源作为运输工具；②船舶作为军事或经济系统的一个组成部分，提供其基本存在理由；③船舶作为一个封闭的社区，有自己的等级制度、习俗和惯例。在回顾历史上人们对船舶及其作用的理解时，可以看到他对"系统"的明确表述，即船舶的技术机构与总体的政治和经济意识形态及社会埋想交织在一起。许多海洋考古学家在寻求了解船舶作为更大义化系统一部分的时候，这一模型已被证明是卓有成效的[3]。

（4）基思·马克尔瑞善于衡量学科变化的趋势，并且具有挖掘新考

---

① M. Secci & others：A LIVING SHIPWRECK: An integrated three-dimensional analysis for the understanding of site formation processes in archaeological shipwreck sites in Journal of Archaeological Science: Report, volume 35, Feb 2021；Chuck Meide:The Development of Maritime Archaeology as a Discipline and the Evolving Use of Theory by Maritime Archaeologists（2013）.https://www.academia.edu/4376520.

② Yftinus van Popta: Lost Islands, Drowned Settlements and Forgotten Shipwrecks: interaction between aspects of the maritime cultural landscape of the former Zuiderzee (AD 1100‐1400), 2015 https://www.academia.edu/35876871.

③ Johan Rönnby & others :Interpreting shipwrecks. Maritime archaeological possibilities, January 2013：https://www.researchgate.net/publication/299428001；基思·马克尔瑞.海洋考古学 [M].戴开元，邱克，译.北京：海洋出版社，1992：231.

古学时代精神的能力。剑桥的学术环境对他方法论的形成起到了根本性的作用，但基思·马克尔瑞并不是简单地模仿或者套用。在分析沉船遗址的环境时，他利用海岸形态学的方法，保持了克拉克教授应用生物科学方法的习惯，以及整合各个不同社会科学的做法。他将海洋考古学定义为一种科学实践，应该以问题为导向，追求核心问题并在此过程中不断进步。他在书中对计算机潜力的讨论，反映了这个时代考古学的技术性越来越强，在许多方面，没有计算机就不可能完成。当然，他的研究也包括了系统理论和基于归纳推理的一般规则，所有这些都是新考古学的标志[①]。

基思·马克尔瑞在他的第二篇文章《调查分散的沉船遗址的系统方法》（1975 年发表在《国际航海考古学杂志》上）中已经包含了他在克拉克等教授的指导下应用统计方法的尝试。具体而言，基思展示了矩阵分析和数字分类法如何被用作解释分散沉船遗址的手段，以及这些遗址如何因此值得进行多学科的考古学研究。

矩阵分析是一个统计过程，确定一组样本的相似、相关或差异程度。这些样本可以是任何特定的东西，但集合中的每个样本必须由一组共同的离散特征来量化，根据这些样本来推断古代社会的情况需要应用概率统计学的原理和方法，由此得到的结论和知识才能具有统计性质，才能避免主观臆测。基思把分散的沉船地点定义为缺乏连贯的船体结构，需要确定整个考古现场不同文物类别之间的相关性和关联性，并对这些文物样本进行比较以确定其相似度。在他的分析中，文物类别的集群似乎与它们在船上的作用相匹配：最大的集群是货物，而外围的集群是设备、供给或船员个人物品。他证明了有可能定量地、而不仅仅是凭直觉来确定分散沉船遗址上哪些文物类别是货物的一部分，哪些是个人物品。基思的统计方法本质上是可复制和可检验的，可以被反复应用于许多沉船遗址，每一次的结果都将是同样有效和可比较的。因此，这项

---

①　基思·马克尔瑞 . 海洋考古学 [M]. 戴开元，邱克，译 . 北京：海洋出版社，1992：196.

研究是基思·马克尔瑞更大目标的第一步，即整理来自大量遗址的数据，并通过分析这些数据，确定准确描述水下遗址的一般规律。

《海洋考古学》在中国

1978 年我考入山东大学历史系考古专业，跟随著名考古学家刘敦愿教授和蔡凤书副教授等老师系统地学习了跟考古学有关的各项课程。山东大学的考古专业是 1972 年开始创办的，我们应该是第三届学生，初创时期教学和生活条件比较简陋，刚刚进校时二十人住一个宿舍。但老师们治学严谨，一丝不苟，教学认真，循循善诱，学术氛围十分浓厚。我们同班同学年龄相差很大，平均年龄 28 岁（只有我和三位同学是应届毕业生），大多都是工作多年以后才得到高考的机会，非常珍惜这来之不易的学习时光。他们刻苦努力，拼搏进取，希望把被"文化大革命"耽误的时间夺回来。同时，强烈的求知欲让大家不满足于国内现有的教材，总是想知道国外的研究现状。这让我受到了感染和激励，利用业余时间阅读过一些国外的考古学论文和专著，曾经翻译过英国考古学家罗纳德·杰苏坡（Ronald Jessup）撰写的《奇妙的考古世界》（The Wonderful World of Archeology）一书，作为我的毕业论文。

1982 年本科毕业后，我考取了山东大学历史系中西交通史专业的硕士研究生，师从著名中西交通史专家张维华教授，开始对中国造船史和航海史发生兴趣。研究这些课题当然离不开考古资料，尤其是水下考古，一直吸引着我的注意力。

1983 年 5 月，我赴江西九江参加了中国航海学会（及其下属中国航海史研究会）组织的"纪念郑和学术讨论会"，认识了中国科学院自然科学史研究所的造船史研究生戴开元和他的导师、造船史专家周世德先生。戴开元 1970 年毕业于中国科技大学，后来在长江轮船上工作多年，研究造船史可谓得心应手。因此，我经常向他求教各种造船史的问题。

同年，戴开元跟我分享了基思·马克尔瑞的《海洋考古学》，我们阅读后都认为这部书应该对中国的未来海洋考古学有所助益，就利用各自的业余时间（当时我俩都要应付研究生的课程）开始分工合作，前后花了一年的时间把这部《海洋考古学》翻译出来。海洋出版社虽然同意和支持我们翻译此书，但由于当时中国学术界对海洋考古学还没有太多的认识，征订结果非常不理想，所以出版之事一拖再拖，一直到 1992 年才予以付梓 ①。该书出版的时候，我们两人也不知道，因为戴开元已经去美国留学深造，我在读完博士之后选择了下海经商。

就在我和戴开元一起翻译《海洋考古学》的过程中，1983 年，周世德先生发表《海外交通史的研究与海洋考古》②；1983 至 1984 年间，我也撰写了《海洋考古学与海交史研究》和《浅谈海洋考古学》两篇论文 ③。其中《海洋考古学与海交史研究》只是一个铅印本，作为山东大学历史系中西交通史教研室的教材分发给兄弟院校和科研机构；另外一篇《浅谈海洋考古学》发表在《海交史研究》1984 年总第 6 期。我主要根据基思《海洋考古学》一书，也利用了其他的一些外文资料，简要介绍了欧美和日本海洋考古学的发展情况，并对海洋考古学的定义、方法、研究范围等问题进行了全面的探讨 ④。戴开元 1984 年在《科学史译丛》第 2 期上摘译过基思·马克尔瑞的部分内容，题名为《海洋考古学的发展史》。

这四篇文章是 1987 年之前中国学术界对海洋考古的基本认知，大部分知识都来自基思·马克尔瑞的《海洋考古学》，比中国考古学泰斗、时任中国社会科学院考古研究所所长的夏鼐先生在百科全书"考古学"

---

① 汪笑砾：《＜海洋考古学＞即将出版》，《水下考古通讯》第三期，1989 年 8 月，第 23—24 页；基思·马克尔瑞. 海洋考古学 [M]. 戴开元，邱克，译. 北京：海洋出版社，1992.

② 周世德：《海外交通史的研究与海洋考古》，《海交史研究动态》总第 15 期，1983 年。

③ 邱克：《海洋考古学与海交史研究》（铅印本），山东大学历史系中西交通史教研室，1983 年 1 月。

④ 邱克：《浅谈海洋考古学》，《海交史研究》1984 年总第 6 期。

总条中的相关认识还要早，具有一定的学术史价值。实际上，1983 年刘敦愿先生曾写信介绍我去拜访过夏鼐先生，并把《海洋考古学与海交史研究》这份铅印本送给夏鼐先生。所以在《夏鼐日记》里面有两次提及我的名字，他也曾经给我回信①，给予我莫大的鼓舞。

在著名考古学家俞伟超的亲自主持下，1987 年中国历史博物馆（现国家博物馆）成立水下考古研究室（现已合并到国家文物局考古研究中心）。同年国家文物局委托中国历史博物馆与澳大利亚阿德莱德大学东南亚陶瓷研究中心合作，举办"中澳合作海洋考古研究项目"，实即我国第一届水下考古专业人员培训班，该项目的澳方教授主要是澳大利亚博物馆海洋考古部主任吉米·格林，他是水下考古学之父巴斯的学生，也是"基思·马克尔瑞奖"的获得者。因此从技术与学术源头上说，中国的海洋考古是世界海洋考古的组成部分。现任青岛市博物馆馆长的邱玉胜就是"黄埔一期"的学员，他回忆说基思的《海洋考古学》中文版是他们重要的参考资料。另外一位"黄埔一期"的元老、现任国家文物局水下文化遗产保护中心技术总监和研究馆员的孙键先生告诉笔者，当年他自己到海洋出版社，把所有的《海洋考古学》存书都买回去做了参考书。他说，"中国的考古学整个都是从国外引进来的，田野考古就是老一辈从国外学成带回来的，一开始就和国际接着轨。水下考古学也是一样，开始时我们真是一无所知。正因如此，就可以直接面向世界，主动向国外学"②。广州考古工作者陈博宇说，回望上世纪 80 年代末 90 年代初，基思的《海洋考古学》正是在我国水下考古诞生之初、国内尚未出版任何一种综合性水下考古专著的背景下产生，所以若从中国水下考古学术史的角度看，译介工作意义非凡，其对学科发展思路的影响无疑

---

① 《夏鼐日记》卷九，第 217、230 页，华东师范大学出版社，2011 年；丁见祥：中国水下考古发展的序章——以《夏鼐日记》为线索（中国考古网 2020 年 6 月 19 日）http://www.kgzg.cn/a/1554.html。

② 《水下考古探寻中国海洋文明》，国务院新闻办公室网站 www.scio.gov.cn 2010-06-27。

举足轻重 [①]。

结语

    基思·马克尔瑞完成《海洋考古学》时，刚刚二十六岁，从大学毕业仅仅三年，学习潜水只有六年的时间。作为一位海洋考古学的白衣骑士，他提出了富有开创性的想法和具有可操作性的研究方法，并在海洋考古学和过程考古学之间建立了一个有机的关联。《海洋考古学》对海洋考古学领域的影响，无论是过去还是现在，都是非常显著的 [②]。这部著作虽然只是反映了 20 世纪 70 年代后半期一位英国年轻海洋考古学者的观点，但作者试图使书中提出的体系在任何时间和任何地点适用于一切尽责而科学的水下考古调查工作。基思·马克尔瑞的工作，正如他自己所说的那样，只是一个起点，我们可以从这个起点上继续进步 [③]。

    圣安德鲁斯大学海洋考古研究所所长科林·马丁如此评价基思的工作：基思总是将海洋考古学看成是一个整体的学科，认为这一学科不可能局限于某些特殊领域、时期或地理分布，只有将部分和整体联系起来进行研究，才能认识到其真正的价值。从这种观点出发，对某一特殊遗址所进行的探讨，就比孤立的研究具有更重要的意义。例如，基思自己在"肯内默兰"号沉船上所做的深入研究，就是对探讨沉船的特殊时代和整体关系的重要贡献。但其更为广泛的价值则在于将一个残破遗址上的沉船形成过程看成是一个有规律可循的过程，这一看法适用于世界各地所有时期的残存沉船遗址 [④]。

---

① 陈博宇：回望起点——纪念基思·马克尔瑞逝世四十周年，考古大家谈，2020 年 12 月 28 日，https://mp.weixin.qq.com/s/GQGKcpF3vhTcLlxxiIVFOA。

② Matthew Harpster:Keith Muckelroy: Methods, Ideas and Maritime Archaeology, J Mari Arch (2009) 4:67–82.

③ 基思·马克尔瑞 . 海洋考古学 [M]. 戴开元，邱克，译 . 北京：海洋出版社，1992：10.

④ 基思·马克尔瑞 . 海洋考古学 [M]. 戴开元，邱克，译 . 北京：海洋出版社，1992：1–2.

　　中国既是大陆文明国家，也是海洋文明国家。中华民族是世界上最早开发利用海洋资源的民族之一。考古学证明，中国有着悠久的海洋文化和航海活动，是享誉世界的"海上丝绸之路"的开创国。随着中国海洋考古及航海史研究的不断深入，中华航海精神也向世界展现出灿烂辉煌的内涵。海洋考古对中华海洋文明史和中外文化交流史的研究具有重要意义。同时，海洋考古学也是一项充满理想与激情的研究，拥有极为广泛的主题，从搜索古代文明到绘制消失的贸易航线，都具有无穷魅力并充满挑战。希望更多的年轻学子通过对基思·马克尔瑞及其《海洋考古学》的认识，把更多的精力投入到海洋考古学的建设之中，不断创新理论与方法，全力打造世界一流的海洋考古学的教学和科研平台。

　　最后，要感谢山东大学历史文化学院和各位老师，在山东大学期间的考古学和历史学训练对于我后来的人生有着非常重要的意义。我的考古情结始终没有泯灭，一直以欣喜和自豪的心情关注着母校考古专业一步步达到今天的辉煌成就。特别要感谢方辉院长为《海洋考古学》再版所做的努力，没有他的关心和鼓励，这部三十年前出版的译著不可能再次跟读者见面；海洋出版社原副总编刘义杰先生为此书的再版也多次斡旋，作了精心安排；责任编辑张欣女士为书稿编排校对付出了心血；刘善沂老师及武笑应、彭富仁和田钟灵等同学还在酷暑中帮助重新绘制了书中的大量插图，在此一并致谢。

邱克

2023 年 1 月 25 日

致中国读者

对我来说，为这本书的中文版作序是一种荣誉，同时也感到极为悲痛。本书作者基思·马克尔瑞已于 1980 年 9 月 8 日，在苏格兰洛赫泰的费尔南地区殁于潜水事故，年仅 29 岁。我头一次见到他是在 1974 年，当时他刚刚从剑桥大学毕业，并获得了双重学位，然后便到圣安德鲁斯大学海洋考古研究所工作。以后的 3 年里，我们在一起共同从事水下遗址的研究工作。其中包括研究沉没于爱尔兰和苏格兰沿海的西班牙无敌舰队船只"特立尼达·巴伦西亚"号和"大格里丰"号以及马尔海峡的"达特茅斯"号快速舰遗址。这样我们逐渐加深了彼此的了解，我们既是专业方面的同事，又是考古爱好者，并且还是知心的朋友。在这个时期，正像基思在其前言中所提到的那样，这部著作已经构思成熟了。其中最令人激奋的和富有创造力的真知灼见都是在与大海的直接联系中产生的。大海使他的思想日臻成熟，并独具特色。

基思总是将海洋考古学看成一个整体的学科，他认为这一学科不可能局限于某些特殊领域、时期或地理分布，只有将部分和整体联系起来进行研究，才能认识到其真正的价值。从这种观点出发，对某一特殊遗址所进行的探讨，就比孤立的研究具有更重要的意义。例如，基思自己在设得兰群岛的荷兰东印度公司"肯内默兰"号沉船上所做的广泛研究，就是对探讨沉船的特殊时代和整体关系的重要贡献。但其更为广泛的价值则在于将一个残破遗址上的沉船形成过程看成一个有规律可循的过程。这一看法适用于世界各地所有时期的残存沉船遗址。

1977年，基思离开圣安德鲁斯，回到剑桥读研究生，这时他的兴趣集中于对欧洲青铜时代晚期沉船遗址的研究。对于英格兰南部沿海两处青铜时代沉船遗址的探索，充实了他的理论研究，并为他发展水下遗址调查和各种资料分析技术的方法奠定了基础。他以后陆续发表的著述，展示了史前遗址是如何以一种特有的方式使考古学记录熠熠闪光彩的。他在遇难之前正在完成他的博士论文：《论海洋考古学与晚期青铜时代跨渠道联系的几个问题》。

1980年3月，基思作为考古研究中心的高级考古学家，进入了格林尼治英国国家海事博物馆，这一职位使他的天才与兴趣得到了最完美的结合。在这一具有权威和影响的工作单位里以及在这种对他的成就和著作的出版非常有利的事业中，基思的地位和权威无疑可以使他对海洋考古学在世界范围内的广泛发展起到持久和重要的作用。他热爱这一事业，并已经为之做出了如此卓越的成绩。

我怀念基思·马克尔瑞，他是一位具有献身精神的学者，他能够将其敏锐的思维、富有开创性的才智和谦虚和蔼的美德融为一体；他辩诘果敢而又不教条，他从不把自己的成果看成是事业的终点，而是视之为他人可以建筑其上的基础。

今天，基思的著作将翻译成中文出版，如果他的在天之灵有知，一定会感到极为快慰和荣幸。他在本书中非常赏识中国对于航海业的发展所做出的重要和独特的贡献及其伟大意义，假如他还活着，无疑还会继续研究这一他生前感兴趣的课题。对基思来说，大海联结的不仅是学者，而且是整个世界。

苏格兰海洋考古研究所（圣安德鲁斯）

科林·马丁

1984年6月14日

序言

一直到 20 世纪的上半叶，考古学才从维多利亚时代闲暇绅士和牧师们的古董玩赏发展成一门极为复杂的科学学科。在此期间，曾发生过一场关于这门新兴学科的价值和目的的严肃认真的探讨。这场探讨与第一代职业考古学家柴尔德（Gordon Childe）教授、克拉克（Grahame Clark）教授和惠勒爵士（Sir Mortimer Wheeler）等的工作密切相关，他们共同为该学科后来的发展奠定了理论基础。

海洋考古学起步更晚，它问世于第二次世界大战期间发明了水肺①以后。由于它产生的背景是谋利性质的救助打捞以及业余潜水者的试探性活动，因此海洋考古学刚刚开始产生某种内在的凝聚力。尽管如此，目前水下调查材料的大量获得以及一批专业海洋考古工作者在最近的出现，还是标志着对海洋考古这一分支学科的价值和目的作出探讨的时刻已经来临了。这不仅有助于规划其未来的研究工作，而且有助于它在更为广泛的学术界得到认可并获得更多的社会资助。将海洋考古学的研究范围及其发展潜力阐述清楚，会有益于该学科的发展，并确立其在现代考古学中的地位。这些即是本书企及的目标。

在此也许有必要说明一下本书不拟探讨的内容，首先它并非一本关

---

① 水肺（aqualung），一种自携式潜水呼吸器。——译者注

于水下考古具体工作的手册，读者可以在几本流行的实用书籍里找到这方面的材料；本书也不打算对已进行过的所有水下调查甚至所有重要的水下调查成果作一总结。虽然本书中也讨论了近年来海洋考古工作的成绩（例如，在第三章），但这只是为了要说明它们对于海洋研究的某些方面所起的一些重要作用；最后，本书绝非沉船猎宝者用来寻找尚未发现的海底财富的一本指南。作者的一个重要观点是，除了纯粹是为解决海洋研究的某一特定问题而进行的工作以外，任何对水下古船及其他航海遗物的打捞都属于不负责任的破坏行为。本书阐述（目前这必然是一种尝试性阐述）了海洋考古学家所关注的问题和在这些问题上近年来的工作进展程度，以及要在未来工作中取得有益成果应该遵循的方向。当然，本书只反映了20世纪70年代后半期在英国从事研究工作的一位海洋考古学者的详细观点和看法，但作者试图使书中提出的体系在任何时间和任何地点适用于一切尽责而科学的水下考古调查工作。

本书这样的综合性著作必然大大受益于其他人的工作成果。我首先必须向所有给予我帮助的人致谢，因为他们慷慨地提供了适用的图片及其他资料。此外，如果没有剑桥大学水下探索队所保持的那种踏实而科学的水下工作优良传统，没有该队成员在过去和现在给予我的多方面支持和帮助，我自己永远不可能涉足于这一领域。其中应特别提及探索队的奠基人之一弗莱宁博士（Nic Flennning）和不顾风险向我传授潜水技术的该队负责人杜伯里先生（Jeff Dubery）。在多次的水下考察中，我尤其得益于鲁尔夫人（Margaret Rule，"玛丽·露丝"号沉船打捞计划的考古学指导）、亨德森先生（Tom Henderson，设得兰县博物馆馆长）和约克先生（Bob Yorke，马格里布及迦太基水下调查的负责人）的指教和忠告。我必须专门向普赖斯先生（Richard Price）致谢。自1973年以来，他组织、筹备和领导了在外斯凯里斯群岛的发掘工作，从一开始他就极其友善地邀请我参加这项工作；对于我那种偏重理论和考古学的苛刻态度，他一直非常耐心而愉快地加以容忍，并且以富于判断力的丰富常识来进行调和。同在该领域工作的其他许多人一样，我非常感谢《国际船舶考古》杂志的编辑泰勒博士（Joan du Plat Taylor），感谢她在英国等地为这一分支学科所做的所有奠基性工作，以及她对我个人的始终如一的鼓励和支持。

1974 年夏天，我在新成立的圣安德鲁斯海洋考古研究所担任研究助理不久，即在马尔海峡艾琳鲁达·安赖戴尔（Eilean Rudha AnRidire）石岛上开始构思本书的结构和内容。以后，我在那里写作和研究达 3 年之久，因此我极为感谢该研究所的理事会和负责人，尤其要感谢该所主要赞助者利弗赫尔姆托拉斯。该所所长科林·马丁先生（Colin Martin）及其夫人、技师朗先生（Tony Long）和研究生菲尔丁先生（Andy Fielding），为我提供了本书观点得以产生的知识背景，还通读了全书初稿并和我讨论过其中的不少章节，我希望他们能在本书中发现其关怀和探讨所结出的果实。另外，鲁尔夫人（Margaret Rule）、巴斯教授（George Bass）和霍德博士（Ian Hodder）阅读过本书初稿。我对他们提出的有益批评和意见表示衷心感谢。同样，本书能够出版还极大地得益于剑桥大学出版社有关人士的判断力及其编排技术，他们面对这一不寻常学科里的一位专业工作者所提出的种种特殊要求，表现出几乎是难以置信的耐心。

最后，本书的全部内容体现出一个从考古学家的摇篮——剑桥大学考古学系毕业的人的特色，该系以前由克拉克教授（Grahame Clark），最近由丹尼尔教授（Glyn Daniel）领导；我必须向该系全体教师和管理人员致以谢意。他们为教育我花费了时间和心血，虽然我醉心的是一种地位暧昧、价值未卜的专题研究。尤其重要的是，我必须提到已故的大卫·克拉克博士（David Clarke），本书就是奉献给他的礼物；他知识渊博，神思畅达，鼓励着我和我的同学们，使人永世难以忘怀。令人悲痛的是，这本曾得到他大力支持的著作，现在却只能作为一件菲薄的奉献品来报答他的恩情了。

基思·马克尔瑞
1977 年 12 月

目录

下编
海洋考古学的理论 ╱ 155

海洋考古学的范围

The scope of
maritime archaeology

第一章　海洋考古学导论

1.1　一般介绍及定义

在新石器时代早期至公元 19 世纪的所有前工业化时期的社会里，舟船乃是人类制造的最庞大、最复杂的"机器"。G. 克拉克教授在约克郡斯塔卡尔（Star Carr）中石器时代遗址的发掘报告中所提到过的所有人工制造物品，在大小、所用材料的种类以及制作时间方面，没有一件能与发掘者推测当时存在过的兽皮舟相匹敌[64 23]①。即使到了 18 世纪，装备着 100 余门火炮、配备 800 多名船员的军舰所拥有的物品数量以及其使用的动力大小，也超过当时陆上最巨大的运输、制造和采矿机械的若干倍。甚至建立了庞大的军事、采矿及食品加工技术体系的罗马帝国亦不例外，它同时也建立了和这些体系相媲美的大规模造船业，这些造船业以建造航行于埃及和罗马之间的运粮船而达到鼎盛时期。[54 184]

在航海活动中，船舶所占的统治地位并非仅限于技术领域，在许多社会里它已渗透到社会组织的各个部门。运粮船对于罗马皇帝统治其臣

---

① 括号中带横杠的数字代表参考文献序号，不带横杠的数字表示参考文献中的页码。
　　——译者注

民具有重大的政治意义，它们成为其政权基础的一个重要部分【193 198】。公元前 5 世纪，雅典迪莫斯的政治统治大大得益于造船业对其战舰发展所起的促进作用。而这些战舰亦被看作国家安全的支柱【91 216】。18 世纪，英国海军部是雇佣劳动力最多的部门，它对于支配国家经济发展水平以及推动制造业革命起了相当大作用。

在古代和现代的许多社会里，除了存在着人们了解得比较清楚的城市和乡村文化群以外，从事航海及渔业活动的民族已在不同程度上形成了一种独特的亚文化【151 15】。海洋活动在人类历史进程的许多方面都起着不小的作用。因而研究这些活动必然是探索和进一步了解人类历史中的一个重要方面。

研究任何方面的历史都可以采用若干种不同的方法，其主要区别在于它们利用了不同种类的材料。同研究其他大多数人类过去的活动一样，研究海洋活动历史时间最长、发展最为成熟的学科是历史学。历史学家们主要是通过对遗留下来的记载历史事件的文献资料进行研究，来了解历史事件的准确过程，以及隐藏在这些事件背后的理由、原因或动机。另一种最早在斯堪的纳维亚国家发展起来的学科是民族学，它系统地研究当地保留下来的社会风尚、传统及各种习惯。其中包括研究专门从事渔业及航海的社团（community）的这类材料。最后一种学科是研究海洋及其沿岸地区人类活动的遗存物，从而认识这些物品的制造者及其当时的社会活动。实际上这是一种考古学研究。各种学科所得到的知识和观点，有时互相印证，有时却又相互抵触，但我们首先应该把它们看作整个海洋研究领域里互为补充的各种成分。本书主要探讨这种学科即海洋考古学的各种特征，我们对该学科可以定义为"对人类及其海洋活动物质遗存的科学研究"。

对这一定义所包含的一些内容，有必要加以详细地阐述。首先应该注意，定义一开头就明确指出，研究的首要对象是人，而不是研究者直接接触的船只、货物、设备或仪器。考古学与其说是研究遗物本身，倒不如说是通过遗物来了解制造或使用它们的人。这种观点可以用 M. 惠

勒爵士的一句名言来概括："考古学家发掘的不是遗物，而是人。"【335 13】
因此，定义开宗明义地规定了它在"考古学"方面的含义。下面则要对
"海洋"加以说明。值得注意的是，这里提到的根本不是船舶，而是与
最广泛意义上的海洋活动有关的一切物质。本书所探讨的海洋考古学，
涉及海洋文化的各个方面，不仅有技术问题，还包括社会、政治、经
济、宗教及其他许多方面的问题。

　　定义中使用"科学"这一修饰成分，是为了说明这种研究的目标是
通过系统的研究以得到新的认识和看法。而并非要对"考古学是否属于
科学"这一陈旧的争论问题表示带有倾向性的意见。"科学"一词在这
里是指其最普遍的意义，即系统地寻求知识，"科学"（science）源于拉
丁语的"知道"（scire），它和"猎奇"一词里所包含的没有目标的乐趣
完全相反。它还带有下述含义，即在考古学的任何领域中都必须有目的
地研究问题。换句话说，为了从现有材料中确保取得最大的收获，研究
者必须经常牢记其研究领域内尚未解决的那些问题并随时获取他预料可
能有助于解决这些问题的材料。只有这样不断地、系统地积累资料，才
有可能取得知识或认识上的进展；否则，每个研究者实际上都是从零开
始。反复地研究同一基本问题，似乎以前不存在任何研究者。因此可以
确切地说：在任何学科中，一项真正成功研究的标志是，研究者作出的
结论应该达到"所提出的问题多于已解决的问题"这种效果。由此可以
得出下述看法：描述一门学科的最有效方法是探讨它已经解决的问题、
目前面临的问题以及研究者试图解决这些问题的途径。

　　现在我们来谈谈定义里没有提到的东西，从而把这种"科学研究"
所包含的某些主要内容阐述明白。有的读者可能会感到惊讶，定义里没
有提出考古学所具有的研究物质遗存的时间上限和下限。实际上，全部
考古学所关心的主要对象都是人，这一条件就明确地规定了一个时间
上限，即可能辨认出最早的人类存在时刻。可是定义里没有规定时间
下限，哪怕是用含蓄的方式，而且也没有打算作出规定。不过科学研究
必须不断提供新的知识，所以当其他学科比考古学更为方便、更为直接

地提供所需的资料时，这一时刻即是考古学研究的实际下限。这种下限随所研究的各类问题而有所不同，对某些课题它可能截止于仅仅几年之前。而对其他问题则可能是几十年以前。所以想为整个海洋考古学规定一个普遍的时间下限是不可能的，而且也违背了它的科学性质。

上述定义里有一个明显的特点，即没有把"以及岸上的有关物品"一语包括在定义之中。把主要靠海洋谋生的某些社团排除在研究范围之外，是因为这些社团主要是在陆上居住，其物质文化与周围的陆上社团有着更为密切的联系，而与海洋的联系甚为稀疏，海上所用的许多器物很少被拿到岸上来，而在陆上制造的任何物品也极少能代表航海社团自己。况且，海洋民族学家和海洋人类学家已经把这类社团纳入其研究范围之内。他们的情况和海洋考古学家有些不同，因为他们依靠的主要材料就是这类社团，并且可以根据材料所在的环境轻而易举地将海洋文化和当地的文化区别开来。对于发掘出的材料，这两种成分的差别一般不太明显，而且总有一部分材料的性质很难确定，从而根本不可能区分这两种成分。至于性质明确无疑的材料，如港口码头之类直接为船舶和航行服务的设施，它们应该属于海洋考古学的研究范围。总而言之，海洋考古学是利用遗存的物质材料，科学地研究海洋活动的所有方面，其中包括大小船舶及其设备，船上的货物、捕捞物以及乘客，使船舶发挥作用的经济体系，不同等级的船员尤其是反映其特殊生活方式的器具及其他私人物品。参考一下关于海洋活动的史学著作就会发现，对海洋考古学所下的定义也反映了历史学所关心的问题，其区别仅仅在于材料的来源不同。

历史学和考古学这两门学科的关系非常复杂，必须做进一步探讨。D. 克拉克博士曾写道："考古学就是考古学，仅仅是考古学而已。"【68 13】这一说法既适用于海洋考古学也适用于其他考古学分支，因为考古学的研究目的并非仅仅是要写出一部"伪造的"海洋活动历史。如果认为考古学只是一名收集有趣史实以供历史学家解释的学术"女仆"，这就尤其具有潜在的危险性，因为如果它和一门成熟且享有声望的学科发生联系，在表面上就会颇有诱惑力。前面已经指出，这两门学科的专家都有其自己的材料体系和各自需要解决的问题，而且随着这两门学科日趋复杂化和专业化。一个人想要同时成为两门学科的专家就日益困难，他可能是一位优秀的历史学家，然而却是一名蹩脚的考古学家，或者与此相反。当然这并不是说，在其中一方的研究工作有助于另一方所探讨的问题时，另一方应该置之不理。恰恰相反，每一方都应该批判地考虑对方的结论。在可能时将它们纳入自己的结论，并向自己的同行指出二者的区别所在。因此，不同学科的专家可以发挥各自的特长，对同一问题做反复探讨，用不着硬性规定某一学科的优先地位。遗憾的是，由于近几个世纪以来学术研究方法的影响，在各个学科的结论彼此冲突时，人们一般仍然有把历史学研究结果置于其他学科之上的倾向。目前在航海史研究中确实存在着这种情况。在海洋考古学建立起系统而连贯的体系之前，这种情况可能还会继续存在。

在海洋考古学和海洋民族学之间，也存在着类似的关于对象和概念方面的混乱，这是因为两者至少在某种程度上都依靠研究物质材料而取得进展。但是，在本质上海洋民族学是将物质材料放在社会组织、经济体制等环境中加以考察，而海洋考古学却仅仅研究物质材料本身。在考古学家看来，民族学所研究的只是范围很广的原始材料里的一部分，当考古学家试图解释其价值与史料、实验考古结果以及逻辑推理得出的理论完全等同的遗存物时，可以利用民族学研究的推论及其他类似成果。由于多方面的原因（这些原因将在本书下编里探讨），海洋考古学几乎比其他任何一门考古学分支都更多地借助于海洋民族学的研究，而且得到了极为丰硕的成果。然而现在要强调的是，尽管这两门学科关系密切，它们的本质却截然不同，混淆二者的界限只会导致低劣的民族学和低劣的考古学。

海洋考古学有一个特征，就是几乎全部海洋考古的现场都在水下，这一点可能是海洋考古学的最突出特征。船舶在正常航行时绝不会留下任何可供考古的材料。如果一帆风顺，船舶抵达目的港，卖掉货物，船员们就各自回家，船舶会再用于新的航行或者被拆毁，就无材料可言了。只有船舶在航行中发生不幸事故，而且整个船舶包括船体和货物都沉落到海底，才有可能产生供后世考古发掘的永久性物质材料。当然，这些遗物的实际保存质量取决于多种因素，如船舶沉没的方式、沉船所在海底的性质等。因此，这一分支学科的实际研究范围主要取决于水下环境的潜力及其制约性。水下环境既是保存遗物的介质，又是进行实地发掘的场所。同样，适用于分析物质材料的模式也与对沉船过程的了解有密切的关系。

有人可能不赞同在海洋考古研究中把水下遗存物置于首要的地位，其理由是陆上也发掘出相当多的船只。这些船只按年代顺序包括公元前 2000 年的费里比古船（Ferriby boat），公元 4 世纪的尼达姆古船（Nydam boat）、9 世纪的格拉芬尼古船（Graveny boat）以及 1749 年的"阿姆斯特丹"号（Amsterdam）商船。虽然不能否认来源于这些古船的材料具有一定的价值和作用，但应该看到它们都属于特殊例证。

在陆上的发现物中，数量最多的一类也许是坟墓里随葬的航海器具，其中主要是小船。例如，H. 米勒·威尔已经鉴别出从铁器时代到中世纪早期的 420 艘北欧随葬小船[247]。这些在埋葬时没有用于航海活动的小船，一般都拆掉了风帆设备，而且通常作了其他方面的结构改装。例如，在萨顿·胡（Sutton Hoo）发现的 6 世纪古船，其艏部设置有一间装纳随葬财宝的坚固木舱房[46 176]。显而易见，这些发现物可以提供相当多的材料，但要对它们做出全面解释就必须涉及与纯海洋考古无关的探讨。因此，在本书里这类遗址居于次要的位置，对其特殊条件及特点也没有做进一步探讨。

另一类陆上发现物是人们故意拖到岸上抛弃的船舶遗存，通常船上的一切有用之物已被取走，这方面的例子有格拉芬尼古船[92]和 15 世纪的布斯尔顿古船（Bursledon ship）[271]。这类遗物确实属于海洋考古的范围。但这些古船也属于一种特殊类型。因为在它们被保存下来的那段时间里就与航海脱离了关系，从而所提供的关于其原来的经济及社会作用方面的材料极少。

在特殊类型中，还有一类重要的古船实际上只是在有限意义上属于陆上发现物。这类古船遗址原来在水下，后来由于人类活动或其他原因而干涸成陆。这些人类活动有极少数属于考古发掘，而更普遍的是其他一些人类活动。在这类例子中，水下环境所具有的许多特殊因素仍然适用，而必须加以区别的主要是现场发掘技术。归根结底，只有在海里才可能发生海损事故，因而大部分材料一定是在海面之下。

为了说明和概括上述讨论的内容，用图 1.1 表示海洋考古学与船舶考古学和水下考古学之间的关系。双线圆圈以内表示本书所探讨的领域，其他两门学科各有一小部分被排除在该领域之外。船舶考古学的这一部分是指在完全与海洋无关的环境里发现的古船，例如，随葬船（A）。水下考古学的这一部分是指与海洋活动没有直接关系的遗址，例如沉没于水下的古代陆上遗址（F），但它只占水下考古的很小一部分。

航海考古学

水下考古学

海洋考古学关注领域

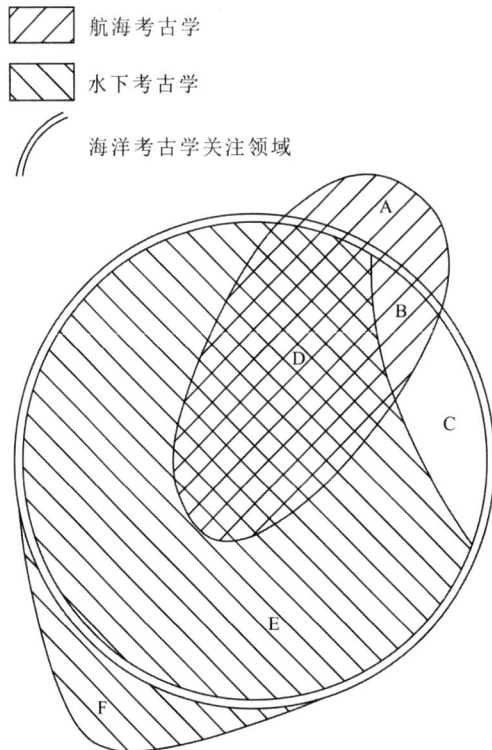

图 1.1
海洋考古学的范围与船舶考古学、水下考古学的关系

水下考古学的主体仍与海洋活动有关，包括对航海技术的研究（D）以及其他许多方面（E）。但是，除此之外，海洋考古学还包括不在水下却与古代航海有关的材料（即拖到岸上的古船）和与整个过去的海洋活动有关的遗址（即干涸的遗址 B 和遗址 C）。由于这些材料原来是在水下，因而仍然可以说，几乎所有的材料一定来自水下遗址。由此可以理所当然地说，水下环境的制约性是海洋考古学的主要特征之一。

根据 20 世纪 70 年代后期的状况来看，与其他大多数考古学分支相比，海洋考古学的另一显著特征是发展很不成熟，或者说缺乏系统性。产生这种现象的直接原因是海洋考古学是一门相对新兴的学科，而且它现在刚刚达到具备充足的基本材料从而可以对该学科的范围作尝试性探讨的阶段。为了理解它在学术上的不成熟性，有必要简要地回顾一下该学科的发展历史，以便说明在本书后面的探讨中提到的一些例证的时代背景。

1.2 海洋考古的发展历史

大海里自从有了航船，就有船只沉没。这些沉船一直引起具有打捞能力的人的注意，很多世纪以来，他们一直在断断续续地进行着打捞活动。一开始，自由潜水者①们在温和清澈的水域里进行打捞，他们用的工具是渔网、抓爪或抓钩。到了最近几个世纪，由于潜水器具的发展进步，打捞工作的效率有较大提高。开始是用潜水钟（17 世纪），后来出现密闭式潜水桶（enclosed barrel，18 世纪），以后使用"硬盔"式标准潜水服（'hard-hats' standard diving gear，19 世纪），在最近 30 年里采用自携式水下呼吸器（self-contained breathing apparatus）[80]。与此同时，海洋考古学从对古物的随意推测发展成一门系统而严密的学科，其目标和对象已在前面提及。可是，海洋考古学与其他许多学科相比，仍

---

① 自由潜水者（free diver）指不使用潜水器具的潜水者。——译者注

然是一门发展较晚的学科，仅仅到 19 世纪晚期才开始产生其现代形式。因此，20 世纪初以前的海洋考古方面的材料极为稀少。

在较早时期，有一些人迷恋于可能存在的沉船遗物并试图探索一些事例。据 11 世纪的一份资料记载，当时为了修建新的修道院，圣阿尔班斯修道院院长伊尔德雷德曾派人去罗马时期的韦鲁拉米（Roman Verulamium）废墟采集石料，在这里人们发现了"钉有铁钉并涂着船用沥青的橡木船材"。伊尔德雷德觉得这件事值得写入他的《自传》一书[92]。几世纪以后，由于红衣主教科隆纳对传说沉没于意大利内米湖（Lake Nemi）中的罗马时期大船发生兴趣，建筑师 L.B. 阿尔伯特曾试图打捞其中的一艘（1446 年）。过了一个世纪，人们对该遗址仍然兴趣未衰，一位名叫 F. 德马基的人用一种简陋装置下水去探察，这是记载最早的潜水事例之一（1553 年）。又过了几个世纪，在比较寒冷的水域，迪恩兄弟在不列颠周围几处古代沉船遗址上发现了一些遗物，为此人们替他们画了几幅精美的水彩画像，这仍然是出于人们对古物的好奇心理。大约与此同时，第一部真正科学地探讨海底沉积保存人造器物的潜力的著作问世。作者 C. 莱尔是一位地质学的先驱，他的《地质学原理》（1832 年第一版）第二卷第 16 章题为"论水下地层埋藏的人类遗骸及人类制造物"。其中为了说明水下物质沉积的程度，对当时的航行事故进行了统计，还介绍了当时在水下发现的保存极为良好的器物。他的结论是："海底逐年堆积起来的代表着人类勤劳和技艺的大量不朽器物。也许比任何时候欧洲大陆上存在的还多。"然而，人们在 19 世纪对这类文物的普遍态度，可以从下面这件事窥见一斑。1822 年，在苏塞克斯的莱伊（Rye）发现了一只古船，后来它一度在伦敦展出，可是一旦公众失去兴趣，它就被拆毁了。[273]

自然，最早的海洋考古研究起源于陆上发现的古船，其中最先发现的是斯堪的纳维亚中世纪早期的大批古船。1863 年 C. 恩格尔哈特首次对丹麦尼达姆 4 世纪的一只小船做了系统发掘。然而，虽然现代考古学开始在陆上发展起来，却似乎没有哪个考古学家敢于用当时的标准潜水器具到水下去探险。甚至到 1907 年，伦敦文物协会希望调查曾捞起过大量罗马时期陶器的肯特郡赫尔纳湾北部一处遗址时，也只是雇用了一名"有执照的潜水员"H. 波拉德先生下水去看看而已[291]。可是一年以后，一位业余考古学者 R.O. 布伦德尔迈出了关键的一步，而迈出这关键一步的人居然是苏格兰奥古斯都堡伯纳第克尔丁教派的一名僧侣。布伦德尔对距离教堂两英里远的内斯湖（Loch Ness）水上住宅的历史及结构发生了兴趣，不久他就明白，了解其结构的唯一途径是直接到湖底去观察。布伦德尔说服卡勒多尼运河公司一位潜水员给他一套潜水服并予以协助，在 1908 年 8 月 7 日潜入湖底，没有发生任何严重问题[37]。他在这次潜水以后，绘制了该人工岛的草图。第二年夏天，这位知名人士对其他许多湖居遗址又做了潜水考察[38]。他的工作是英国考古学会一项研究苏格兰人工岛计划的开端。

　　在与此同时的 10 年内，所有对中世纪文物感兴趣的人们，都在为地中海发现的一系列蔚为壮观的古代艺术品所吸引。1900 年，希腊采绵者在克里特岛与希腊大陆之间的安迪基提腊岛（Antikythera）附近水深 60 米的海域，首次发现大批大理石质和青铜质雕像。希腊政府得知消息后，由文物局局长 G. 拜赞蒂诺斯（G.Byzantions）教授任水面指导，出动海军舰船组织打捞。过了一年，又发现了一批引人注目的雕像及其他物品。其中包括著名的安迪基提腊青年像和一架早期的机械计算器。这次发现显然属于一艘罗马战舰的遗物，该舰于公元前 86 年苏拉获胜

图 1.2
1908 年布伦德尔牧师首次潜水后绘制的草图

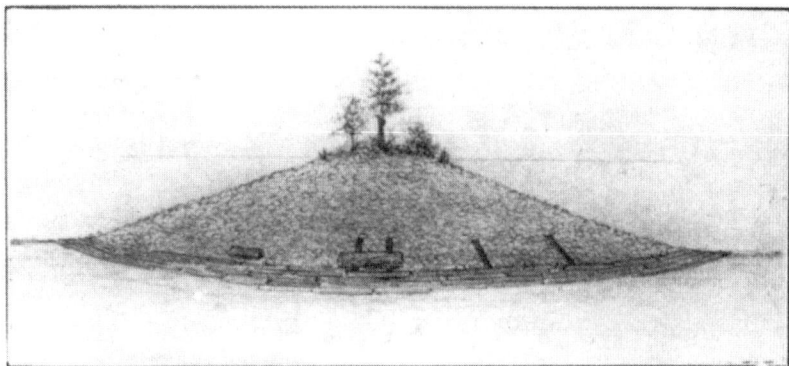

之后，在装运希腊财宝返回罗马的途中沉没[332]。7 年以后，在突尼斯马赫迪亚海岸附近也发生了结果几乎完全相同的事情，采绵者发现了一批类似的战利品。这些偶然的发现对艺术和考古学具有很大的价值，以致从 20 世纪初开始，正统考古学家们普遍认识到水下遗址所具有的巨大潜力。这种情况在水肺的发明使水下遗址终于得以开发以后，产生了重大的突破。

可是，这种开发直到第二次世界大战以后才进行。在两次大战之间的数十年里，仅在局部几个地区有所进展，其中，有些是偶然的重要发现，如在阿特米锡翁角（Cape Artemision）发现的沉船。在此期间最轰动一时的打捞活动，无疑是墨索里尼下令排干内米湖水，打捞早已闻名的罗马大船[316]。这次成功的打捞计划，不仅为博物馆提供了一件极为壮观的展品，而且还得到了许多关于罗马时期船舶结构及其包覆物的详细的新材料（图 1.3）。但这些船是否具有代表性却很值得怀疑，因为船上有大理石圆柱和蒸气浴室，甲板上还铺有嵌镶砖，显然属于非常特殊

图 1.3
1930 年经过初次清理的内米湖第二艘罗马大船

的船。

　　耶稣教会教士 A. 普瓦德巴（A.Poidebard）1934 年在蒂尔（Tyre）的巴勒斯坦港口遗址进行的重要工作，很少为人所知。他是将航空及水下摄影用于考古工作的一位先驱。在法国海军人员和当地采绵者的帮助下，普瓦德巴把这两项技术用于大面积遗存物的鉴别和绘图工作。他为鉴别这些大规模结构物并在某种程度上确定其年代而建立的准则，直到使用水肺的年代仍具有价值 [266][115 65]。

　　尽管过去也有人用种种方法试图制造自动调节的水下呼吸器，但一直到 1942 年，法国海军军官 J-Y. 库斯托（J-Y.Cousteau）和工程师 E. 迦南（E.Gagnan）才成功地制造出一种可供普通人使用的水肺。过去那种硬盔式标准潜水服价格昂贵，使用者要有相当好的体质和耐力，必须经过大量训练并具备丰富经验才能保证工作的顺利进行。此外，在水面上还要配备许多助手，特别是潜水员在水下工作时极不方便，这些问题使真正的考古工作根本不可能进行。水肺的出现代表了一次革命。当然，对于那些热衷于到沉船上去捞取纪念物品或昂贵文物的人来说，水肺也是一种很有用的工具，因而第二次世界大战后不久就出现了大肆劫掠海底遗址的热潮。虽然大多数沿海国家制定了有关海底义物的严格法令，但这种劫掠活动至今仍未止息。

　　库斯托船长亲自对古典时期的一处沉船遗址做了最早的一次认真而系统的调查。他率领海底研究小组在马赛附近的大孔卢埃岛（Grand Congloué）一带海域，发掘了一处大型安弗拉瓶①"坟冢"。尽管这次发掘首次采用了不少新技术和新工具，但现在看来，其考古水平之低几乎达到令人难以接受的程度。例如，这次调查没有绘制出一张遗址平面图，因而这里究竟有一艘还是两艘沉船，至今仍众说纷纭 [29]，尽管如此，库斯托的工作却证明了用水肺进行系统水下发掘的现实可能性，虽然取得进一步进展是在若干年以后。

――――――――――――

① 安弗拉瓶（amphora），古代希腊、罗马人使用的一种细颈尖底双耳瓶。——译者注

另一位活跃人物是法国海军潜水学校校长 P. 泰勒（P.Taillez）中校，他组织发掘了法国海岸附近蒂坦（Titan）暗礁上一艘公元前 1 世纪的沉船。泰勒特别注意到这次工作的考古学水平不高，他在报告的结论里写道：虽然我们竭尽全力，但我明白出了好多差错……如果我们一开始就得到一位考古学家的帮助，他一定会非常精确地记录下每件东西的位置；通过亲自勘察，他会从最细微的痕迹中获得更多的知识[299 91]。遗憾的是，在法国出现潜水考古学家之前，沉船遗址已经遭受到巨大的破坏。

在土耳其沿海进行发掘的美国宾夕法尼亚大学博物馆的一支考古队，第一次证明考古学家能够在深达 30 米的海底进行工作。1960 年，G. 巴斯率领一支其成员包括 P. 斯罗克莫顿、J.P. 泰勒和 F. 杜马的考古队，在格里多尼亚角（Cape Gelidonya）附近发掘了一艘约公元前 1200 年的沉船（图 1.4）。这项工作是一次重大的考古学成就，一方面它采用的水下考古技术无懈可击；另一方面它为研究青铜时代晚期东地中海的贸易做出了重要贡献[19]。从这以后，美国人开始在土耳其水域进行一系列水下发掘，其中著名的有在亚西阿达岛（Yassi Ada）附近海域发掘公元 4 世纪和 7 世纪的沉船。这些考古队在 M. 卡采夫（M.Katzev）的率领下，大规模发掘了塞浦路斯凯里尼亚（Kyrenia）附近的一艘公元前 4 世纪沉船。最后这艘沉船的残骸被完整地打捞上来并加以保护，目前它正在凯里尼亚堡展出[298][175]。

前面仅仅介绍了地中海海洋考古发展史上一些较为突出的重大事件，还有许多重要工作，尤其是法国、土耳其以外各国的工作尚未提及。近 10 年来，这项工作得到越来越多国家政府的支持。例如，1969 年以来，在南斯拉夫水域已取得相当大的进展，设在萨格勒布的国家文物保护处建立了以各重要滨海城市"工作队"为基础的一套完善的管理体系[325]。另一种极有希望的迹象是，法国考古学家成功地发掘了一些其表层器物（主要是安弗拉瓶）已遭劫掠的遗址，他们发现大量掩埋的遗存物，有的遗址还有遗存的船舶结构，例如，德拉蒙（Dramont）D 号遗址[170]、大理博（Grand Ribaud）A 号遗址[52]、富拉岩（La Roche

Fouras）遗址【172】以及特拉德利尔（La tradeliere）遗址。【101】同时，G. 巴斯及其考古队在 1 年以前建立的标准、理论及工作程序，到现在仍然是考古工作者努力遵循的楷模。

近 20 年来，海洋考古已不再仅限于地中海水域。瑞典可能完成了迄今为止最宏伟壮观的考古计划，即在斯德哥尔摩港打捞并完整保存了"瓦萨"号（Wasa）战舰。这艘建造于 1628 年的战舰在设计上似乎出了

图 1.4
1961 年一位考古学家在格里多尼亚角一艘青铜时代沉船遗址上工作

重大差错，因为它在处女航时即翻船沉没。1956 年，人们发现了"瓦萨"号所在的位置，经过几年准备工作之后，该舰终于在 1961 年 5 月再次浮出水面（图 1.5）【111】。从技术观点来看，这一打捞工作本身就是一项极不平凡的成就，它需要在沉船下面挖掘隧洞以穿过缆绳。在"瓦萨"号打捞起来以后，为寻找船上散落的装饰物及其他物件而对沉船周边的海底进行了发掘，这也是前所未有的规模最大的水下发掘工作之一。但瑞典考古学家并未就此止步不前，他们继续在波罗的海无船蛆水域发掘了其他许多重要的沉船。[55] [56]

以 G.R. 范德海德为代表的荷兰考古学家在围海低地进行的发掘工作，也许是其他北欧国家中规模最大的发掘工作。过去这一带海域经常有狂风急浪，自有船航行以来，一直是船舶的葬身之地【320】。遗憾的是由于这类材料的数量不多，以及另外一些不利的环境因素，目

图 1.5
瑞典"瓦萨"号战舰被打捞起来后装在混凝土浮箱里拖运。1961 年，斯德哥尔摩港

前尚未从这些遗址中获得多少系统的知识。但是，从这种材料中得到的有关 12—19 世纪北海船舶的知识，无疑会极大地修正传统的观点。荷兰其他地方也偶然发现并发掘出一些内河古船，例如，在兹瓦默丹（Zwammerdam）[82]，这些材料提供了关于公元最初几个世纪内河船的知识。

在海峡对岸的英国，有一些类似的偶然发现，不仅补充了低地国家发现的材料，而且揭示出罗马时期英国造船的新情形。在布莱克弗里斯发现并发掘的罗马时期船只即是其中一例[219]，后来在此附近又发现了年代稍晚的船[220]。对中世纪早期船舶感兴趣的专家们，其注意力仍然集中于 1939 年夏在萨福克郡萨顿·胡的引人瞩目的发现。在一个有不少金银珍宝的皇室葬船墓中，发现有一艘船的灰痕形象。1965—1967 年，大英博物馆再次发掘了该遗址。另一项关于中世纪船舶的重要发现，是 1970 年发现的肯特郡格拉芬尼的一艘 9 世纪古船（图 1.6）。格林尼治国家海事博物馆对该船作了抢救性发掘，并由此开始进行一项研究西北欧船舶的大型考古计划[141 221]。

英国水域里的考古研究进展缓慢，而且几乎全部集中于 1500 年以后的遗存物。第一艘年代确凿的历史沉船是 1965 年在设得兰群岛外斯凯里斯附近发现的荷兰东印度公司的"德利弗德"（De Liefde 1711）号（图 1.7）[27]。此后发生的一些事件与其说是考古，不如说是商业性打捞。但 1964 年成立的船舶考古协会等组织，已经开始对发掘规范加以改进，一些考古学家还进行了潜水作业。荷兰东印度公司的船舶继续吸引着人们的注意，其中最令人瞩目的也许是在哈斯廷斯（Hastings）附近沙滩沉没的"阿姆斯特丹"号[221][222]。人们兴趣不衰的另一对象是 1588 年的西班牙无敌舰队沉船，最早的是 1968 年发现的"圣玛利亚·罗莎"号（Santa Maria de la Rosa）[229]和"希罗娜"号（Girona）[294]。

20 世纪 60 年代中期以来，参加潜水俱乐部的人数日益增多，扩展了发现历史沉船遗址的范围。有的沉船出于偶然发现，有的则是有计划搜寻的结果，1967—1971 年在索伦特（Solent）发现并鉴定确认的"玛丽·露丝"号（Mary Rose）遗址，也许是后者中最突出的一例。但这一新的研究领域在取得学术界认可方面，只获得了一定程度的成功。迟至1973 年，圣安德鲁斯大学才成立了英国第一个海洋考古研究所，同一年英国颁布沉船保护法，这是海洋考古工作中的一些特殊问题得到法律承认的初步措施。

　　除欧洲之外，在水下打捞历史沉船活动最为活跃的地区无疑是美洲

图 1.6
1970 年在肯特郡格拉芬尼沼泽地发掘的萨克森晚期（Late Saxon）的船

北部及中部。在那里的西班牙铁甲舰队沉船上，有大量的金银财宝，吸引着人们进行水下探险活动。毫无疑问，这些活动大多出于商业目的而不是为了考古研究，但近年来也采取了一些措施来控制局势——美国沿海的许多州通过了有关水下遗址的法案，有些州还设立了州一级的水下考古机构加以监督；近年来，这些机构所作的系统性考察和发掘达到非常高的水平。沿美国东海岸发现的独立战争时期的沉船遗址，如约克敦

图 1.7
设得兰外斯凯里斯的岩石海岸，1965 年在这里发现荷兰东印度公司"德利弗德"号遗存

遗址[18 123]和佩诺斯科河（Penobscot Riner）的"捍卫"（Defense）号遗址[239]，尽管不大出名，但具有重要的资料价值。加拿大海岸附近的类似遗址也引起了人们的注意，其中有些发掘工作得到国家历史遗址服务处的支持，例如对法国战舰"马肖尔"号（Machault，1760）的发掘[347]；有的则出于热心人士小组的业余活动，例如，"莎菲尔"号（Sapphire，1695）遗址[12]。对加拿大中西部内河码头遗址的研究也很著名，它揭示出 18、19 世纪从东海岸殖民地向内地运输贸易物资的一个十分有趣的剖面。[333]

　　至于世界的其他地区，系统性的工作才刚刚开始进行，而且很少见诸报道。以色列考古学家研究了红海及地中海的沉船，例如，沙姆沙伊赫（Sharm-el-sheikh）地区的沉船[196 44]。多年来人们就已知道肯尼亚

图 1.8
西澳大利亚博物馆 1973—1975 年发掘的荷属东印度群岛"巴达维亚"号船尾的遗迹

蒙巴萨附近海域有一艘颇具吸引力的 17 世纪葡萄牙沉船[182][334]，1977 年年初，一支国际考古队开始对该遗址做大规模调查。最近在泰国梭桃邑（Sattahip）附近也开始调查一艘 14 世纪或 15 世纪的沉船[330]，据报道该地区还有其他的重要遗址。目前关于日本海洋考古的报道极少，说明那里虽然已注意到这门学科，但要到将来才会取得重要成果[225]。从 1971 年起，西澳大利亚海域一直是海洋考古学家频繁活动的著名地区，在一系列完备的法律条令保护下，国家博物馆成立了一个由 J. 格林先生领导、有各方面称职专家参加的专门机构[261][139]。他们主要调查澳大利亚海域的一些荷兰东印度公司沉船，其中著名的有 1629 年的"巴达维亚"号（Batavia）[137]、1656 年的"费居尔德·德拉克"号（Vergulde Draeck）[135]和 1727 年的"泽维克"号（Zeewijk）[162]。同样值得注意的是，他们把类似的发掘技术和规范用于 19 世纪殖民时期的沉船遗址[153]。

上面介绍的这一学科的发展简史显然极不详尽，尚未提及许多重要的研究工作，其中有些将在第三章里加以介绍。但是，这一分支学科的某些重要特征已在其发展历史中显现出来。首先，它显然是一门非常年轻的学科。其现代的发展有赖于水肺的发明，而这只有 30 余年的历史；其次，使海洋考古脱离纯粹的救助打捞或猎取财宝活动，从而建立一种新的潜水考古专业，这一整个过程意味着它在这段历史的前些年里发展极为缓慢。而对于世界大多数地区，真正的海洋考古发掘仅是近些年来的事。另一个与此有关的特征是，参与这项工作的人非常广泛复杂，包括海军潜水人员（如库斯托船长及其工作队）、商业性打捞人员（如美国的许多参与者），以及正统的考古学家（以巴斯教授为代表）。必须承认，从这项工作所需的新技术及其他技能来看，这种局面是不可避免的。然而，这使得该学科的整体带有一种与比较正统的考古学格格不入的色彩。这些因素还影响了近年进行的研究工作。

早些时候，人们觊觎于地中海的安弗拉瓶沉船，其注意力集中于古典时期的商船。以后，其他水域里令人垂涎的财宝和遐迩闻名的火炮，

又使人们把工作重点放在 1500 年后地中海以外的遗址上，对该学科曲
折发展历史的简要介绍，即使不能成为作者的借口，至少也应该说明后
面所讨论的课题范围很不均衡的原因何在。为什么海洋考古学至今缺乏
关于其理论及所关注问题的概括性论著，这是不言而喻的。

1.3　小结

　　现在，用以建立海洋考古学一般性理论的框架可以说相当清晰了。
本章开头提出的定义已经确定了该学科的范围，另外还讨论了该定义所
包含的一般性内容。首先，作者认为，从本质上说海洋考古学是考古学
的一门分支学科，它应该坚定不移地以正统考古学已经建立的原理、理
论和方法为基础。但在以下各章的讨论中，作者假设读者并不具备详细
的考古学理论知识，如果需要更深入地了解这方面的概念和原理，应该
参考下列著作：G. 克拉克的《考古学与社会》[62]、M. 惠勒的《地球上
的考古学》[335] 和 D. 克拉克的《分析考古学》[66]。

　　要描述一门考古学分支学科，首先可以探讨所研究材料的性质以
及搜集材料所用的方法。其次再讨论该学科要解决问题的范围。本书第
二章即是关于前者的探讨，尤其是关于海洋环境的各种特点的探讨。因
为前面已经提到，所有物质材料几乎都是在水下，因而几乎所有必要的
现场工作都必须在水下进行。如同第二章所阐明的那样，这种局面既有
优点也有缺陷，两者旗鼓相当，但都对海洋考古学的基本理论产生了很
大影响。第三、四两章是本书上编的主体部分，概括介绍该学科已取得
的一些重要成就（第三章），并对它在不久的将来所获得的成果做了合
理的推测（第四章）。这一相对新兴的研究领域迄今为止所取得的成就
不会很大，因而在评估其研究范围时，应该把预期可以获得的成就包括
在内。

　　对该学科做了这种探讨以后，本书的下编则试图建立海洋考古学的
一般性理论。第五章介绍分析资料的某些模式，这些模式对这类物质材

料尤为适合，并且与沉船现象有密切关系。第六章探讨基本研究对象，即船舶的各方面内容，这是任何特定遗址首先要弄清的对象。此外，第七章讨论该学科的最终目标，即了解过去的海洋文化。第八章为全书的简短结束语，介绍关于海洋考古研究组织工作的一些看法。

第二章　水下工作的特点

如果说海洋考古的重要特性之一是它的发掘工作必须依靠水下现场进行的话，那么它的许多独有特点，包括其优点和缺点，都要受水下环境的制约。在讨论水下工作存在的问题（2.2 节）及其操作过程中的优点（2.3 节）之前，作者拟首先简要介绍一下与此项工作有关的一些情况。读者如要更全面地了解这方面的内容，可参考下列著作中的一种：G. 巴斯的《水下考古学》和威尔克斯（W.St J.Wilkes）的《船舶考古学》【339】。

2.1　一般介绍及定义

想要对从未潜过水的人描述在水下工作的真情实况，几乎是一件不可能的事情，由于技术方面的种种原因，即使是最真实的水下纪录影片也会使观众产生一些错误印象。潜水者有许多特有的体验，这可能是由于他在水下完全失重造成的，因而他在水下的自然姿态与其说是在海底行走（譬如在陆上的那种行走），不如说是悬浮于水中。这种情况除了产生其他一些后果外，还意味着在水下难以从事用力大的工作，因为潜水者每一次用力都要受到一个反作用力的作用，从而可能使他飘离工作地点；此外，最微弱的水流也会带来很大的麻烦。在视觉方面，潜水者观察到的水下世界是扭曲的。这是因为：第一，他要透过面罩进行观察，其视线要通过空气、玻璃及水，三者共同产生的折射作用使水下所有物体的视觉尺度比它的实际尺寸增大三分之一；第二，由于海水要吸收某些波段的光波，因而在一定深度，整个视域宛如一幅绿蓝色的单色画。总的来说，水下能见度受到的限制更为严重。不少海域的水下实际上是一团漆黑，而对于大多数海域，其可见距离超过 20 米就已经相当不错，超过 50 米则极为罕见。至于潜水者的其他感觉，如听觉和嗅觉，在水下实际上丝毫不起作用。所有这些因素使潜水者在水下必须专心致志地判别方向，因为人在水下判别方向时对各种感觉的依赖程度和陆上迥然不同。这一情况对于潜水者的心理及工作能力的影响如何，尚待研究[26]。

除这些一般情况以外，还存在着影响所有潜水者的洞察力（perceptive）和行为水平（level of performance）的种种特殊因素。寒冷无疑是其中最常见的因素，它在不知不觉之中削弱潜水者的体力，即使在热带水域中亦是如此。另一种使潜水者在毫无知觉中受害的因素是氮麻醉，人在 3~4 个大气压下（潜水深度超过 25 米时）吸进氮气就会患这种病。法国人将这种病称之为" ivresse des profondeurs"，字面含义为"深海醉酒"，并将其症状幽默地归纳为所谓的"马提尼定律"——每下潜 10 米相当于再喝一杯酒！除此之外，还随时可能发生"潜水箱病""空气栓塞症""肺撕裂"等疾患。在精神上，使潜水者备受折磨的因素之一是感到孤独，这是自然而然的事：但必须强调指出，通过完善的训练可以将这些问题至少减小到能够忍受的程度，从而使潜水者在水下顺利地进行工作。这些因素对海底考古工作所带来的特殊局限性将在下一节中加以讨论。

最重要的潜水设备显然是供给空气的装置。由于要灵活的操作以及在第一章所提到的其他一些原因，潜水者在从事考古工作时一律使用现代的自动调节呼吸器，其中最常见的是潜水者身背压缩空气瓶供气。这样，他可以完全自由地活动。另一种可采用的系统是在水面上将空气以中等压力压缩输送给潜水者，这种水面供气式或者所谓"水烟筒"式供气系统的成本较低，也比较易于操纵。如果潜水在海底的工作范围有限（在海洋考古中这种情况很普遍），这种系统还是比较优越的。为了御寒，潜水者通常要穿用某种天然橡胶或合成橡胶潜水服。它或者是人体完全不接触水（至少在理论上是如此）的干式潜水服或者是湿式潜水服（潜水者皮肤外表有一层很薄的水，它会迅速吸收人体热量而达到体温，成为附加的隔热层）。为了在水中前进，潜水者通常要穿一双脚蹼，另外还要在腰带上佩挂一定数量的压铅以抵消自身及潜水服的浮力。如前所述，他还必须戴一个面罩来保护鼻子和眼睛。除这些基本装备之外，潜水者还需要携带在特殊情况下可能有用的各种器具，如刀子、浮力背心（buoyancy jacket）及数量不一的仪器和工具等。通过上述对一些有关装备的简介可以知道，潜水活动本身要求潜水者具备一定程度的专业知识并且要全神贯注，反过来这样也进一步减少了工作时的体力消耗。

图 2.1
潜水员在 20 米深处的"肯内默兰"号水下遗址

显而易见，使用这些装备需要经过一定程度的训练，而一个从未在正式的潜水俱乐部或潜水学校里学习过的人绝不应该做潜水的尝试。不言而喻，任何时候都应该把潜水的安全性绝对置于其他所有的需要（包括考古上的需要）之上。现有的海军和商业潜水规程以及业余潜水规程，都不完全符合考古潜水工作程序的要求。水下协会编制的《科学潜水实用规程》[106]也许是目前最好的工作手册。

在讨论现场考古工作的各个步骤及其在水下的应用之前，必须先对海底沉积和陆地沉积之间的区别做一些介绍。与陆地一样，海底也存在着除裸露岩石以外没有任何覆盖物的特殊区域。这类区域在无掩蔽物的海岸一带很普遍，但在深水区却极为罕见，如同陆地上的多石区域大多分布在海拔较高的地带一样。与此相反的特殊区域是海床完全由淤泥沉积而成，大洋的洋底一般属于这种性质，有掩蔽物的海岸周围的浅海海床也是这类构造。然而，在这些海床上发现遗存物所用的技术手段目前还十分落后，而且费用昂贵，因此这些地区具有的考古潜力还有待于今后的大力开发。本书讨论的沉船大多是在介于上述两类特殊区域之间的海底发现的。这类遗址所在地的海底由颗粒较大的沉积物构成，如砂和砾石，在有的遗址海底上，分布着零星的巨石甚至有裸露的岩石区域。通常在这种裸岩区域最先发现沉船，因为沉船残段显著地突出于海床之上，虽然沉船遗存物的保存质量主要决定于海底成层沉积（sedimentary deposit）的性质及范围[244]。最后一点，从未潜过水的人经常错误地认为海底沉积物在不断地运动着，这种看法来源于他们在海边观察到沙滩的运动，这完全不符合实际情况。在任何海床上，只有几厘米厚的表层沉积如同陆上的表层土那样容易受扰动，而绝大多数遗址，包括那些位于完全裸露的海底的遗址，在长时间里都是静止不动的。

在任何地方进行考古发掘，首先要发现遗址。虽然许多陆上和水下遗址实际上是偶然发现的，但仍然不可缺少有目的的搜寻工作。现在，陆上的搜寻主要采用田野踏勘方法，即在遗存物许可范围之内力图复原史前的整个地貌。而水下的搜寻则可能是要确定某一艘有文献记载的非

常重要的沉船的位置，或者要了解某一段海岸考古发展潜力的概貌。这
两类工作的基本程序很相近。主要是要求搜寻者能够辨识出通常极不显
著的表面指示物，从而发现掩埋的某一考古遗存，这种技巧只有通过实
践才能获得。在具体方法上，水下搜寻与陆上搜寻有一个主要的不同之
处，即由于水下的能见度很有限，其搜寻的路线比陆上更为紧凑集中，
而且在掌握和记录搜寻路线方面，所存在的困难也严重得多[249 57]。现
在，陆上和水下都普遍采用各种电子探测器来取代目力搜寻。由于潜水
工作队受经费及其他条件的限制，水下搜寻日益普遍地采用这类遥感仪
器，尤其是那种在一艘小船上可以完成所有操作的仪器。然而，正确地
描述、辨识及评估电子仪器发现这项工作，一般要依靠经验丰富的潜水

图 2.2
潜水员在海底使用金属探
测器勘测遗址

考古学家进行。

如果发现了一处遗址并决定加以发掘，其工作程序就更加具有专业化的性质。海底沉积显然不同于陆上堆积，两者的形成方式不同，海底沉积一般比较疏松，通常不能采用手铲挖掘等常规方法，在某些重要区域最合适的方法是轻微地用手煽动。与其他任何地方一样，清除弃土也

图 2.3
通过用手轻轻扇动的方式
挖掘相对不巩固的沉积物

是海底工作的一大问题。在土方数量较少时，海底使用小桶和手铲的工效类同于陆地上。当土方数量较大时，可以用小功率抽泥机将废土运到距遗址几米远处。在某些环境里，还可以用这种抽泥机进行挖掘，而在陆上的类似情况下则可以用镐。如果弃土量更大，陆上可使用机械挖掘机，在水下则要用功率更大的空气抽泥机（bore air-lift），它能将弃土提升数米再用水流冲走。加以适当固定的抽泥机可以按发掘工作的需要，小批量地清除弃土，并且可以保持现场周围的海水不受弃土污染。当然，所有这些工具只适用于颗粒较细的沉积物。而较大的石块则必须像在陆地上那样分别搬走。尽管用装器物的充气浮袋（air-lifted lifting bag）或其他类似装置也可以非常容易地完成这项工作。

在发掘的规划方面，陆上采用的所有工作程序在理论上都可用于水下发掘。探沟、探方、象限区（quadrant）以及开放性区域（open area）都已全部用于海洋遗址的发掘。在很多遗址上，由于沉积很疏松，因而不大容易形成垂剖面。但现在这种限制已不是严重的问题，因为人们一般多采用开放性区域的发掘方法[13]。尽管如此，某些考古队由于人手较少、资金有限以及受其他工作条件限制，在一段时间里只能发掘遗址的一小块区域，这个问题仍然是一大障碍。在制定合适的发掘规划时，必须区分两类不同性质的遗址，即具有装载物的完整沉船遗址和遗存物没有包容于任何沉船结构内的遗址。前者的发掘程序应该类似于在陆上发掘堆满遗物的建筑遗址，而后一类遗址应采用类似于陆上发掘开放性遗址（如分散的燧石或贝丘遗址）的方法。

在勘测水下遗址时，能见度的限制是引起测量结果必须加以修正的主要原因。经纬仪或照准仪等远距离光学仪只能用于特殊的水下环境，而现有的可以取而代之的精良仪器却又非常昂贵。其中最有前途的是高灵敏度张力测距仪（tension wire）[204]以及各种声学测距仪[177]。对于近距离测量，可以像陆上一样使用测链或卷尺，尽管水流引起的误差远远超过陆上的大风。水下同样可以用普通铅笔和塑料绘图板绘出详细的地形图，而且可以达到与陆上相同的精度。在合乎规格的水下记录系统

图 2.4
考古学家使用小桶和手铲
挖掘充满碎石的遗址

图 2.5
使用抽泥机清除开挖面的
垃圾

图 2.6
潜水员在水下用卷尺进行
测量

中，需要进行微小的修正，但是要做大量的书写工作，因为通常无法将
登记卡片或记录纸带到水下去。还要承认一点，大多数人一到水下，其
手工书写的能力就要显著地下降。

在发掘过程中，应经常对遗址进行照相摄影记录，摄影时可采用
置于水密箱里的标准相机或特制的水下相机。这项工作的主要困难是能
见度有限，一般无法拍摄遗址的全景照片，要描绘全景只能采用嵌镶式
摄影。由于水下光线太弱并且光谱的红色波段被吸收，黑白照片常常出
现反差小、解像力差的问题。在深水下可以采用摄影测量绘图技术，因
为这里的关键问题是要节约潜水的时间[18 118]。在非常阴暗、能见度极
低的情况下，唯一的办法是采用昂贵的电视图像放大系统。

如果要将海底捞起的器物运到实验室或博物馆去，必须采取特殊的
保护措施。因为从海洋遗址上捞出的器物要通过经常是波浪翻滚的水
面，而且还要经受小船运输时的颠簸。最好的办法通常是在海底将器物

图 2.7
一名潜水员正在绘制"玛
丽·露丝"号裸露船体的细
节。由于能见度非常有限，
而且水位很高，一次只能
研究一小部分

装入，并在箱子里添满泥沙，盖紧盖子，箱子运抵实验室后再开箱取物，至于船体构件、火炮等比较沉重的物件，在水中采用充气浮袋提升，可以将物件提升到离水面约一米处，而最大的问题往往发生于把物件从水面运往干燥陆地的过程中。

　　在陆地上，不存在直接和海洋铁质凝结物相对应的遗存物。铁在海水中因变质而生成化合物，将周围的所有东西（沙、石头、动物遗骸等）粘连在一起，形成一种类似于铸模的坚硬物体，这一过程随地区的不同以及该铁位于海底表面或海底表面以下而有所差别【256】【146】。对于这类凝结物，如不打破就完全无法知道里面是什么东西。然而，这种物体异常坚硬，只有用非常猛烈的方法才能加以处理。如果铁质已经完全分解，仅剩下原物体的一个空壳，情况就会变得更为复杂。对此，在实际工作中现在还没有令人完全满意的处理方法。目前最好的办法是尽可

图 2.8
放在沙箱里准备提升出水面的一束绳索

能完整地将凝结物打捞上来，在实验室条件下，根据预先对该物体拍摄的一系列 X 射线照片加以解析处理[146]。如果留下的只是一个空壳，可以注入乳胶、塑料甚至铅来复原原物件的形状[176][100]。但这是一件非常细致而费时的工作，一般考古队不具备进行这一工作的条件和人员。另外，对这种凝结物与海底岩石及周围的物体进行分离十分困难，而使用锤子和凿子则可能造成很大的破坏，因此近年来进行了关于其他方法的试验，其中主要是小型爆破技术[137 57][213]。

　　将遗存物从遗址上打捞上来以后，下一步工作就是对它们加以保护处理。这一工作本身已经成为一门完整而独立的学科。它需要相当多的经费和十分丰富的专业知识，例如，发现并打捞"瓦萨"号战舰只用了 5 年时间，而保护工作到目前为止已超过了 15 年。这项工作与从遗物材料里获取知识的过程没有关系，因而对海洋考古学只有间接的

图 2.9
围绕着一个木桶形成的一大块铁质凝固物，里面有一些铁质工具和索具；中间的刻度为 5 厘米

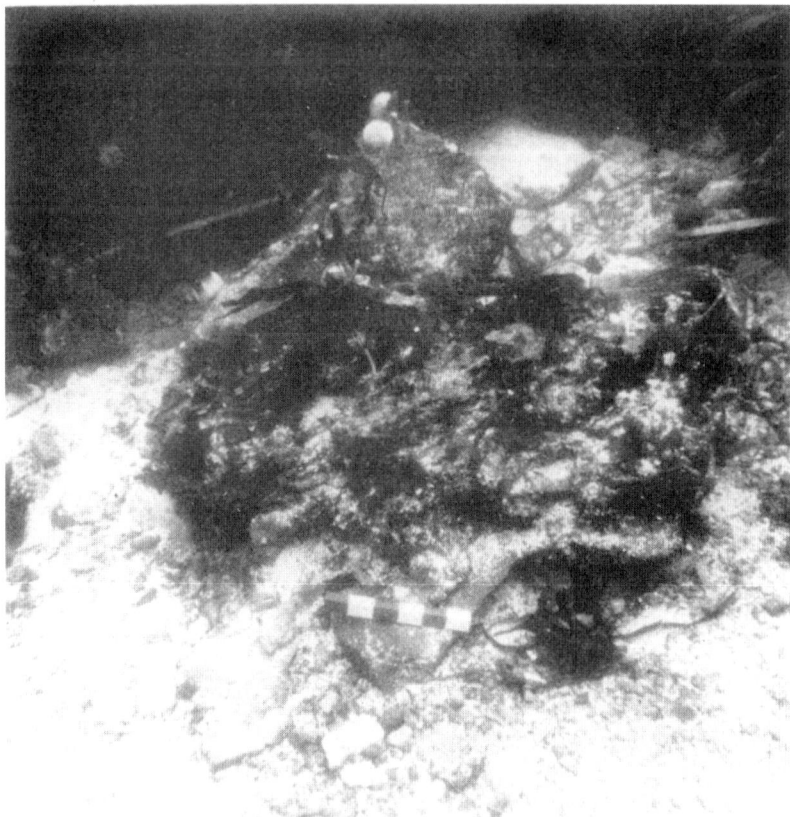

影响。不过，在任何一项考古工作中，考古学家与文物保护工作者必须建立尽可能密切的联盟，因为其中任何一方都可能偶然发现对方感兴趣的材料[146 86]。

2.2　水下工作中的一些问题

从上一节可以清楚地看出，潜水者在水下的操作和观察，可能会受到严重的限制。这些限制对水下工作的范围及潜力具有某些制约作用。前面已讨论过损害潜水者工作能力的一些因素，下面谈谈这些因素产生的结果，这些结果已为近年来水下心理学的一些试验所证实。其中最引人瞩目的也许是灵巧性试验（dexterity test）。它表明人的操作能力在水深 3 米处已经平均下降了 28%，在水深 30 米处则降低 49%[10]。其他一些试验表明，人的语言领会力（sentence comprehesion）及时间判断力（time estimation）随水深而发生类似的减弱。特别令人担心的现象是，许多潜水者在从事某项工作时，对周围环境的反应能力极为迟钝。这意味着，如果他们把注意力集中于维持自己的生命安全，就不能做好眼前的工作；而要是全神贯注地进行工作，他们的生命安全就可能会受到威胁。这些研究已经证实，人在水下的操作能力（包括工作速度和质量两个方面）都有所减弱，但有关的过程尚未进行分析。

人们还进行了一项研究。这项研究表明，在某种程度上，人的记忆力"取决于周围的环境"。换句话说就是某一概念或某种技艺在类似于学习它们的环境条件下最容易回忆起来。警察当局在根据某一证据反推犯罪场景时就采用这种方法。一张词汇表在水面上学习又在水面上回忆时，记忆效果最佳；如果词汇表是在水下学习的，那么在水下回忆要比在水面上回忆有更好的效果[132]。近年来的研究显示了一种严重的结果：到水下才开始学干工作的人，其操作能力始终超过在水面上已学习过的人。看起来在水面上学习过的一项工作，在水下必须被忘掉才能重新掌握。很可能这是由于潜水者的感觉输入（sensory inputs）在水下和在水上不相同【131】而引起的。这项实验对于海洋考古学可能带来以下后果：第一，现场工作者在水面上接受的指示，在他潜入水底以后可能会发生记忆差错；第二，在返回水面以后他可能记不起在水底所作的观察。实验证明，即使是最全面、最清晰的询问也不能消除这种效应。因此，必须在水下完成全部遗址记录工作，而不能把这些工作托付给人的记忆力。最后一种令人担心的结果是，考古工作者在陆地上学习的发掘技术或其他考古技术，在水下不能得到准确地运用，从而造成考古材料的遗失。在这里我介绍一种未经科学证实的个人经验。我发现，在水下如果使用在陆地上使用过的工具，如盛物盘、遗址平面图，尤其是手铲时，我很容易不知不觉地达到陆上发掘时的精神状态。

研究潜水者行为所获得的最重要结果之一是，在水下完成任何工作所用的时间几乎都比陆地上多。这种精神迟钝效应（mental retardation effect）在从事简单体工作时尤为显著。因为水的阻力使任何繁重工作的速度都比在陆地上更为缓慢，也更容易使人疲劳。特别不幸的是，尽管几乎所有水下工作都要花费较长的时间，但任何人每天或每周在水中停留的时间却要受到严格的限制。产生第一种限制的原因是空气的供给。如果用高压氧气瓶供气，在气瓶氧气用完以后潜水者必须浮出水面，或者换 1 只充满气的气瓶再下水，或者就在水面上完成剩余工作。对多数潜水者而言，1 只标准体积气瓶在水深 10 米处约可使用 60 分钟，在 30 米深处则只能使用 20 分钟。当然，潜水者常常携带两只甚至 3 只气瓶，从而成倍延长了水下持续工作的时间。如果采用水面供气系统，它的优点是，只要对水面上的空气压缩机保持燃油供给，即可不断地向潜水者供给氧气。

第二种限制是潜水要求的减压时间。由于潜水者呼吸的是压缩空气，因而其血液里吸收了一定量的不活泼气体，其中主要是氮气。如果外部压力降低得太快，这些氮气就会在血管里形成气泡，从而阻塞血管，并可能切断大脑或脊柱等要害器官的血液供应。其后果轻则使皮肤局部发炎，重则全身麻痹或死亡。现在尚未弄清这些病症的明确机理。

经验表明，对于不同的水深存在着各自的时间限度，在此限度之内发生减压病的可能性最小。各国海军部门已总结这些经验并制成表格，就是减压时间表。这种表上除了有"中间不停留"（no stop）时间之外，还有在海底停留时间超过限度时需要的上升时间。"中间不停留"时间随着深度增加而迅速减少，在 10 米深处允许停留将近 4 小时，在 20 米深处允许停留 45 分钟，30 米深处只允许停留 20 分钟，到 50 米深处则只有 7 分钟（这些数据来自皇家海军生理实验室 1972 年减压时间表）。虽然可以通过浅水减压停留方法来延长在水底的时间，但延长的时间往往比上升时多花的时间少得多。在 30 米深处多待 15 分钟，上升时就要多花 23 分钟，这种中间停留单调乏味而且使潜水者感到非常寒冷。避开这些困难的唯一而安全的办法是在水面上设置专用舱室进行减压，所有商业性潜水（超过 25 米深）都采用这种办法。不过采用这种技术的开支也是很昂贵的。

　　第三种限制水下时间的因素，从根本上说也是最重要的因素，乃是潜水者感受到的寒冷和疲乏。这两者是有联系的，其中一个由另一个引起。水是良好的传热导体，具有消耗潜水者体内储备能量的特性，要让所有潜水者都清楚地认识到这个问题。因为寒冷会在不知不觉中侵入人体，降低工作效率，并且增大由于疏忽而发生偶然事故的危险性。在盛夏季节的不列颠水域，如果穿一件性能良好的湿式潜水服，很少有人能够在水下 1 天连续工作 4 小时以上；而穿性能良好的干式潜水服则可以增加 1~2 小时。当然，不少气候寒冷的陆上考古遗址的发掘工作也十分劳累，但通常可以采取更多的办法维持人的生存，在那里寒冷并不具有潜在的危险性。

　　所有这些因素给实际工作所造成的最终结果，在 H. 弗罗斯特小姐写的关于她早年考古活动的书《在地中海的水下》里做了极为生动的描述，其最后一节写道：

　　"我坚信在海底可以进行考古工作，但这只有在科学家和潜水员都了解有关的具体情况时才行。千万不要忘记，人类是在与一种陌生的环境条件作斗争。在深水中工作的人，其精神上的消耗和其体力上的消耗成正比。有时听到职业潜水员们老是抱怨他们挖掘的'大窟窿'，实在令人忍俊不禁。从考古学观点看来，在探讨技术问题时提到这些似乎有点滑稽而不严肃。但他们对于水下工作的艰苦劳累的一再申诉，却说明了一件基本事实。即潜水者自己置身于同某种自然力作斗争的地位。他必须把工作集中于若干分钟内完成，在此期间他还得经受一场感情上的考验。在早些年，潜水者必须一口一口地吸气，而现在供气装置已经改进，但他仍被局限于一只'小瓶'内，并且明白他必须不停地呼吸。他在使用气力提升机挖掘'大窟窿'时，必须紧紧抓住这台大功率机器，然后为自己确定一项工作任务，例如，捞起某一只安弗拉瓶。他不停地挖掘着，直到完成这一任务为止。他的判断力随水深增加而减弱，因而很难控制自己的动作。如果富有经验，他会明白自己出了什么问题；要是缺乏经验，在海底又是孤身一人，他可能会拿起安弗拉瓶乱拧一气并把它打碎……而在感情上，潜水者已经和他挖的'大窟窿'融为一体了"[115 258]。

对于从未潜过水的人来说，这似乎是一种与科学毫不相干的狂乱情景。但对有水下工作体验的人而言，这种情景实在是太真实不过了。

在对水下遗址进行发掘或监督管理时，还会出现一个问题，即如果没有配备价格昂贵而且难以得到的装置，潜水者在遗址现场就不能相互交谈。虽然对比较简单的交谈，潜水者们已建立了可以用于多种场合的一套手语。另外，为了表达当前工作所需要的专门意思，大多数工作队迅速规定出辅助的手语。但非常复杂的意思却只能写在记录板上告诉别人，这种方法十分烦琐而且往往不准确。作为克服这个困难的初步措施，在水下必须经常按照严格的等级制度工作，以便让每个人都知道应该听从谁的命令。此外，大多数潜水者发现，他们在工作时与某些人更容易相处。这大概是由于他们的思维方式相似。考古工作的领导者必须考虑到其下属的偏爱情绪。但是，即使把一切情况都考虑进去之后，也会产生有关人员无法理解他人传递的信息和接受领导者指令的现象。由此产生的结果是，考古工作可能以一种不能令人满意的或者缺乏效率的方式继续进行，或者完全遗漏了重要的水下记录或照片。

　　在通信方面的另一问题是，潜水者无法和水面上的人自由通话。如果他希望与某位专家商量或者接受新的指示，就必须浮出水面。这会导致下述结果：现场工作者只能依靠自己的力量去解决某一具体问题。而如果处于陆地上的类似情况，他会请求别人的帮助。另外，水面上的人无法将计划中的任何更改及时地通知在海底的工作者，只能等到一个工

图 2.10
在土耳其亚西阿达岛附近海域沉船遗址上的水下电话亭

作周期结束以后再实施计划中的更改部分，造成时间上的浪费。为了避免这种情况，有些领导者在进行下一周期的工作之前，要仔细地领会和研究上一周期的报告，并且做出改变工作程序的决定，这种办法在两个周期之间也会损失一些时间。

由于通信困难而产生的时间浪费问题，已经被地中海地区的一些考古队解决，他们采用了 M. 卡采夫发明的"水下电话亭"——即用有机玻璃制成的圆球形充气小屋，潜水者在里面可以相互通话或与水面上通话。这种装置还具有相当大的安全保护作用[24]。

克服这种通讯困难的其他唯一途径，是使所有队员都掌握专业知识并接受训练，从而使他们在遇到意外事件时能够发挥自己的主动精神。可惜，实现这种理想状况的可能性极小。

在不列颠水域以及其他不少地区，天气是使考古工作者十分头痛的问题。如果在关键时刻来一场风暴，就可能使一项考古计划完全失败；偶尔出现一天坏天气也同样令人恼火，因为它破坏了考古工作的连续性。这一无法预测的因素是一个非常沉重的包袱，它至少可以阻挠工作的正常进行，在最坏情况下它会彻底瓦解全体队员的士气。因而，在这种地区制订工作计划时，必须根据现有的气象资料，把坏天气可能造成的损失天数计算进去，尽管任何一年的天气模式极少会与统计平均值完全相符。当然，也有运气好的时候。其实际损失的时间比预期的少，从而得到多余的有效工作时间。遗憾的是，由于沉船大多处于开阔水域，遗址所在区域的实际天气一般都比该地区天气的平均状况更为恶劣。结果，仍然是进一步增加了海洋考古工作的费用。

在上一节里曾简单地介绍了水下考古工作采用的方法。一般认为，只有在极小的程度上可以把陆上考古程序用于水下工作。从本质上说，这种看法是正确的。我们先讨论水下搜寻所用的方法，其中最突出的问题在于水下勘察花费的时间要比在陆地上多得多。但从考古学观点来看，更为重要的限制性因素在于要找到那些表面上毫无痕迹、而在几米厚的沉积层下面可能埋藏有历史遗物的区域，我们现有的能力还很有

限。近年来已经制造出可以勘测海底地下地层特征的浅层探测仪（sub
bottom profiler），但通常这种仪器的穿透深度很有限，而且对其探测结
果的分析解释也是一项一般人难以掌握的技术[112]。在使用这类探测仪
器时，要取得用于分析的完整物证，通常必须作实地挖掘，一直挖到特
定地层，让有经验的人观察取样。如果在某一区域里挖掘者报告了几十
处具有同等可能性的目标，这一工作的费用累积起来可能相当可观。

对发掘者而言，海底沉积物本身也可能存在自己的特殊问题，其中
有的已在前面提及。与陆上的打洞动物相对应的海洋动物是蟹，它们可
以在眨眼之间就改变一个地层剖面的面貌。数世纪来，这种动物一直在
扰乱海底表面的地层。另一个问题是海底自身往往也具有把表面弄平的
趋势。当天气恶劣时尤其如此。在某些遗址上，如"玛丽·露丝"号遗
址，海草和松软的淤泥在一夜之间就会填平所有的探沟，以致每天要
用一些时间进行清理。"玛丽·露丝"号遗址的沉积状况还算是比较好
的，因为其原有剖面仍大致保持垂直。在基本属于沙质地层的"特立尼
达·巴伦西亚"号（Trinidad Valencera）遗址上就没这种运气了，发掘
时有一天起了风暴，从而产生了戏剧性的结果：全部发掘剖面都被削成
小于45°的斜坡，绝大多数探沟被填掉了将近一半深度。刮大风和下
雨天气会对陆上遗址造成一定的危害，但达到海洋遗址这么严重程度的
并不多见。遗址所在位置的水深越大，这种情况的影响就越小，但绝不
会完全消除。

在水下的各种工作中，测量及记录受环境的限制也许最为严重，即
使是量度1~2米的距离，如果水不平静也会出问题，纵然是一股细弱的
水流也会使卷尺发生弯曲，要是水流中夹杂有一定数量的海草和碎石，
就会造成更为严重的影响。由于潜水者在水中自身具有一定的浮力，因
而排除了用人力拉紧卷尺从而消除这种误差的可能。此外，要是测量者
测量的距离超出可见范围，他甚至不能发觉出现的差错。

在水下不能相信任何直觉的印象，对每一器物都必须绝对客观地做
测量或用其他方法加以记录。前面曾经提到水下物体体积的视觉畸变问

题。现已发现，潜水者要使自己的判断力能够自动矫正这种畸变，往往需要经过许多年的水下工作才能办到。在水下不存在天然的地平线，潜水者搞不清上下方向并不是罕见的事情，因此不能用直觉的办法来判断某一平面是否近似于地平线。另外，测量员和绘图员喜欢在完成工作以后对照实物，看看他们的结果是否准确无误。如果发现有问题就要再做仔细检查。但在水下往往不可能一目了然地看清遗址或目标的全貌，因而难以判断他们的工作结果是否准确。在能见度如此低的环境下，尤其是必须在水面上逐步完成绘图工作时，往往在刚一开始就出现明显的差错。要是不知道沉船的准确方位等情况而试图画出沉船的形状，还会出现另外的问题。船的形状由一系列极其复杂的平面和曲面组成，如果没有建立该船本身的参照坐标系，很难搞得一清二楚（图 2.11）。

如果要进行长距离测量，还会出现新的困难，这里的长距离是指两倍于可见范围以上的距离。最简单的办法是把前面介绍的短距离测量方法硬性扩展到远远超过陆上通常可以接受的距离上，这样会进一步增加上面提到的各种困难。但有时候也能得到令人满意的结果，例如，"特立尼达·巴伦西亚"号沉船遗址。该遗址位于浅水下的平坦沙质海底上，水流非常微弱，能见度一般为 10~15 米。在每一工作周期开始时，要将卷尺从遗址的永久基准点拉伸至 70 米远处。与海底上其他基准点比较，其累积误差通常只有约 30~50 厘米（文献[229]的图 14）。这样的误差并不算大，甚至在陆上采用光学仪器也不大容易办到。

前面曾经提到，采用张力测距线或声学测距仪这类现代化的高级仪器，可以克服长距离测量中存在的困难。近年来，在"玛丽·露丝"号遗址上，声学测距仪明显地显现出巨大的作用。该遗址的水下能见度一般不超过 3 米，在测量位于船侧的长度超过 35 米的一件船材时，其结果估计已达到 ±2% 的精度。遗憾的是，没有这样多的测距仪可供使用。而且其成本以及操作人员的培训费用也十分昂贵[177]。

如果要测量更长的距离，可以用浮标标示出需要测量的点，然后在岸上的测量站中用常规办法测量。由于无法检查浮标是否准确地位于所测点的正上方，显然会产生较大的误差。另外，在远离陆地的海洋遗址，这种方法也毫无用武之地。因而这种方法具有很大的局限性。例如，要精确测定在远海一次海战中沉没的战船位置，而其测量结果对于解释海战发生的过程又有决定性意义时，这种测量方法就无法完成任务；当海底遗址与陆地的各种特征具有某种关系时，也会产生类似问题。因为其中如果某一数据测量不准确就可能导致完全错误的解释。

前面已经指出，遗存物的保护技术不属于本书讨论范围，但它对于考古工作来说所造成的后果却十分严重。首先，处理海洋遗址器物的费

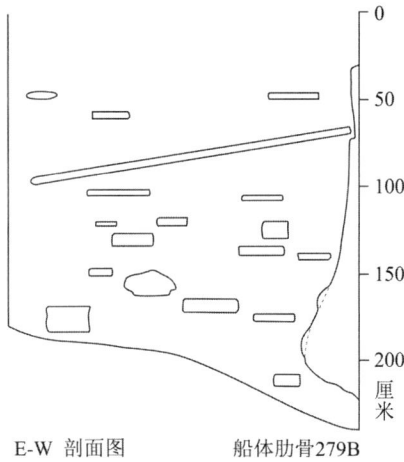

图 2.11
英国"玛丽·露丝"号船体左舷靠近船头的部分残骸。在绘制立面图时（如下图），由于木板的局部弹起，以及整艘船向右舷倾斜 60 度，使得该船的线条更加复杂。第 279b 帧的船体剖面图（右）显示了其凹陷的轮廓，以及外侧沟渠中倒塌的木材的堆积情况；此外，由于光线普遍很弱，能见度有限，所有这些记录都受到了阻碍。图 2.7 中的潜水员所画的就是这个结构

E-W 剖面图　　　　船体肋骨279B

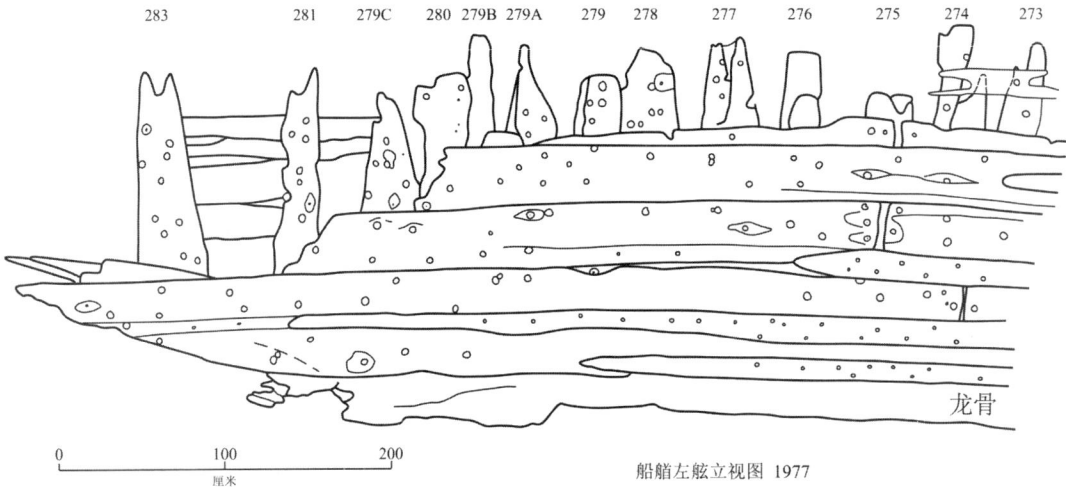

船舶左舷立视图 1977

用很大，包括受过专门训练的人员要做的大量工作以及所使用的昂贵设备。其次，许多材料一旦从海里打捞上来就开始剥落风化，因而在没有做好保护工作的准备之前就打捞器物，乃是极不负责的行为。因此有这样的情况，某一处遗址应该进行考古调查，但必须限制对于遗物的打捞。在某些特殊情况下，这往往意味着必须把经过现场勘察以后的船体重新掩埋起来。这种勘察一般只是对很可能发生了腐蚀和损坏的上面部分遗存物做研究，而对保存状况往往比较良好的下面部分遗存物中的材料则只好弃而不顾。虽然详尽地记录和认真地研究可以减少误差，但在这种条件下做的考古调查实际上仍然是不完全的。在包括地中海在内的世界各地区都存在着这类例子，如富拉岩沉船[172]，亚西阿达海的 1 艘14 世纪沉船[321][323]，以及波罗的海朱索尔门（Jutholmen）的沉船[56]。另外一种办法是把若干沉船构件捞上水面加以研究以后，再把它们掩埋在指定的地点。在一些水下调查中已经程度不同地采用了这种办法，当然这对于捞出的材料本身以及原来的沉船结构都会有一定的损害。马尔海峡中的"达特茅斯"号（Dartmouth）遗址说明，单纯的海底调查可能很不全面甚至误入歧途。开始时人们并不打算打捞并保存遗存的船体达特茅斯，因而只对遗存结构的表面做了详尽记录，并由此得出一些推论。后来才把大部分遗存船体打捞起来并加以保护处理，在这一过程中发现了大量的新材料，尤其是有关船体各部的结合方法以及船体下部所揭示的船体型线方面的材料（参见文献[230]及本书 3.5 节）。

　　对海底捞出的铁质器物的保护，同样也是一项很费钱的工作，需要一些贵重的设备。对考古工作来说这意味着：第一，有可能只好将铁质凝结物连同沉船木构件一起留在海底上，而如果在陆地上这一遗址的全部遗存物都会发掘出来，这种情况的结果可能比乍看起来更为严重，因为有可能遗漏掉在四周的凝结物里包容的其他器物。第二，由于考古队一般缺乏合适的实验设备及专业知识，在寻找铁质凝结物中保存的其他器物时，往往忽略掉铁器物完全腐蚀以后留下的空洞所包含的资料。因而在这些遗址记录下的铁器物中，会遗漏掉不以任何实体形式存在的许多铁质物件。

在遗存物保护处理过程中，可能会使其物理及化学性质发生很大的变化，从而损害以后对这些遗存物进行的许多研究工作。许多非常脆弱的物质，例如，布或皮革，在没有经过加固处理以前无法做任何研究，从而有可能永远无法对这类物质进行大规模的明确无疑的研究。一份审慎的考古报告应该向读者指出在什么时候出现这类局限性，但迄今出版的所有报告却并非如此。经过保护处理后材料性质发生变化的一个很突出的例子是用于保护铁制品的"氢还原"法，这种技术完全改变了器物的金相结构，否则它倒是一种很值得推荐的方法。

以上大多数问题所带来的重要后果是，要想消除或减轻这些问题的影响，就需要额外的经费。归根结底，海洋考古最大的问题是需要比较多的经费。陆上遗址的领导者可以指望每人每天在现场工作 8 小时，而在海洋遗址他能获得 4 小时就算幸运，在许多情况下他指望的每天工作时间还不到 1 小时。另外，有人认为大多数潜水者在水下的工作效率要降低 20%~50%。还有一个值得注意的问题是在人们下潜到遗址现场的过程中所花的费用更大。每一潜水者穿用的潜水服及其他装备，其价值可能超过一百英镑；而现场工作用的设备（气力提升机、空压机、船只等）可能值数千英镑；最后，所有的发掘都要交付巨额保险金。而海洋遗址的保险金可能高出陆地遗址的 3~4 倍。

目前很难具体确定海洋考古和陆上考古的相对费用，但可以作近似推算。一项水下考古计划的基本费用，是相似情况下陆上发掘费用的 2~4 倍。但对于不同的海洋遗址，陆上考古工作者的"现场工作时间"大约是其海洋考古同行的 2~4 倍。此外，如果考虑到潜水者到达海底之后要进行一无所获的遗址清理、布置及整理工作，那么他们获得的考古成果可能只有其陆上同行的一半。所以，从整体来看，要完成"任何一项考古工作"，海洋遗址所需费用可能为规模相当的陆上遗址的 8~32 倍。但如同下一节所阐述的那样，除了这种令人沮丧的高额费用以外，海洋考古还存在着一些补偿性因素。

总而言之，经费不属于考古学上的问题，而是一个社会问题：社会团体愿意为这类研究提供资金吗？对本书而言，更需要探讨的是那些仅仅有钱也解决不了的问题。这种问题或者是由海洋考古本身的性质所产生的，或者是目前我们的技术水平无法解决的。除此以外，还有所有考古学分支学科共同具有的问题，例如，怎样依靠物质遗存去研究社会整体。这些遗存物具有不均匀性，以及我们记录遗存物的任意性和武断性等许多问题[66 14]。

2.3 水下发掘的优越性

上一节讨论的几乎所有问题都涉及实际操作上的困难，而与遗址本身固有的局限性无关。实际上正好相反，水下工作的许多长处都是来源于水下遗址所具有的大量优良特性。在讨论这些优良特性之前，先谈谈在水下调查时偶尔出现的数目有限的操作上的优点。

前面在简要介绍水下发掘技术时，曾提到过从小桶到气力提升机一整套清除弃土的工具。陆上发掘也同样要使用简陋的小桶，但清除大量弃土则要使用手推车和挖掘机械。从考古学观点来看，陆上使用的工具有许多缺点。其轨迹会搅乱遗址地层，因而只能用于清理最上层及含遗物很少的地层，否则就要另外铺垫木板或金属板才行。而水下使用的挖掘机或气力提升机则根本没有这些令人讨厌的缺陷，在移走废土时它们可以跨越具有考古价值的区域，几乎不会扰乱遗址。在水下甚至用小桶也比陆上更为灵便，潜水者可以拎着它从遗址上游过，而在陆上就只能从跳板上走过去。因而，在水下可以从沉积中心区域开始发掘，例如，沉船的舯部，而无需担心破坏周围的结构或其他遗存物。

用这些工具清除弃土还有另外一大好处。陆上发掘者必须提起沉重的小桶或用力推手推车，相比之下，水下发掘者自己用的力气非常小。这不仅使水下的工作比较轻松愉快，还可以节约一定的时间和能量。这里也许还有一个考古方面的优点。由于清除弃土是用机械自动进行的，因而潜水者可以作连续观察并且集中精力分析重要的沉积物，从而更细致地观察其最突出的特征。

　　由于水下沉积不太稳固，因而难以形成侧壁垂直的探沟，在前面曾把它作为水下工作的一个问题。但这一现象也存在有利的一面，它有助于从沉积层中掘取各种遗存物。在水下扰动沉积层，例如，用手扇动，至少可以使各种成分在短时间内呈悬浮状态，从而使各类物质按不同的比重分离开来。具有考古价值的器物只要其比重大于或小于其他的沉积物，它们就会从沉积物中分离出来。当然，在程序严格的水下发掘中，这种方法只能在短时间内用于数量很少的物质。普遍的情况是，由于器物比沉积物重，在后者被清除掉以后，它们就在原来位置显露出来。这一过程与陆上沉积矿的世格筛选法或浮选法颇为相似[165]。但在从沉积物中发现器物的比率方面，在海底考古中是否有较大的提高，在某种程度上还值得怀疑。对此还需作更多的试验。作者掌握的唯一资料，是1973年发掘"肯内默兰"（Kennemerland）遗址时，用清理出的弃土所

图 2.12
"特立尼达·巴伦西亚"号沉船遗址上位于海床以下约 30 厘米的有机沉积物的剖面图，包括一个火枪托和其他木制物品。比例尺为英寸

作的短时间试验。在陆地上仔细检查了一堆弃土，从中又发现的遗物占这一堆弃土发现物总数的 20%。但这些后来发现的遗物几乎全部是有斑点的褐色粗陶片，它们混在由沙和砾石组成的沉积物里很难区分开来。在这里之所以要强调海洋考古的这种优点，是因为在水下发掘时，人们感觉从海底分离器物比大多数陆上发掘要容易得多。

　　水下具有的这种自动分类拣选物质的作用，还有另一种用途，即可以当作一种很有用的交叉检查方法，尽管严格地说，这不属于发掘过程中的工作，当弃土从挖掘机或气力提升机出口抛掷出时，它会按不同比重进行分类拣选。最重的物体将落在最靠近出口之处。监督者或领导者只要查看一下出口附近的弃土，就可以非常容易地发现发掘者在短期内是否遗漏掉任何沉重物品。当然这种检查方法不能够发现偶尔进入提升机管道中的任何轻质的或易碎的遗物。但在这类场合下这种遗物不可能完好地保存下来。附带说下，在偶然发生手铲之类工具被吸进气力提升机这类事故时。这种自动分类作用可能很有益处，因为人们可以很准确地知道工具会落在什么地方。

　　水下工作中的另一个操作方面的重要优点比较抽象，它涉及水下发

图 2.13
在"肯内默兰"号沉船遗址的砾石堆中，一只皮靴的残骸部分暴露出来。刻度为 5 厘米

掘领导者在上述各种限制条件下所采取的发掘策略。包括两个方面：第
一，在水下进行任何工作都要耗费巨额经费，领导者在制订计划时必须
考虑经济性。当然，不论在什么地方进行发掘，都应该考虑这一问题。
但实际上在陆上确实有"仅仅为了证实"过去的解释是否正确而进行的
考古调查。水下发掘领导者行事绝不能"如此大手大脚"，他制订的发
掘计划必须确保以最少的现场工作获得最多的成果。第二，由于水下每
天的工作量可能还不到陆上同等工作量的 1/4，领导者每天在水下的时
间也有一定限度，因此他可以利用更多的闲暇时间去仔细考虑现有的问
题，在某些情况下可能会产生更经济、更有效的工作。对于上一节讨论
过的时间限制性，可以说是又一种补偿因素，在一定程度上它可以缩小
时间限制造成的不良后果。在所有其他条件相同时，上述两方面因素最
终导致水下遗址的发掘计划要比类似的陆上遗址更为精细和有效。但目
前难以找到可以说明这种情况的恰当例子。一方面这是由于两类遗址所
要解决的问题迥然不同；另一方面则可能是由于人们还没有发挥这种优
点的全部潜力，因为具备足够水下工作经验并且在各个发掘工作阶段都
能制定出最合适的工作程序的领导者，目前只占极少数。

　　本节开头已经指出，水下考古的大多数优越性与遗址本身有关。其
中最为人们熟知的是，在合适的环境中，海洋遗址可能保存着状况极为
良好的各种易碎的有机物遗存。尽管这类遗存物的保护工作要耗费相当
多的经费，并会给保护工作者带来一系列麻烦，但它们却使考古学家认
识到，来自水下遗址的遗存物可能比陆上的遗存物包含更为丰富的材料。

　　简而言之，水下遗址之所以产生这种优良的保存状况，可能是因为
海床存在着缺氧环境，从而抑制了加速有机物分解的生物学和化学的作
用。这方面的一个生动例子是位于爱尔兰水域的西班牙无敌舰队"特立
尼达·巴伦西亚"号沉船遗址。在该遗址的沙质表层底下约 30 厘米深处，
发现了散落的木头、皮革制品及绳索具[229 223]。那里的封闭性灰黑砂层
里存在着一个还原性环境。它可能是天然产生的，也可能是由于附近存
在着铁质凝结物产生的。这种优良的保存环境一般出现在颗粒细小的沉

积层，如淤泥、黏土和砂层。但在颗粒较大的沉积层里也可能存在，例如，在荷兰东印度公司"肯内默兰"号沉船遗址的砾石层里出土了一只靴子[279 197]。在某些环境中，铁质凝结物本身也可能对这些遗存物的保存起了有利作用。上述情况不仅适用于用有机物质制造的物品，还适用于在考古学上可能具有重大意义的动植物遗存物。图 2.14 在"肯内默兰"号沉船遗址出土了一堆胡椒子，它们是在由碎木片及其他有机物遗存构成的地层里发现的。

因水下的这种有利的环境而得以保存下来的另一类重要遗存物是沉船船体本身，或者说至少是船体的一部分。通常只有完全掩埋的器物才能保存下来，所以水下遗址保存的往往是船体的下面部分，这对海洋考古的范围和发展潜力产生了某些影响（见第六章）。木材如果浸泡在海水中，常常会葬身于蛀食木材的各种海洋动物的贪婪口腹。这些动物主要是蛀木水虱（Limnoria lignorum）和船蛆（Teredo navalis），后者实际上是一种长体的蛤[201]。这类动物在淡水或含盐度低的水里无法生存。因而木质船体在这种水域比较容易完整地保存下来。

人们早已知道波罗的海具有这种特殊环境，蔚为壮观的"瓦萨"号战舰就是在那里发现的[248]。此外还发现了保存得同样完整的上百艘从中世纪到晚近时期的沉船。其他发现过同样壮观的沉船遗存的地区包括

图 2.14
在"肯内默兰"号遗址的有机沉积物里发现的一堆胡椒子

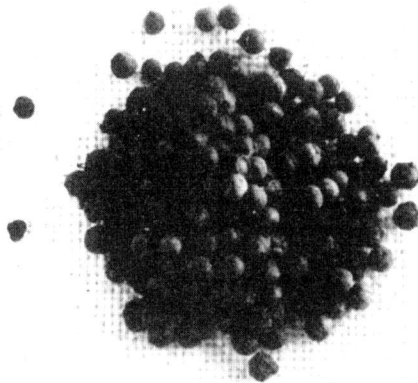

图 2.15
安大略湖中约 90 米深处一艘 1812 年战争留下的沉船照片，用一种精密侧扫声呐仪拍摄

图 2.16
法国"普朗尼尔 3"号沉船遗址

北美的五大湖（图2.15）。这些特殊的海洋生物在深水里也不能生存，因而在那里沉积的考古材料一般保存得都比较好。但迄今发现的大多数沉船并不是位于这类特殊水域，因而保存下来的往往只是一部分船体，例如法国的"普朗尼尔3"号沉船（Planiers III）遗址[268]（图2.16）。如同地中海的大多数这类遗址一样，该遗址的船体结构掩埋在一大堆安弗拉瓶下面，周围全是沉积的沙和淤泥。在一些似乎希望渺茫的环境中也可能发现船体遗存，例如，为铁质压舱物坠沉的"达特茅斯"号的船体结构就掩埋在略低于海底平面的砾石层里。实际上，"达特茅斯"号船体遗存的上表面已经被海流冲刷成平面，上面有水虱和船蛆蛀蚀的痕迹（图2.17）[230]。

人们通常认为，水下沉船遗址的第二个有代表性的优点，是它们具

图2.17
"达特茅斯"号遗址的船体上表面（局部），清理以后显现出其保存状况

有所谓的"时间胶囊"特性（time capsules）。在陆上，除了因火山突然爆发而掩埋的遗址（例如，庞培城和赫库兰尼姆遗址）外，其他遗址很少具有这一性质。沉船乃是一场顷刻之间发生的无法预知的大灾难的产物，其装载的一切物品在突然之间倾倒于海底。如果环境条件有利，这些东西就会保存下来。由此可以说一处水下遗址发现的所有物品都属于同一时期。这里的"同一时期"一语，其含义比通常考古学上的概念要精确得多。考古学上说两件或更多器物属于同一时期，在多数情况下是指它们广泛流行于同一时期。根据该时期器物断代所能达到的精确度，这个"同一时期"也许长达数千年。甚至对于距今很近的世纪，考古学家的断代也极少能达到 10 年以内的精确度。然而在某一艘沉船上"同一时期"的含义是指这些器物在同一时间里为某一伙人使用过，它可以精确到某一天，而这些器物是其使用者从事具有确定目的某种活动所必需的东西。本书下编的主要内容之一，就是具体分析这种情况并探讨其隐含意义。

　　水下遗址具有"时间凝固性"固然是一件好事，但在将这一概念应用于某一艘沉船时一定要谨慎从事。因为水下遗址同所有陆上遗址一样，很容易受后来人类活动的"污染"。产生这种"污染"的重要原因之一是在同一地点发生了类似于过去的沉船事故。例如，在设得兰群岛外斯凯里斯的"肯内默兰"号（1664 年）遗址上散落有"阿德文纳"（Adevena）号（1912）船体构件，并且遗址紧挨着另外三处沉船遗址[108 204]。类似情况在整个地中海地区都有发现。例如，不少专家认为，在同一世纪中有 2 艘船准确地沉没于大孔卢埃岛附近的同一地点。P. 斯罗克莫顿把土耳其亚西阿达海沿岸的暗礁称为货真价实的船舶坟场，因为这里至少有 12 艘沉船遗存[18 50]。在西西里马尔扎梅米湾（Bay of Marzamemi）至少也有相同数目的沉船，其货物往往相互重叠在一起（与 A.J. 帕克的私人通信）。如同陆上的道路一样，海洋里也有容易发生事故的"黑色地点①"。在这些地点使船舶沉没的一些基本因素，可能在整个历史时期一直在起作用，至少对于帆船是如此。当然，在多数情况下各有关沉船的年代相差很远。因而考古学家可以把各沉船的材料一一区别开来，尽管对于马尔扎梅米湾这类遗址来说，这项工作需要有高度的关于各种陶器断代及溯源的专业知识。另外还经常有这样的物品，例如混杂的成堆铁器或残损木构件，它们的确有可能属于同一区域内已知的任何一艘沉船，在这种情况下，"时间胶囊"特性就完全不存在了。

除此之外，还存在另一种因素，在某些情况下它有可能进一步破坏"时间胶囊"这一基本性质。上一章曾经指出，在发生沉船事故之后人们往往受到沉船的诱惑，进行各种打捞活动。这些活动的参与者很可能把自己的物品遗落在遗址上。由于进行这类活动的时间与沉船的时间非常接近，因而很难把这些后来遗落的物品辨别出来。这些物品还可能导致非常错误的结论。例如，如果在英国水域的一艘荷兰沉船上发现了一两只长英国陶烟斗，就很可能引诱发掘者建立关于英国向低地国家输出陶烟斗的一整套理论。而一旦由于当时荷兰的陶烟斗制造业本身就很发达，还可能导致许多重要的推论。然而，另一种极普通的解释实际上更为合理。即这些烟斗只不过是当时的打捞者丢弃的东西。要是该沉船的船体结构曾经一度耸立于海底平面之上，其周围一带就会像盥洗池上的凹坑一样，成为当时碰巧在这里飘游的所有废物的藏身之地，从而使该沉船遗址迅速受到"污染"的可能性增大。在某些环境中，这些外来的零星物品有可能进入船体。在这种情况下，仅仅依照器物定位原则几乎不可能把它们辨别出来。显然，这类外来物只占所有沉船遗物中的一小部分。但它们可使人们对于某些特殊发现物产生疑问，并且有可能提出某一个非常重要的问题。由于这种问题往往是异乎寻常而且事前未曾预料的，它会使考古学家产生最引人瞩目的深刻见解。

---

① "黑色地点"（Black spot），一般指陆路上最容易发生事故的危险地点。——译者注

最后还要谈一个海洋遗址的优点，即只有这些遗址才包含着古代海洋活动的所有物质材料。正是在这一点上，海洋考古基本上等同于水下的现场工作，因而本章要探讨水下工作的各个方面。本章首先讨论了水下现场工作的组织问题，继而分析其主要的缺点和长处。如果把费用问题暂时撇开（因为它在实质上是一个经济、社会、政治方面的问题，而不属于考古学研究范围），那么显而易见，这项工作的长处和不足完全旗鼓相当。然而，与本书的论题关系更为密切的是，在若干方面水下工作和陆上考古截然不同。正是这些不同之处成为阐述海洋考古这一分支学科的一项重要内容。但这绝不是全部内容，更重要的内容是这门学科试图解决的各种问题。

第三章　水下考古的成就

　　海洋考古学必须立足于提供关于古代社会及其海洋活动的新知识。因而，阐述该学科建立 25 年以来所取得的一些重要进展，将有助于更具体地限定其研究领域的范围并说明其重要意义。本章的内容绝不能囊括海洋考古的全部成就。作者仅想以此来概括该学科的全貌，同时重点突出其中一些最重要的成果。

3.1　地中海古典时期的造船

　　自文艺复兴时期以来，希腊人和罗马人的船舶已经成为古物探究者所喜爱的对象。由于材料不多，仅限于文献资料、碑刻、嵌镶画（mosaics）及壁画，人们做了许多随意的想象和推测[142]。文献材料存在的主要问题，是作者往往假设读者已具备一定程度的基础知识。即使他们在有意识地做技术性描述时也是如此。此外，这些文献所记载的一般是值得一提的特殊船只，并非普通的船舶。例如，据《雅典娜乌斯》记载，公元前 240 年锡拉库札曾经为耶罗二世造了一艘载重约 1900 吨的巨型商船。各种图画材料也存在着问题。它们一般只画出了船的水线以上部分并且通常属于缺乏立体感的平面图画。此外由于图画带有艺术夸张性质，其描绘的任何细节的真实性往往受到人们的怀疑。正如 20 世纪很多学者所公认的那样，许多世纪以来这方面研究所取得的结果令人非常失望，因此人们殷切希望海洋考古能够给这种困境带来一条出路。图杜泽（G.D.Toudouze）对此曾作过生动描述："对考古学家和海员来说，文献和图画材料已经远远不够。要解决这一问题，目前亟须一种至今缺乏而又极为必要的材料，这就是沉船"[314 45]。

最早为学者们所研究的沉船是内米湖沉船[316]，人们对这些沉船所做的所有一般性推论均质疑。因为该沉船属于比较特殊的船舶。而对于第二次世界大战后在法国南部沿海发现的一系列古典时期商船，就没有人会提出这种疑问了。其中最早受到系统调查的是在马赛附近大孔卢埃岛的沉船遗址，经过 10 年的研究之后出版了考古报告。该报告还提到了法国在 20 世纪 50 年代发现的另外几处沉船遗址[29]，其中最为重要的遗址有德拉蒙角遗址（A 号遗址，见 [284]），蒂坦暗礁遗址[229]以及摩亨纳哥港遗址[29 145]。

在同一时期，意大利沿海的一系列重要遗址也受到了调查，其中有阿尔本加（Albenga）遗址[183][184]，斯帕吉（Spargi）遗址[227]和斯加拉塔湖（Torre Sgaratta）遗址[309]。此外还有一些陆上发现的古船，如在菲乌米奇诺发现的罗马时期的"波尔图斯"（Portus）号[305]和在西西里潘塔诺·隆加里尼（Pantano Longarini）发现的一艘公元 6 世纪的古船[312]。

到 20 世纪 60 年代，G. 巴斯教授及其同事在土耳其沿海做出了具有更大意义的贡献。其中最为重要的是在亚西阿达海域发掘了两艘沉船，一艘属于公元 4 世纪[25][323]，另一艘属于公元 7 世纪。1967 年，在塞浦路斯凯里尼亚附近发现了 1 艘公元前 4 世纪的商船，后来做了发掘并把它打捞起来[298][175]。

在 20 世纪 70 年代，同样也有许多重要发现，尽管目前要估价其意义还为时过早。最近在法国南部沿海的一些水下调查成果确实非常重要，例如，对"普朗尼尔 3"号沉船遗址[268]和马德拉格德吉昂（Madrague de Giens）遗址[304]的调查。

以上介绍了近年来地中海水下考古的概况，其中有几点值得注意：第一，这些活动的地理分布很不均衡，主要集中在地中海西北沿岸。至于其他大部分地区，尤其是东部沿岸，则完全是空白。第二，这些遗址的年代范围也很不理想。西部海盆的遗址有一半以上属于公元前 1—2 世纪；东部海盆的遗址，分别属于公元前 2 世纪初或公元前 1 世纪末。第三，调查工作的水平差别很大。只有 1 艘沉船被完整地打捞上来并且作了长期保存，即凯里尼亚的沉船。在法国的许多早期调查中，仅捞起一些供研究用的船体构件，但对遗址周围的海底状况却未做深入彻底的研究。大多数记录工作一般是在水下进行的，有时甚至什么东西也没有捞出水面。尽管如此，与以往的推测迥然不同的古典时期造船技术的发展轮廓已经勾画出来，这一切都应归功于这些开拓性的工作。

地中海古典时期造船技术最显著的特征，是用沿木板边缘密布的榫卯来连接船壳板，构成一个坚固的自撑式（self-supporting）船体。这种船体与其说是船匠的制品，不如说更像木匠的杰作（图 3.1）。这种技术使船匠们在安装内部的肋骨之前，即可以在龙骨上组装船壳板，而船体型线则只是通过刨削船壳板来确定。与现代的木船建造实践相反，当时船体的内肋骨相对而言是比较柔弱的，它们在船壳组装好以后才安装进去。

J.R. 斯特菲（J.R.Steffy）已经证实，凯里尼亚沉船的船壳板在组装好之后，其里外两面都作过很大的修整[323, 127]。克勒蒂安 A 号（Chretienne A）沉船的壳板厚度变化量达 1 厘米以上。在米诺卡的比尼萨富勒（Binisufuller）1 艘公元前 2 世纪的沉船上，还发现了这种技术的变形。该船用圆形定缝销钉代替通常用的榫头[259]。另外，全世界最古老的古船遗存——埃及奇阿普斯古船，其船壳也采用了类似的平接方法[187]。从很早的时候起，尼罗河地区似乎普遍采用了这种技术。但是，这是否就证明了这种技术是从埃及通过地中海向外传播的，则是另一码事。

古典时期造船技术的另一特征是过去没有估计到的，这就是有一些船体的舯剖面呈"V"形。以往人们认为这是一种与19世纪造船技术发展有密切关系的比较成熟的结构。图3.2的两艘沉船的龙骨横剖面就显示出这一特征。上图是蒂坦暗礁沉船，这是1艘平底型的船。由于其船舱空间适合于载货，人们推测它是一艘商船。下图为大孔卢埃沉船。其船体形状比较尖锐，比蒂坦沉船更容易切割水面，因此其有较快的速度，尽管为此付出的代价是缩小了载货空间。对于这种特征，有一种可能的解释是，在庞培大帝之前的时期，由于局部地方的海盗猖獗，促使船舶必须提高航速。还有人提出，用于商船的各种名词可能与这种船舶结构上的差异具有某种关系[54 157]，尽管以后未必会发现能够证实这种看法的证据。

根据目前的知识水平，想要区分各国的传统造船技术十分困难。F. 伯努瓦（Ferdinand Benoit）在1961年提出过希腊和罗马在造船技术上的差别，他当时并没有提出充足的证据，这一看法也没有为后来的水

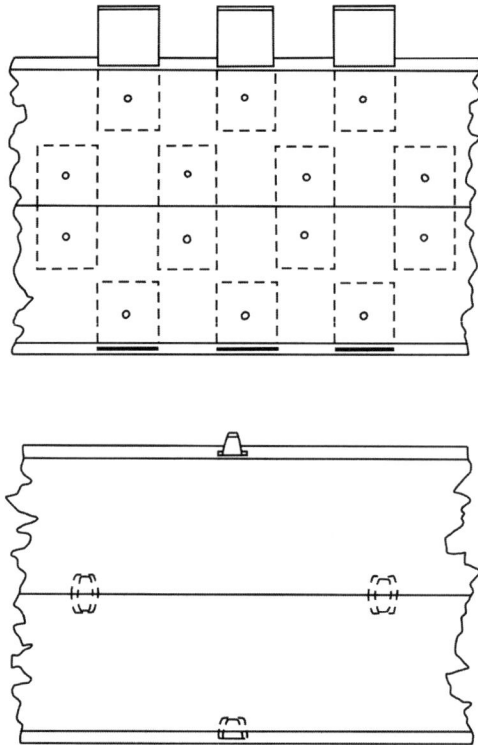

图 3.1
两种船平接技术的比较示意图
（上图为罗马共和时期的结构，下图为亚西阿达海发现的12世纪沉船结构）

下发掘所证实。现在同样缺乏足够的材料阐明古典时期造船技术的演变趋势。但是，一些反复出现的特征确实暗示了造船技术在长时期内的某些发展过程。

上面叙述的船体建造技术归纳了大多数古典时期沉船遗址的材料，但仍有少数沉船，其内部肋骨对于确定船体型线起着重要的作用。这类沉船大多属于罗马时期的晚期，但年代最早的一例却是公元前 1 世纪的马德拉格德吉昂沉船。该船采用销钉来固定船壳板榫头，这些销钉的安装方式表明，至少有一些肋骨是在第三列船壳列板组装好以后立即安装上去的。

图 3.2
蒂坦遗划沉船（上）和大孔卢埃遗址沉船（下）的龙骨及相连结构的横剖面内船具有不同的船体侧面形状

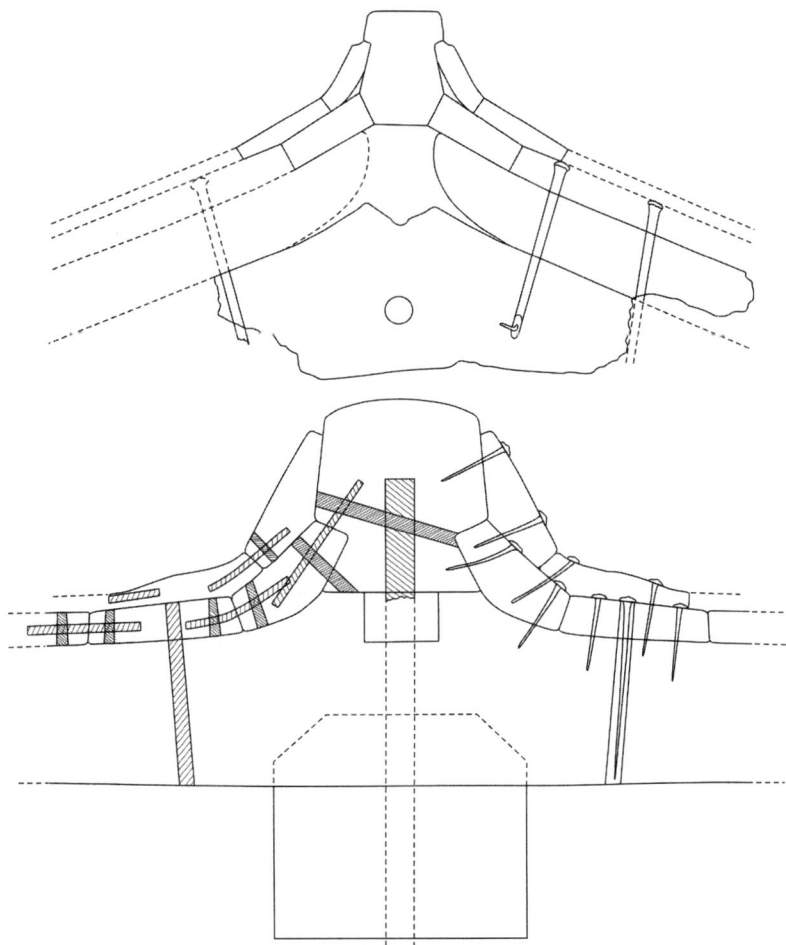

　　在亚西阿达海的公元 4 世纪沉船上，船舯部的半肋骨是在造船的
开始阶段，很可能是在仅仅组装好五列列板后就安装上去了，这一点
非常明显[323 126]。但在上述例子里，只有极少数肋骨是在较早阶段安
装的，因而在实质上仍然可以归入"船壳式造船法"（shell construction
technique）。

图 3.3

公元前 1 世纪法国马德拉
格德吉昂沉船遗址

潘塔诺·隆加里尼的 6 世纪沉船和亚西阿达海的 7 世纪沉船，其水线以上的船体则纯粹是采用"骨架式造船法"（Skeleton first process）建造的，船壳列板之间没有榫头和卯孔。甚至在用"船壳式造船法"建造的水线以下船体上，由于榫头卯孔的尺寸很小而且排列得不规则，因而也不能认为船壳板对船体强度起了很大作用[312][321]。所以，强调"船壳式造船法"在古典时期占绝对统治地位是很轻率的。只有通过进一步的发掘和研究，才能弄清这些"反常现象"究竟是代表一种演变趋势，还是属于地方性的孤立试验，或者是"骨架式造船法"的持续。应该指出，有些历史学家根据语言学材料，不相信"骨架式造船法"会长期持续存在[240 165]。

船体强度更多地依赖于肋骨的另一种表现是，底肋骨直接与龙骨相连接，从而使船舶内部骨架产生更大的刚性。在马德拉格德吉昂沉船上，其中有 4~6 根底肋骨采用了这种连接方式（据与 P. 庞梅的私人通信）。摩纳哥的罗马帝国后期沉船上也发现了这种特征[14 47]。在陶尔米纳角的 1 艘公元 2 世纪沉船上，发现 1 颗长达 71 厘米的青铜栓钉，这暗示了该船也具有这种结构[321 322]。这种结构的发展结果自然是减小船壳板的强度，这方面的一个最明显的趋势是，以往普遍采用的双层船壳板逐渐为人们抛弃。已经调查的所有早期的沉船都显示了具有双层船壳板的迹象（如凯里尼亚沉船），而只有这些结构的年代最晚的沉船是蒂坦暗礁的公元前 1 世纪沉船。但 1 个世纪之后，即使是内米湖的大型船舶也只有一层壳板[316]。

早期船舶结构的另一种特点是包覆铅皮以加强船壳的强度，防止船蛆的破坏。这种方法似乎比双层壳板延续的时间更长，例如，纳米湖沉船就具有铅包覆层。内米湖是没有船蛆的淡水湖，船舶包覆铅皮纯属多余之举。这就给人们留下了更为深刻的印象。但是，至今尚未发现年代更晚的具有铅皮包覆的沉船。

最后，随着船壳强度的逐渐减弱和骨架强度的相应增大，开始出现采用另外一些比较廉价的造船方法的趋势。例如，使用的铁拴钉逐渐增多，而铜栓钉或木销钉日益减少。虽然铁质连接件成本较为便宜，加工装配也比较容易，但它们在海水中比其他种类的连接件腐蚀得更快。

所有这些材料都充分地说明，在整个罗马帝国时期存在着一种趋向，即越来越不注重船舶的耐久性，而只追求建造的便利和造价的低廉。对于这一点，还需要作相当多的考古学和历史学研究。但看来至少有一定的可能性。产生这种趋向的原因，是因为在这几个世纪中劳动力相对于原材料的价格一直在增长，对于技术工人则尤其如此。由于船壳板厚度减小，去掉铅皮包覆，用铁连接件代替其他连接件，船舶造价可能会大幅度降低，尽管付出的代价是采用更为粗大的肋骨和缩短船舶的寿命。如果制造新船的材料，尤其是木材比较便宜，这种情况是不难想见的。虽然地中海地区一直缺乏粗大的木材，但由于罗马帝国向欧洲北部扩张，改善了木材供应匮乏的局面。

由于装载安弗拉瓶或其他沉重货物的沉船通常只剩下船体的下面部分，因而从这些遗址了解的古典时期船舶上层建筑的情况非常之少。相对而言，关于上层建筑的图画材料却比较丰富，而且可以根据海洋考古得到的关于船体结构的新知识更为可靠地加以解释。另外，在一些遗址上也发现过直接与图画材料有关的遗物。例如，在好几幅图画上描绘了一种艏部设有向前倾斜的小型桅杆的船，桅杆上悬挂着一面操纵帆（artemon）。在斯加拉塔湖的公元 2 世纪沉船上也发现了有关这种装置，即这种桅杆的桅座[309]。又譬如，所有古典时期的船舶似乎都是尖艏尖艉型船体。但从几幅图画材料上明显地看出，有些罗马时期船舶上设有一种向船艉方向延伸的矩形艇部瞭望台，如同莫斯特拉奥古斯提（Mosra Augustea）的公元 3 世纪嵌镶壁画所描绘的那样[54 154]（图 3.4）。P. 斯罗克莫顿发掘的潘塔诺·隆加里尼公元 6 世纪沉船，就确实具有这种艉部瞭望台。该船只有船艉的上部遗留下来，这是迄今发现的唯一的矩形船艉遗存物[312]。这艘沉船还有一个与图画材料有关系的特征，即它有若干条甲板横梁穿透船壳板伸出舷外，这种结构在亚西阿达海公元 7 世纪沉船上也发现过[20 25]。

图 3.4
莫斯特拉奥古斯提（Mosra
Augustea）公元 3 世纪嵌镶
壁画中的船舶细节

图 3.5
位于意大利西西里的潘
塔诺·隆加里尼（Pantano
Longarini）发现的一艘公
元 6 世纪的古船，显示了
其横梁式船尾走廊的细节

到此为止，我们的注意力主要集中于中等尺度的商船。这些船载货100~200 吨，长 15~25 米。此外，还有少数长达 10 米的船（如阿尔本加沉船和潘塔诺·隆加里尼沉船）。至于在现存的文献材料中大肆渲染的大型船舶，除了在菲乌米奇诺"波尔图斯"灯塔（Portus lighthouse）的地基中发现的著名的卡利古拉（Caligula）尖碑石运输船之外。在水下基本上从未发现过。该船总长 95 米，宽 21 米[14 13]。在菲乌米奇诺还发现了一大批长 5~19 米的古典时期小船，其年代为公元 2 世纪或者稍晚一点[305]。

在上述讨论中没有提及的最重要课题是战船。古典时期战船属于特殊类型的船舶，它们以桨为动力，携带的物品极少[54 90]。这类船舶完好无缺地沉没并坠落海底的可能性似乎非常渺茫。不少早期论述水下考古学的学者，对于水下考古能否对战船的研究作出贡献持悲观态度[14 52]。幸而在西西里马尔萨拉（Marsala）附近发现了至少两艘公元前 2 世纪的战船，证明这种悲观看法是没有根据的。

这次发掘是 H. 弗罗斯特小姐从 1971 年开始进行的，目前还未结束[117][119][123][15]。但根据已发现的材料可以看出其成果是极为重要的。这些沉船表现出曾受外力作用而沉落海底的迹象，也许它们在海战中受到了敌舰撞角的攻击。已发掘的第一艘沉船其艉部向下呈 27° 角，而其所谓的"姊妹船"似乎从舯部断成两截。从出土陶器的年代来看，这两艘战船建于公元前 2 世纪初。在它们的船体上发现了许多用手刻写的腓尼基文字，其中不少属于船体构件的装配标记。这些标记连同放置颜料瓶留下的痕迹，以及颜料的蘸滴方式，清晰地表明船体构件是预先制成然后再进行装配的。这不禁使人联想到第一次布匿战争时期罗马人大批量制造战船所用的方法。但船体上的标记清楚地显示出造船者与腓尼基人有密切关系，而且，有时能够赋予腓尼基人航海术语以新的含义。在 1 号船残存的舯部和艉部，船壳板上有若干条裂缝。据推测这可能是在制造过程中产生的。这些裂缝里填塞了一种类似油灰的白色捻缝物质，而在其他地方的沉船上从未发现过这些东西。甚至在船体上发现的压舱石也很重要，因为过去有些作者说，古典时期战船根本不携带任何压舱物。正如莫里森（J.S.Morrision）教授指出的那样，那种认为这可能是临时措施的看法，现在已经毫无实际根据了[240 169]。

迄今为止，该遗址仅仅作了勘查，但已在沉船龙骨的艏端辨认出艏撞角，并对此做研究。在同时代的画上偶尔可以看见到这种艏撞角（图3.6）。L. 巴希（L.Basch）曾提出，这种撞角起源于伊利里亚（Illyrai）[15 201]发现的这一艏撞角缺头部。但艏撞角的根部因固定在舫柱夹板中被保存下来。夹板加工的方向垂直于木纹，这表明设计者的意图是使舫撞角在拉力的作用下断裂。从而避免进攻的战船与被撞沉的牺牲品死死地连接在一起[15 224]。这些发现的意义已得到充分的肯定，但还要经过许多年的研究才能完全了解其中的内容。

与此同时，必须坚决反对将这些例证的细节无限度地推广到一古典时期的所有战船上。弗罗斯特小姐写道："某些学者可能会诱使我们做这种假设。即在古代的每一时期只有一种类型的船突然出现[122 222]在海洋考古各个方面的研究中都存在着这种危险，只有积累了大量年代可靠而又做过充分研究的沉船遗址材料，才能完全消除这种危险。"

25 年米，海洋考古在地中海古典时期造船技术方面所取得的成果，充分证明它是一个大有希望的领域。可以预料，在今后几十年内它会获得更大的进展。

图 3.6
在意大利西西里岛马尔萨拉（Marsala）附近沉船的艏撞角。
尺度以 10 厘米为单位

3.2　地中海古典时期以前及古典时期的贸易

近年来，考古学界对古代社会经济的兴趣有所增长，这甚至波及过去一直专注于研究艺术品和古建筑的古典时期考古学。因而地中海区域的贸易网引起了人们的兴趣，对此海洋考古做出了重要贡献。因为对贸易方面的某些问题，只有沉船遗址才能提供足够的材料。

发掘和研究青铜时代晚期（约公元前 1200 年）的格里多尼亚角沉船遗址，对于人类研究史前期贸易具有极其重要的意义[19]。该遗址（图 3.7）的基底为岩石，而且不存在任何完整形式的船体结构。长期保留下来的遗存物为两堆牛皮形的铜铸锭（图 3.8）、面包形与板块形的铜铸块、装在柳条筐里的青铜碎屑、1 个铅质圆盘、几块没经过加工的水晶石和盛彩色珠子（也许还有香料）的瓶子[246]。作为主要货物的铜铸锭很可能是在沉船发生前不久在塞浦路斯装上船的。但其他器物表明

图 3.7
格里多尼亚角沉船遗址平面图

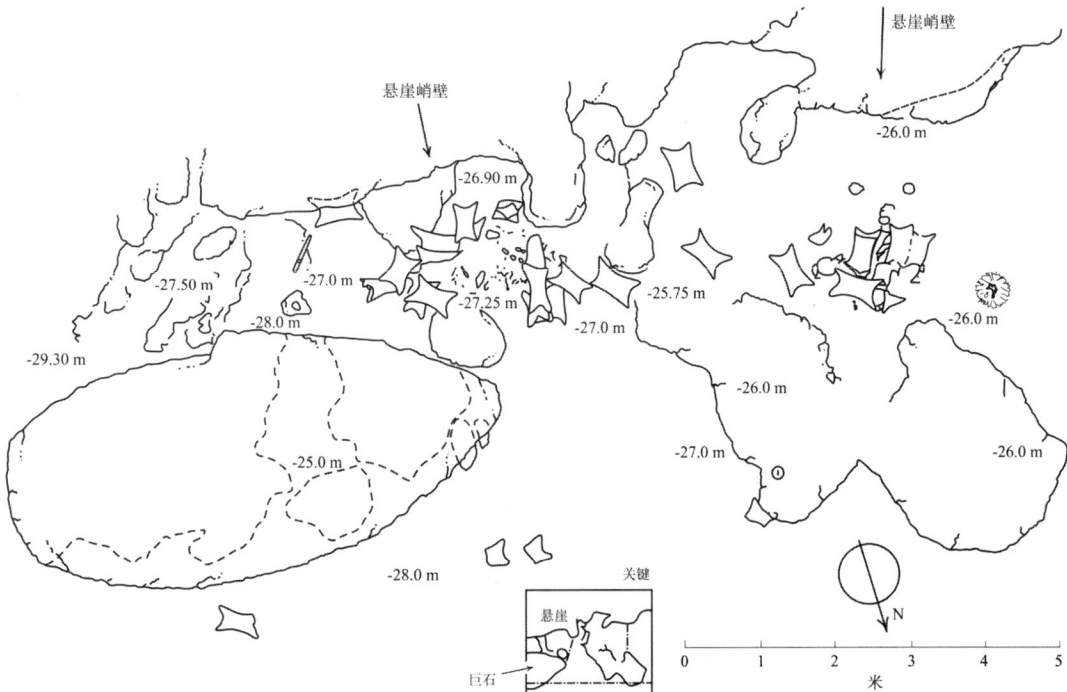

该船曾在整个东地中海从事贸易活动。遗存下来的天平砝码、石砧、砺石和工属具说明，船上的商人实际是一个周游各地的铁匠。在哪里遇到好顾主就在哪里出售其商品及加工工具。那些显然出自该沉船的"舱室区"并且属于船员自己的物品，特别是其中 1 枚圆柱形印章（也许是用于商人自己的法定标记），都暗示他是一个叙利亚人，该船的基地港为叙利亚—巴勒斯坦的某一港口。正如 L. 巴希所指出的这种看法虽然只是一种推论，但几乎不可能有其他的解释[14 51]。

图 3.8
出自格里多尼亚角沉船的一堆牛皮形状铜铸锭。这是捞出水面后按其在海底的位置重新放置的。图上标尺一格为 10 厘米

　　巴斯教授写道："然而，关于格里多尼亚角沉船是一艘（公元 13 世纪或 12 世纪初）腓尼基商船的结论，只适用于这艘船"，"就这一艘船而言却没有什么历史意义，因为偶尔发现的一艘船未必能代表一支商船

队。更为重要的是，在格里多尼亚角的发掘，导致我们重新研究其他遗址的类似船货。即使没有格里多尼亚的发现，这种重新的研究也会得到下述结论：在青铜时代晚期，有很大一部分贸易活动掌握在腓尼基海员和商人手中"。【19 165】而过去流行的看法是当时的贸易主要为迈锡尼商人所掌握，其根据是分布于地中海东部沿岸和可航河道沿岸的迈锡尼陶器。巴斯教授通过研究与格里多尼亚角遗存物相类似的其他材料证实，所有这些物品不仅说明了其来源地，而且实际上很可能反映了商人的活动，这些活动都与腓尼基人有关。过去人们常常猜测在这一时期塞浦路斯是铜的主要出产地，但毕竟无人提出当时的贸易因此只限于塞浦路斯地区。当然，正如巴斯教授自己指出的，认为贸易和航海完全为某一个民族所垄断也是不符合实际的，应该说是哪个民族占据统治地位。

墨西拿海峡的公元前 6 世纪沉船【256】【257】和凯里尼亚的公元前 4 世纪沉船【298】【175】，都反映出一种类似的沿海贸易活动。凯里尼亚沉船上的安弗拉瓶表明该船到过萨摩斯岛和罗德岛；而用于制造砺石的火山岩石出自科斯岛或基克拉季斯岛；但从大宗货物杏仁来看几乎可以肯定该船来自塞浦路斯，并能推测出它是在从塞浦路斯岛驶往某一无法知道的目的地途中不幸失事的。墨西拿沉船装载了更多的货物，包括来自希腊及迦太基的 12 种不同的安弗拉瓶以及铅锭和青铜废屑等。欧文（O.I.Owen）博士断言："一批遗存的货物简直就像一份船舶航海记录一样"。当然，这种说法的先决条件是有可能进行过转船运输。

近年来，调查的大多数沉船，其年代属于公元前 2 世纪到公元 1世纪，因而这一时期的贸易系统成为研究的重点。正如 A.J. 帕克所指出的那样，仅仅由水下遗址提供考古材料的只有金属贸易【258】。在许多西班牙沉船遗址上发现了铅锭，而在"普朗尼尔 4"号沉船和阿奇（Adge）沉船上发现了西班牙出产的铜【30 150】。在旺德雷斯港（Port Vendres）2号沉船及其他沉船上还发现了锡块和矿物颜料，虽然目前还没弄清矿物颜料的产地【258 361】。

尽管安弗拉瓶绝不仅仅是水下遗址的发现，但沉船中的安弗拉瓶却提供了最丰富的材料。安弗拉瓶是古典时期社会普遍使用的液体容器，根据其形状、标记、结构及其他特征能够判定其年代及产地。沉船上堆积的安弗拉瓶属于绝对同时代的器物组合，这至少对于类型学研究颇有助益。帕克在论证问题时曾举过一个例子，有一种圈唇安弗拉瓶（Dressel 15 型）其外表颇类似于加泰罗尼亚（Catalonia）的一种安弗拉酒瓶，但实际上它却是一种意大利的产品，因为在一些沉船上发现的这种安弗拉瓶具有一定的联系。然而，如同帕克博士在研究西班牙公元前 2—前 1 世纪出口物资时证实的那样，在水下遗址上还可以获得更为直接的经济方面的材料【258 368】。

除了西班牙的许多沉船外，在法国沿岸包括大孔卢埃岛和蒂坦在内的好多处遗址上，也发现了安弗拉瓶。这一分布描绘出该时期西班牙南部和葡萄牙鱼酱（garum）可能还有酒和油出口的状况。有一些西班牙早期的球形安弗拉瓶（后来演变成 Dressl 20 型），其祖型可能是公元前 2 世纪意大利向西班牙输出的一种安弗拉瓶，这说明存在着一种逆向贸易【258 375】。所有这些材料也是来自水下遗址。

在根据安弗拉瓶做经济方面的解释时，其局限之一是往往无法辨明瓶内盛装的物质。在少数遗址上的安弗拉瓶上画有标记，但这十分罕见。某些安弗拉瓶以其特殊形状标示出它们盛装的某些种类的商品，例如 Dressel 20 型安弗拉就可能是在公元 1—2 世纪时用来装油的容器【49】。更为普遍的情况是，人们知道作坊在同一时期生产若干种不同的安弗拉瓶，这一事实使人们推测：不同种类的安弗拉通常是用于盛装不同的商品【258 366】。尽管大多数安弗拉的形状和内容物之间的对应关系还有待确定。不少安弗拉瓶里面有一层树脂类化合物的衬里，人们推测这可能是用于装酒的瓶子。这种推测在许多场合下虽然可能与事实相符，但如果把其当作一种普遍适用的辨别方法，就会与甘多尔弗（Gandolfo）沉船上带有衬里的安弗拉瓶发生矛盾。因为这些瓶子上有盛装鱼酱的标记，近年来对安弗拉瓶内壁上的可能揭示出其原来盛装油类的某些脂肪酸痕迹，采用了气体色谱法进行分析，并取得很有希望的进展【72】。

对于安弗拉瓶上的戳印及其他标记所包含的内容，直到最近才得到广泛的研究。一般来说，大多数水下遗址的安弗拉瓶，其保存状况非常良好，因此水下遗址的带有戳印的安弗拉瓶的比例高于陆上遗址。迄今为止尚未彻底弄清这些标记的含义，但一般的看法是，瓶塞上的名称表示了盛装的物品，而瓶身上的名字代表运货者[29]，还有人提出，有时出现在瓶体上的不太正规的刻画记号是制陶工人统计产品数量以便计件获酬[51]的标记。运货者中名气最大、活动范围最广的无疑是"塞斯蒂乌斯（Sestius）商号"。它运输的货物至少在 3 处水下遗址和 13 处陆上遗址被发现，其中最令人兴奋的是在大孔卢埃 1 号沉船上发现标有该商号名称的 1000 多个安弗拉瓶（图 3.9）。该商号的大本营位于意大利南部，也许是在那不勒斯海湾地区。看来在公元前 2 世纪—前 1 世纪该商号似乎持续兴隆了 100 年之久[31 28]。偶尔也可能有这种情况，安弗拉瓶上的名字也许与某一著名商人有关，例如，在"普朗尼尔 3"号沉船的球形安弗拉瓶上，刻有名字 M.Tuccius Galeo（图奇乌斯·加莱奥），此人可能是同姓的西塞罗（Cicero）的朋友（据《西塞罗致库斯书信集》11.12.4）[303]。

下面谈谈根据沉船遗物研究意大利中心地区、北非、高卢南部及西罗马帝国其他地区的砖、瓦、泥灰贸易活动所取得的成果[149]。由于砖瓦上带有戳记，因而可以知道它们是这些地区哪一家砖瓦厂的产品。由此又导致关于当时航运组织方面的研究。总的印象是，在较早时期专业化的货物运输到这时更为显著了。

第二次世界大战以后，以输出西班牙南部和意大利的酒类、食品为基础的贸易活动似乎突然兴盛起来，相应地产生了一支专业化运输船队，向在高卢南部及西班牙的罗马军队供应物品，可能也对货物运输的专业化起了进一步促进作用。的确，已经有人提出，蒂坦沉船即是为在公元前 51—前 49 年围攻马赛的恺撒大军运送军需品的船只[299 90]。有些沉船遗址还产生了关于其主要货物与附带货物之间关系的有趣问题。这类附带货物可能与长途运输极廉价的物品有关，例如在马德拉格德吉昂沉船上发现的粗陶品【304】。最后，这类遗址的沉船大多数属于 100~200 吨的船，但有不少材料表明，高达 500 吨的商船也可能是相当普遍的【54 172】。迄今为止已做发掘的这类沉船只有阿尔本加沉船（600 吨）和马德拉格德吉昂沉船（400 吨）。

在东地中海发掘的水下遗址，尤其是后亚历山大大帝时期和罗马时期的晚期遗址非常少，因此，无法获得关于该地区海洋贸易方式的较多材料。例如，当时在亚历山大城与罗马之间经常用重达 1500 吨的大型货船运输谷物及其他商品，至今还没有发现关于这方面的任何遗物【54 173】。

图 3.9
大孔卢埃沉船上的刻有
"塞斯蒂乌斯"戳印的安弗
拉瓶

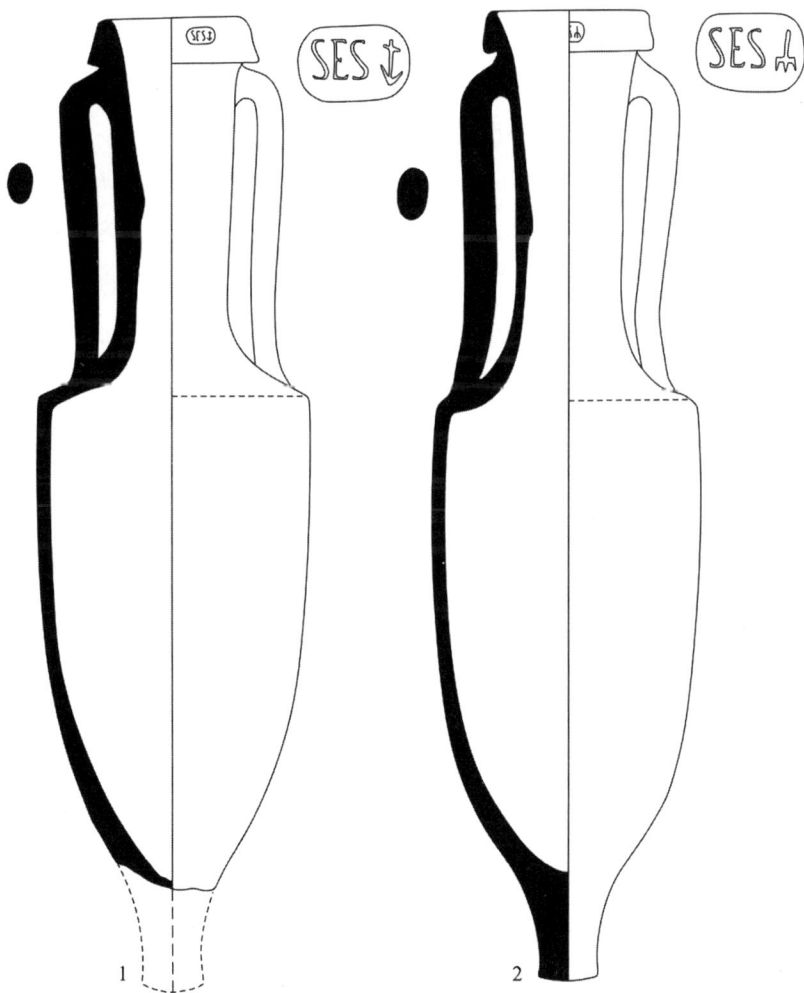

有一位对考古学的潜力倍加赞赏的历史学家 M. 费因利（M.Finley）提出了一个将来值得研究的问题。他指出作为后亚历山大大帝时期货物集散地之一的罗德岛，存在着不少问题，特别是关于其过境运输贸易的规模及特点方面的问题。他认为，通过对在罗德岛发现的安弗拉瓶及其标记做系统分类及研究，可以获得关于这些问题的大量线索[98 179]。当然，如果调查了东地中海的大量沉船遗址，必然会大大有助于这一问题的研究。过去在地中海西部海域的考古工作已经显示出这类研究的潜力。在今后几十年内，我们对这些问题的认识应该取得相当大的进展。

3.3　地中海早期的港口

在为海洋考古学下定义时，曾经强调该学科不仅涉及船舶，而且包括有关的海岸特征。与船舶本身一样，锚地、港口、码头及诸如此类的其他设施也是海洋活动的组成部分之一。如果没有这类设施，几乎所有的船舶都不能靠岸，货物无法装卸，天气恶劣时船舶也没有躲避之处。由于许多地理方面的原因，以及潮汐、海岸地质条件等因素，地中海地区有不少古代港口及其他类似遗址以人们可以观察到的形式残留至今，这是包括英国在内的其他任何地区所不能比拟的[124]。在有些海岸（尤其是北非沿岸），经济活动相对衰落，也有利于这些遗存物的保存。

早期的许多研究者普遍认为，罗马时期以前的船舶只是白天航行，到夜晚就靠岸停泊。这种看法甚至在现在的一些文章里也有所流露，尽管人们已经根本不相信这一点了。看来在青铜时代晚期就已经有不少大船航行四方，而这类船由于太大无法靠岸停泊，即使是偶尔的停泊也做不到，这一点已为埃及和叙利亚的铭文所证实[118 95]。如果承认这一事实，那么寻找和辨识青铜时代的港口，至少在东地中海沿岸是切实可行的。地中海北部沿岸一般属于岩岸，有许多岬角和海岛，在那一带曾经发现过船舶的避风之处。但地中海东部及南部一般是平坦的海岸，几乎没有什么天然锚泊地，因而自古以来那里就可能有某些人工建筑物。

A. 普瓦德巴神父早在 20 世纪 30 年代就对两个著名的古代港口城市作了勘察。结果表明，两个城市都有被近岸礁石所庇护的大面积锚泊地【266】【267】。普瓦德巴依靠航空摄影及潜水员的报告，绘出了长达几公里的海岸遗存分布图，并且找出了这些人工结构物的基本规律。

以西顿为例，从图 3.10 可以看出，有关的港口系统包括内港和外港两部分。内港正对着新住宅区，其许多细节已被后来的建筑物弄得模糊不清，但受到严重侵蚀的近岸礁石建筑却仍然保留下来。当时的工程师们还不能修建大规模的水下建筑工程，因此其建筑物的设计受到天然礁石的制约，从而产生了一个规模宏大、形状奇特的海港。为了进一步保护港口不受海浪冲击，在近岸礁石外侧的必要之处修筑了人工建筑物，而在其内侧则加以凿削形成船舶停泊位置。顺海岸往北很远处还有一个与此类似的海港系统"阿尔瓦德"（Arward），在那儿还可看到遗留下来的高大"海墙"（图 3.11）。在西顿近岸礁石的一个地方凿有安放活

图 3.10
西顿及其古代港口遗存物平面图

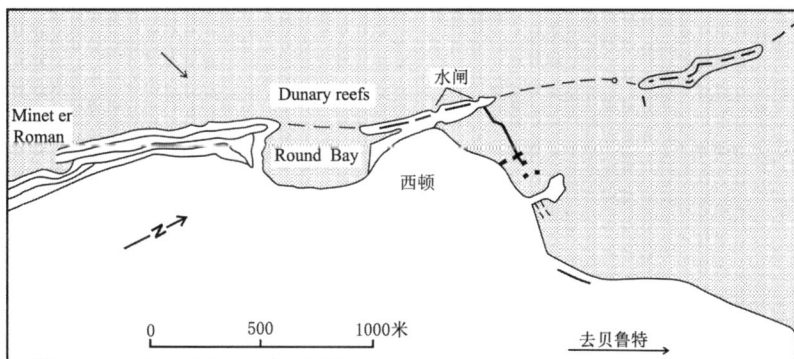

图 3.11
"阿尔瓦德"礁石一瞥，可以见到遗存的"海墙"

动横梁的凹坑，这可能与当时的贸易货栈有关。从礁石东南角延伸出去的防波堤也许属于罗马时期。这些建筑物在许多世纪里一直沿用。防波堤和礁石之间留下的空隙说明——当时的建筑者还考虑到另一个问题，即使海水充分流动以避免这些被遮蔽水域产生淤塞。在环围起来的内港，水面更为平静，因而发生淤塞的危险性更大。于是其入口作了精巧的设计，以避免带有淤泥的海水流入内港，并且在外面的堤上设有防波阱和水闸，可以定期打开，从而使海水从港口内流出去。

A. 普瓦德巴的工作有一个大缺陷，即缺乏断代的证据，他只是提出西顿和蒂尔的古港遗存最早可能上溯到青铜器时代。近年来提出了一种方法可以用于断代，其根据是，有一种腹足纲软体动物（Vermutus），它只能生长在准确的海平面位置。这种动物留下的痕迹可以提供关于历史时期海平面微小变化的材料。因此，现在见到的不在海平面位置的痕迹具有判断该地区过去的海平面高度的价值，而这些痕迹的年代可以用有关的器物或碳 14 方法测定[282]。H. 弗罗斯特小姐根据这种材料证实，至少有一些礁石建筑物建于公元前 2 世纪之前，其中有不少很可能属于波斯时期。其他建筑物的年代一定还要早，可能上溯到青铜时代早期[120]。弗罗斯特小姐进行的水下调查，尤其是在西顿礁石周围水域的调查，对普瓦德巴调查的细节作了较多的补充[120 76]。此外，她还第一次记录了"阿尔瓦德"的类似建筑物[118 101]。她在蒂尔做的水下调查证明，有些被普瓦德巴认作是用以保护港口南部的人造防波堤，实际上是天然形成的。她对过去认为是南部的封闭小港也提出了怀疑。现在看来，这些小港过去似乎是干燥的陆地，至少在罗马时期是如此[118 107]。

叙利亚和黎巴嫩沿岸"原始海港"存在的问题虽然是近年来港口研究方面最重要的问题之一，但它们与可能发现大规模人工建筑物的其他多数遗址的问题有所不同。在地中海不少地区做的港口调查往往属于某一段海岸系统研究工作的一个组成部分。例如，约克（Yorke）先生和戴维森（Davidson）先生在北非沿岸的调查工作[344]。此外，还有一些遗址也做了比较深入细致的调查，包括阿波罗尼亚（Apollonia）遗址

【102】【104】、阿斯利特（Athlit）遗址【195】、科萨（Cosa）遗址【191】、法色利斯（Phaselis）遗址【36】、肯切雷埃（Kenchreai）遗址【285】和切利港（Porto Cheli）遗址【164】等。关于台伯（Tiber）河口的完全由人工修建的避风锚地的大量重要资料，显然来自前面提及的在菲乌米奇诺的水下发掘【305】。N.C. 弗莱明博士收集了整个地中海的现有材料，他在确定地中海历史时期的海平面变化方面取得了重要成果【103】【105】。近年来，人们还重新对遗留下来的大量绘画材料做了研究，目的是要把这些材料与近年来的考古发现联系起来，并且找出需要进一步研究的问题【340】。

在评价过去 25 年里港口考古工作的意义之前，为了强调该研究领域的某些问题及发展潜力，很有必要对一个特定遗址做比较详细的分析。

下面要讨论的是古代迦太基的港口遗址。迦太基位于现在的突尼斯附近，它原来是腓尼基人的殖民地，后来发展成为地中海的强国之一。它曾经与罗马进行过一场以失败而告终的殊死战争，最后于公元前 146 年被夷为平地。后来罗马人在这里建立了殖民地。直到拜占庭时期它一直保持着繁荣兴旺。图 3.12 为迦太基港口遗存的平面图。1973 年，约克和利特尔（Little）先生率领一支英国考古队调查了该遗址。这一工作是联合国教科文组织"抢救迦太基计划"的一个组成部分。

该遗址最显著的特点是在海岸线旁边有两个湖。现在这两个湖是死水塘，但看来似乎是名叫"卡松"（Cathon）的封闭式码头遗存。沿海岸从南往北，在克拉姆湾（Bay of Kram）内有一条明显的护堤。然后是面积约 25000 平方米的大片砖石复合建筑，名叫"法尔布四边形"（Quadrilateral of Falbe），其中有些建筑物一直延伸到两个湖以北的海中。另一片近岸砖石建筑，位于安东尼时期罗马城镇的浴室前面【345】【346】。

如同其他许多遗址一样，迦太基遗址存在的第一个问题显然是遗存物受到近代建筑的破坏。对此，可以借助于法国旅行家法尔布（Falbe）在 1833 年绘制的一幅地图【345 图2】。根据这幅地图可以知道，两个湖发生的变化最大，而海岸特征在很大程度上并没有发生变化。迦太基遗址位于突尼斯滨海郊区，该城市现代建筑的不断发展危及了迦太基遗址的

生存，因此才使得联合国进行这项国际性研究计划。但是，迦太基遗址
并没有像马赛、比雷埃夫斯等许多重要古港那样，由于一直作为港口沿
用而使古代遗存物完全湮没。

　　与大多数地中海港口遗址一样，迦太基遗址存在的第二个问题是，
自古典时期以来这里的海平面是否有变化。N.C. 弗莱明博士就整个西地
中海范围得出的一般性结论是，海平面升降的总值小于 +0.5 米【103　85】。
但在迦太基遗址上，尤其是在延伸到湖北海水中的建筑物上（图 3.13），

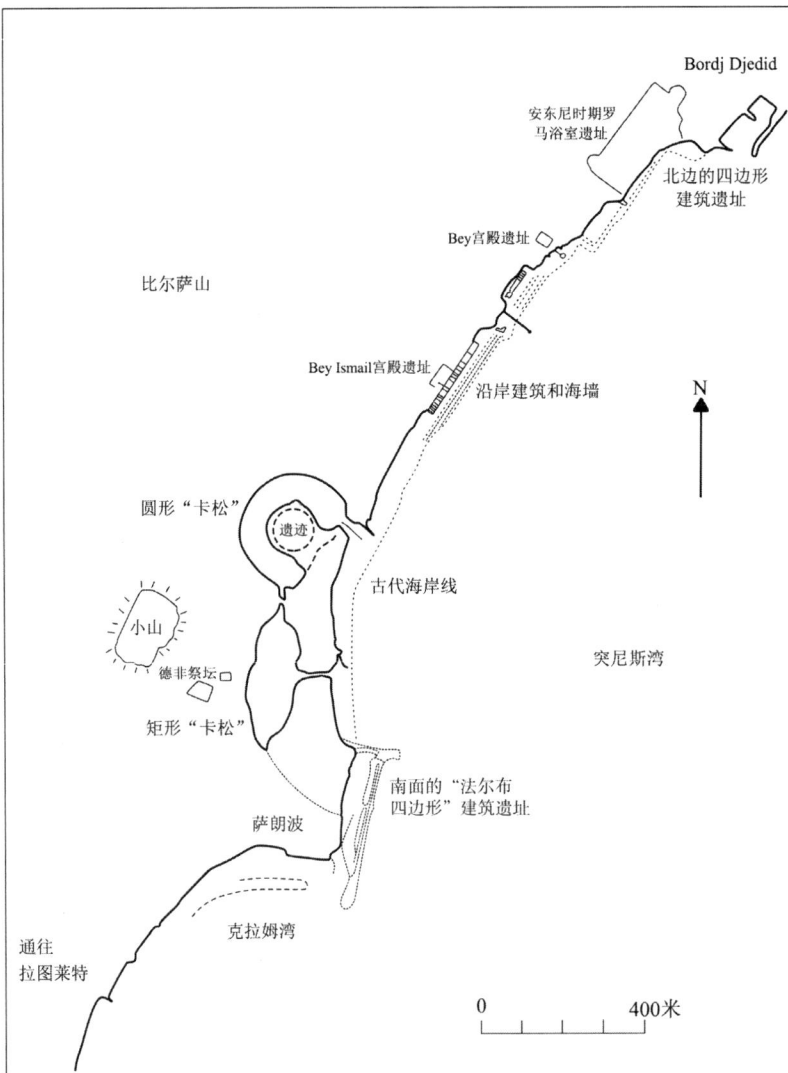

图 3.12
迦太基近岸遗址平面图

有些地板和走道的位置比现在的海平面还要低 0.25~0.4 米。根据现代的实践经验有把握推测，对这一段海岸而言，当时这些地板比海平面至少高出约 1 米，因而这就意味着这里陆地地面沉降了 1.25~1.5 米。根据现代地质学对该地区的认识，这样的地面沉降运动是可以接受的[345 98]。近年来的经验表明，对于所有的地中海港口遗址，在阐明这类地面运动的原因之前，一般应首先对这方面情况做审慎的调查。

　　迦太基遗址与其他许多遗址一样，要解决另一个棘手的问题，即怎样将观察到的遗存物与残存的文献资料联系起来。有关迦太基遗址的基本文献是阿庇安（Appian）的著作（Libyca, 96ff），其材料来源于已佚的一部波里比乌斯（Polybius）的作品。这部作品描写了公元前 146 年迦太基受到围攻和破坏的情景。它告诉我们，圆形的"卡松"是用于军事目的，而矩形的"卡松"则用于商船停靠。波里比乌斯还说，西皮阿

图 3.13
被海水淹没的罗马时期迦太基近岸建筑基础一瞥
图上标尺一格为 100 厘米

（Scipio）曾用一条防波堤封锁了这些"卡松"的入口。防波堤延伸到城墙外面的一个"宽敞码头"（choma），这里是战斗最激烈的地区，有4000多名士兵使用攻城机械从这里向城里发起了最后攻击。他描述的"卡松"与迦太基遗址的两个湖的情况非常吻合，在人们注意到这两个湖在19世纪明显比现在要大时，这种判断就更为明确。由此很自然地促使人们得出下述推断："卡松"的入口在南边，西皮阿的防波堤即是克拉姆湾里的护堤，而"宽敞码头"现在以"法尔布四边形"为标志。然而这纯属一种假设，其中唯一比较准确的是"卡松"的入门在南边，但这也是根据当地盛行东北季风这种航海常识而不是依据考古材料得出的结论。此外，克拉姆湾里的护堤已经证实是天然形成的沙堤[346]。

　　归根结底，对于这些遗存物的解释要依赖于考古材料，但与其他大多数遗址一样，迦太基遗址的断代问题也令人很不满意。其中有些遗存物肯定属于罗马时期，例如遗址北部的建筑群显然是公元2世纪罗马浴室的延伸物，从砖石建筑的风格来看，其他有些遗存物也有可能属于罗马时期，这包括几乎全部"法尔布四边形"的建筑物。这些建筑物和已知的海平面变化情况，说明在罗马时期这个地区也许是干燥的陆地。但其他大多数建筑物的年代却难以可靠地确定，其中在"四边形"外边的防波堤也许属于罗马时期或迦太基时期。在港口周围的陆上发掘建立起关于该遗址的比较详细的一系列年代标准之前，在获得更多的关于迦太基港口建筑技术的资料之前，在断代方面目前似乎只能达到这样的水平[160][161]。但根据这种理论可以得到下述进一步推论：至少可以把这一区域的南端看作"卡松"入口的遮蔽物，而且可能是迦太基人建造的[346 168]。由于"四边形"的面积和形状都与蒂尔南部的封闭港口很接近[118—110]，而且近年来已证实在罗马时期两者都属于沿海阶地，这就产生了最后一个推测：能不能设想它们都是同一时期开始修建的港口设施呢？

　　把解释中存在的问题撇开不谈，那么通过这些调查已经了解到了哪些情况呢？人们注意到，有一处公元2世纪的罗马海滨阶地的某些细节可以与在迦太基发现的、现为巴尔多（Bardo）博物馆收藏的一幅嵌镶画上的水边建筑发生联系。我们还获得了可能属于迦太基时期的港口建筑的许多知识。正如前面已说明的那样，如果在其他遗址发现和调查到类似建筑。这些知识将会具有更为丰富的内容。还必须指出，正如作为"原始模型"的迦太基遗址对所有迦太基人的殖民地具有重要的意义一样，关于迦太基人的所有知识，尤其是关于他们海洋活动的材料，也具有巨大的价值，因为迦太基人的霸权建立于对海洋控制的基础之上。这些有关海洋活动内容较为广泛的材料虽然非常重要，但迦太基发掘计划的最重要意义却可能在于，迦太基港的种种特点与整个迦太基城的布置及其发展过程有密切关系。如同许多地中海沿岸的重要城市一样，迦太基港及其他沿岸设施决定着整个迦太基城的位置及发展方向。在陆上进行发掘的考古学家如果只是在关于这类居住遗址的报告中说："在水下可以辨别出港口建筑遗存物"，而根本不去尝试调查这些遗存物，那么他们的工作是非常不圆满的。

"卡松"，现已被认为是迦太基人特有的名称。目前，除迦太基遗址外只知道还有两个"卡松"。其中一个在北非沿岸的马赫迪耶，其矩形凹坑的面积仅有 125 米 ×62.5 米。另一个在迦太基人势力范围边缘的西西里莫蒂亚（Motya）。其入口水道有一处仅宽 5.38 米、深约 0.5 米，因而只能通行很小的船只 [163]。所以，这些建筑物的效用可能相差很大，从而使它们之间的共同之处一大为减色。实际上，很可能这些建筑之间的文化联系十分微弱。更确切地说，这些建筑很可能表示对相似的问题采取的相似的解决办法，即需要在平坦沙质海岸修建一个有遮蔽物的锚泊地。克劳迪安港（Claudian Portus）遗址是已被安全发掘的唯一的古典时期港口，就确实隐含有这种动机。该遗址有一个公元 100 年以后图拉真（Ttajan）修建的六边形洼地。它是为罗马人服务的克劳迪安港的延伸。人们认为该遗址根本没有受迦太基人的影响。

一般来说，地中海北部的岩石海岸比南部更为多见，因而从很早的时候起，地中海北岸众多有遮蔽物的海湾就成为锚泊地。后来沿这些海湾兴建的希腊和罗马城市继续利用这些天然良港，希腊和罗马人往往喜欢再修建一个有城墙环围的封闭式内港，在紧急情况下这些内港用一条锁链即可完全关闭。这种内港显然和"卡松"十分相似，土耳其南部的法色利斯遗址就是这种结构的典型例子。法色利斯城本身位于一个半岛上，半岛的一端有一个小型封闭海湾，半岛两侧还有为天然海岬所遮蔽的较大海湾，其中北面一侧的海湾由于有一道防波堤而进一步改善了性能[36]。属于这种类型的天然条件最好的港口之一是在比雷埃夫斯为雅典而修建的港口，从公元前 5 世纪起两者就用长条形防御城堡（称为"长墙"）连接起来。比雷埃夫斯城位于 1 个海岬上，海岬周围有 3 个封闭型海湾：泽亚（Zea）、穆尼基亚（Munychia）和坎塔罗斯（Kantharos），另外，在法勒隆湾里还有 1 处港外锚泊地[286 90]。另一类港口的典型代表，是 N.C. 弗莱明博士调查的昔兰尼加（现在的利比亚）的阿波罗尼亚。这里的陆地沉降达 2~2.5 米。意味着所有的港口建筑及码头完全为水淹没。这里由于后来没有进行过其他的活动，该遗址得到保护而未受扰乱，现在可以观察到码头及便道的不少细部。在地中海其他地方则很少见到类似的遗址。

在港口修建技术上，罗马人做了两项重要革新。即使用大规模建筑技术和水下混凝土（即用于水下的混凝土），他们用这些技术可以在任何地方修建优良的海港。其中完全用人工修建的最大港口之一位于以色列的恺撒城，它给人留下极深刻的印象。这个港口是为希罗王修建的，占地超过 10 公顷[196 58]。B. 约克及其同事在突尼斯海岸的沙普苏斯（Thapsus）发现了另一项壮观的港口工程，那里有一道显然是完全由人工修筑、长达 1000 多米的防波堤从海岸边蜿蜒伸出。这一工程需要投放约 200000 立方米的石块[104 162]，近年来在意大利吸引水下调查者的除了有港口的大型建筑外，还有一些罗马时期的海上建筑物，尤其是在那不勒斯湾周围一带[302 178]。

这里也许可以举 1 处遗址来为地中海港口研究做总结，这就是建于埃及海岸的希腊古城亚历山大港，它以后成为用船队向罗马定期运送粮食的始发港。法国工程师 G. 乔恩得（G.Jondet）曾对该遗址做过调查，实际说这可能是对古代港口遗址的首次调查[173]。后来的亚历山大城有一部分建在半岛上，该半岛及其两侧的近岸礁石使亚历山大港从青铜器时代起就成为一个著名的重要锚泊地。对此，《奥德赛》第四章里曾做过记载。修筑亚历山大城时开始进行改进港口设施的工程，其中最著名的壮举无疑是修筑灯塔，至今在灯塔屹立的海岛周围的水底仍可以找到大量的碎石[122]。尽管该遗址的亚历山大大帝时期与罗马时期的建筑难以区分。但在过去 100 年里勘察的大量遗存物实际上可能属于罗马时期，而且说明人类曾长期连续使用这一天然良港。归根结底，任何港口建筑的具体结构取决于当地的自然环境条件，在港口的研究中绝不会有标准的模式。因此，对古典时期港口的调查和发掘所取得的每一项成果，都会对整个历史研究做出一定的贡献。

3.4 西北欧中世纪早期的船舶

我们可以说海洋考古学肇始于对维京船的研究。自 19 世纪以来人们一直在研究这一课题，因而 B. 格林希尔（B.Greenhill）有充分的理由写道："对于公元 800—1200 年活动于斯卡根角周围 250 英里范围内的船舶的发展过程，我们现有的知识比关于几乎全部其他船的从古至今发展过程的知识还要丰富"[141 202]。当然，这一局面的形成并非仅仅由于学者们对此颇感兴趣。要是没有发现大量的考古材料，就基本上不可能取得任何进展。这些考古材料归因于这些地区在非基督教时期盛行的两种习俗：将武器、工具奉献给池塘、泥沼里的神祇以及葬船的传统习惯。前者主要流行于前维京时期，后者则盛行于罗马铁器时代早期到维京时期终了。由于后者的缘故，在北欧墓葬里一共发现了 400 多艘船[247]。

在维京时期（公元 800—1100 年），斯堪的纳维亚出现了进行海上劫掠、殖民和贸易活动的船舶，标志着一种造船技术传统的发展顶峰。

这一传统可以上溯到北欧铁器时代的初期。如同地中海造船传统一样，这一传统涉及一种"船壳式"造船技术，即在安装内肋骨以前先组装船壳列板以形成船体型线。但与南欧造船传统的不同之处是，维京船船壳列板是用搭接方法捻缝连接的。这种方法可以造出更加灵活的船只，非常适合一种小型划桨船的建造，因而在北欧这一造船传统一直延续到现代。这种技术还能够进一步发展，建造出包括风帆船在内的较大船舶。

很可能这种传统最早的代表是公元前 350 年的哈尔森（Halsnoy）古船。这是一种装有桨叉的轻型划桨艇，其船体用一些轻薄的瓦叠式列板组合而成[44 34]。其纤细的内肋骨捆绑在船壳列板内表面凸出的羊角桩上，这种方法非常浪费木材，因为捆扎肋骨的船壳板，其加工前的厚度必须达到加工后厚度的两倍多。尽管有这个缺点，这种方法还是沿用了很长一段时间。在斯德哥尔摩附近一海岛上发现的公元 100 年的比约克船（Björke boat，也称 Gävle 船或者 Hille 船），明显地表现出比哈尔森古船更先进的一些特征。该古船长度仅有 7.16 米，用 3 块船板组合而成，船底板形状颇像独木舟，但船板之间却是用铁铆钉连接的。公元 4 世纪的尼达姆橡木质古船则代表了这种"扩展独木舟"的进一步发展，它的龙骨板比列板厚，两侧各有 5 列列板。在发现该古船的同一沼泽沉积层里，还有用冷杉木制造的另一艘船的一些构件，显示出更为先进的某些技术特征。它有一根真正的"T"形横剖面龙骨，船侧面由许多条狭窄列板构成。人们根据这艘船使用木材的品种，推测它是在挪威制造的船。这些特征可能代表了与龙骨板船同时并存的另一种造船技术传统，而并不是龙骨板船的发展形式[141 182]。

比尼达姆古船晚两个世纪的丹麦格雷斯特布罗（Gred stedbro）古船，提供了不用羊角桩捆绑、而用销钉将列板固定在肋骨上的最早例证。这种方法虽然可以节省很多木材及劳动力，但由于船壳被钻透，在开始时受到人们的怀疑，这就解释了为什么直到公元 10 世纪，仍然有一些船采用比较古老落后的技术。

1939 年，在萨福克（suffolk）的沙质地层里发现了萨顿·胡古船。该船长 27 米，其结构与格雷斯特布罗古船非常相似。萨顿·胡古船在形态上仍然属于一种大型划桨船，无法确定它是否装有风帆[46 420]，在这艘船上明显地装有一扇永久性侧面舵，这是这个时期早发展起来的一项新技术，也是操纵风帆船的先决条件。在挪威西部发现的更大的克瓦尔松（Kvalsund）古船也具有这一特征，该船的年代可能是公元 700 年左右[44 36]。

在维京时期前夕（公元 750 年左右），斯堪的纳维亚水域中结构最复杂的船是一种大型无甲板划桨船。其船体属于克瓦尔松古船类型，挠性大，具有瓦叠式船壳板和纤细的内肋骨。在挪威的博尔塞特（Barsel）、弗耶托夫特（Ejϕrtoft）等沼泽地，以及埋葬有大量珍宝的瑞典文德尔（Vendel）和瓦尔斯戈德（Valsgārde）墓葬地都发现了这种 8 世纪船舶[59 165]。

到了公元 9 世纪，这些划桨船发展成能做长途航行的全装备风帆船。这一转变似乎在 8 世纪晚期就已经出现。它包括增加龙骨吃水深度、增加干舷以及在肋骨端部安置横梁以加强船体结构。这些技术上的改进，使船舶在横风时航向更为稳定，在顺风时经得住船体较为剧烈的倾斜，并且可以利用大面积矩形风帆产生全部动力。为了使风帆承受巨大的压力，采取了一些加强船体的措施，包括采用厚实而复杂的构架来固定桅杆，用更为厚实的主舷板（meginhufr）来连接横梁端部和增强船体纵向强度[59 166]。

1903 年在挪威的一个坟墩里发现的奥塞贝尔格（Oseberg）古船。图 3.14 是迄今为止年代最早的维京船，也是装饰最富丽的维京船之一。此外，在那儿还发现许多物品和两具女尸遗骸。根据其舳部和艉部的雕饰风格，可以确定这艘船的年代为公元 800 年。该船桅座有一裂缝，在修复时增加了两道铁箍，这暗示当时还未完全解决控制风帆动力的问题。这艘船长 21.41 米，横梁宽 5.10 米，属于轻型船结构。它的外形很不一般，主舷板处呈很尖锐的角度，最上面 2 列列板看起来就像是附加

在船体基本结构上一样。所有这些特征以及艏、艉的华丽雕饰，表明这
是一艘供上层人士在有遮蔽物的水域里使用的特殊船舶[44 108]。虽然这
些情况暗示它不一定是这一过渡时期的代表性船舶，但近年来在挪威克
拉斯塔（Klastad）发现一艘同时代的古船，其结构与奥塞贝尔格古船基
本相同，只是没有华丽的雕饰而已。另外，它装载的货物砺石也有力地
证明它是一艘实用船舶[141 211]。

　　19 世纪末，在挪威坟墩里发现了 19 世纪的图恩（Tune）古船和戈
克斯塔（Gokstad）古船。图恩古船船体较小，保存状况也比较差，但
它表现出了高水平的建造工艺，尽管对一艘风帆船而言其干舷小得令
人吃惊[44 104]。在挪威发现的随葬船中，戈克斯塔古船是尺度最大、给人
印象最深刻的一艘船，它代表了一种航海性能非常优良的船型。该船长
23.33 米，横梁宽 6.25 米。其结构比以前的墓葬船更为坚固，船内较低位
置设置了厚重的横梁，以后在中世纪造船实践中采用了这种结构[44 79]。然
而，该船的墓葬以及它的列板捆扎在肋骨的羊角桩上等情况，都暗示了

图 3.14
刚刚从坟墩里发掘出的奥
塞贝尔格古船

它很可能是一艘按传统方法建造的供显赫人物使用的船，因此未必能够反映 9 世纪晚期普遍采用的造船技术。这样的船也许做过长途航行——1893 年曾经用它的复制品成功地进行了一次去美国的远航——但它似乎主要是用于地方性航线[141 212]。

与此相反，1935 年在丹麦丰南（Funen）坟墩里发现的拉德比（Ladby）古船（长即 20.6 米，宽仅 2.9 米），按照其航速和适航性能，代表了当时横行北海进行劫掠活动的船[44 47][141 214]。1967 年有一群丹麦童子军曾经驾驶一艘装有 4 匹马的拉德比古船复制品四处航行。以后又卸下马匹，整个航行过程没发生任何事故。这件事生动地说明了这种船的载货能力[25 9]。

以上对维京时期以前的北欧造船发展过程的叙述，完全是根据在沼泽沉积地层里发现的古船（较早时期）和墓葬船（晚期）作出的。因此

图 3.15
在丹麦罗斯基勒海峡里发现的 5 艘沉船的航拍图

叙述的内容不可避免地带有一些不可靠成分，特别是其中隐含的船舶发展序列。相比之下，最近在丹麦罗斯基勒海峡的浅海里发现并发掘的 5 艘约公元 1000 年的沉船，其有非常重要的意义。人们根据当地的传说早就知道在这里有"玛格丽特女王"的沉船，但一直到 1956 年潜水者才第一次发现一些船舶构件。然后开始进行水下调查。1959 年调查停止后，即在遗址周围修筑围堰，抽出围堰内的水以便于发掘。正式发掘终于在 1962 年夏季开始进行。发现的沉船包括 2 艘战船，2 艘商船和 1 艘小船（可能是渔船或摆渡船）。这些船显然是为了封锁这条水道而故意沉到水底的，因而它们代表了当时使用的几种典型船舶。令人遗憾的是船上的装置都已拆除。这些船的残骸全部被打捞起来并加以保护性处理，然后在罗斯基勒一个专门修建的博物馆里陈列[254][75][76]。

有一艘战船（2 号沉船）长约 28 米，是一艘货真价实的"长船"（longship）。这种船可载 50~60 人，很可能参加过 11 世纪初期丹麦对英格兰进行的劫掠活动。这艘战船完全用橡木建造，残存的船体不到 1/4，因而无法介绍其结构的详情。另一艘战船（5 号沉船）比较小，长 18 米，宽 2.5 米，两侧各有 12 个划桨孔。船体也主要用橡木制成。但最上面的 3 列列板则是椿木。该船可能是英格兰称之为"椿长船"（aesc）的那种船，这种船曾参加过多次造成很大破坏的劫掠活动。该船的结构与拉德比古船有很多相似之处。

两艘商船也分别属于不同的类型。其中较大的一艘（1 号沉船）长约 16.5 米、宽 4.6 米，结构很坚固。其船壳板用松木，龙骨和下部的内肋骨用橡木，上部肋骨用菩提木和松木。该船可能属于一种"纳尔船"（Knarr），这种船曾经横渡过北大西洋。因而对我们了解斯堪的纳维亚人对冰岛、格陵兰和（尤其是）芬兰的殖民活动提供了生动的材料。另一艘商船（3 号沉船）比较小，长仅 13.5 米、宽 3.2 米。其艏部和艉部设有半甲板，舯部为一开口货舱。前面左舷有 3 个划桨孔，右舷有 2 个、艉部两舷似乎各有 1 个划桨孔。这 2 个孔很可能是用来控制航向而并非用于划桨推进的。该船的整个结构非常轻巧，也许是为了必要时在陆上做短距离拖拽。它很可能在波罗的海和北海的沿海一带进行过贸易活动。6 号沉船长仅 12 米、宽 2.5 米，设有甲板，其横坐板位置太低，以致桨手无法坐下，这确实是一个哑谜。这艘船显然也属于斯堪的纳维亚造船技术范围以内，但它却不同于其他任何 1 艘沉船，也不同于任何文献记载。它可能是 1 艘摆渡船或者仅仅是 1 艘渔船。

　　对于这 5 艘沉船，至今仍未发现其他的有关材料，因而难以探讨其中各类船型的发展序列。如果把这些船都溯源于戈克斯塔古船或其他任何一种墓葬船，未免过于轻率。在年代和功用方面，可以把其中的 2 艘商船和 1970 年在肯特郡沼泽地发现的格拉芬尼古船做一比较。格拉芬尼古船可能是大约公元 10 世纪建造的，约占全船 1/3 的艏部已荡然无存，但可以估计其总长约 14 米多、宽约 3 米。其船壳板采用瓦叠式结构，但船底比较平坦，只有一条龙骨板，尾柱和龙骨板连接处

图 3.16
丹麦罗斯华勒新建的船舶博物馆斯库勒莱弗一号沉船"纳尔"正在修复

大约呈 30° 角，这种结构以前只在图画材料上出现过。其船体结构比较厚重坚固，它显然是在英格兰东南沿海及北海的南部沿海运载大批货物的船【97】【141 221】。格拉芬尼古船至少可以说明，当时的运输船并非全部属于罗斯基勒发现的纯粹斯堪的纳维亚船型。

在一般人的心目中，维京船与抢劫、海盗、掠夺活动有着密切的联系。在这类活动中，维京船的优良性能以及船员的娴熟航海技术起了很大作用。然而，维京人的海外扩张不仅有劫掠活动，还有贸易和移民活动，而且还开拓了从斯堪的纳维亚到地中海以及横渡大西洋到达格陵兰和北美洲的经常性的海上贸易通道。目前基本还没有发现过关于这些活动的直接考古材料。因为迄今所发掘的商船，在遗弃之前就被人们取走了货物而且拆除了船上的装置。所以，西北欧维京时期的船舶考古虽然取得了丰硕成果，但范围更为广阔的海洋研究仅仅才初露端倪。

3.5   中世纪以后的船舶结构

人们通常把公元 1500 年以后算作中世纪以后时期。在 1500 年后的数十年里，虽然造船航海技术也在发展进步，但关于这一转变过程最后阶段的考古材料却少得可怜。因此本节主要是介绍关于 1500—1800 年间船舶的研究工作。

除考古材料之外，这一研究还应利用文献和图画材料。这三类材料之间的相对重要性，对不同的课题和时期而言，有所不同。对于许多课题来说 1800 年前后的一段时期，仅利用文献资料是很不够的，因为几乎没有什么人对于结构复杂的船舶做过有意识的记述。而不少谈及这一问题的人，他们自己并没有从事过船体装配或船舶设计工作。尽管有的作者是著名的权威人士，例如，从 17 世纪中叶开始制定造船规范的英国海军法规编纂家，但这里仍存在着这些规范实际执行程度的问题。另外，在研究考古材料和图画材料时，必须充分利用比较可靠的文献材料，才能作出深刻详尽的解释【218】【342】【57】。

从技术观点来看，船舶模型及设计图可以提供更为丰富的材料。特别是18世纪，造船者越来越多地依靠这些辅助手段，因而考古材料的意义就相应减小了。

最早的船舶设计图出现于16世纪末。16世纪80年代英格兰人M.贝克尔（M.Baker）的制图术非常有名。17世纪，英国海军部及政府特许的大公司的负责人，在批准建造一艘船之前，往往要求设计者提供该船的模型。这种船舶模型虽然可能具有非常精确的型线，但几乎揭示不出建造过程的任何细节。到18世纪，设计图的使用则更为普遍[206]。英国海军部从1716年起就要求造船要有详细的结构图。随着时代的发展，这些图的内容日益复杂。就这类船的考古遗存而言，其意义仅仅在于查明既定规范实际被遵循的程度。或者在船舶使用期间修改规范的情况。但这类研究也只适用于海军战舰，以及与官方关系甚密的政府特许的贸易公司的一些船。至于一般性商船，直到风帆时代结束，也很少有这方面的记载。因而19世纪初之前的考古材料都具有很重要的价值。

同时还应该指出，16—18世纪，船舶工程中的一些基本原则一直没发生变化。而且现在人们非常了解有关的原理和概念，因为直到今天还在建造和使用类似的船舶（即训练用的风帆船）。所以，考古材料仅仅用于研究这几个世纪船舶结构的细节及其发展，这正是下面要讨论的内容。

在几个世纪里，居统治地位的是西班牙式3桅大帆船（the three-masted galleon），其雏形出现于16世纪中叶。在这之前，远洋航行的船舶一般是"卡拉克"（carrack），它最早用于在亚洲及美洲水域的探险活动。这种像高塔一样巍然耸立的大型船舶，最初可能是在地中海发展起来的，但不久以后，大西洋沿岸的欧洲海员便采用并且改进了这一船型。这方面的一个例子是"玛丽·露丝"号，它属于英国海军，建于1511年，1536年重建，1545年在朴次茅斯附近沉没，1967—1971年重新被人们发现[279][280][216]。尽管"玛丽·露丝"号是否能够代表当时英国或其他国家的战舰还有待研究，但其遗存物对于说明这类船的一般建造技术，以及它在海战中所起的作用，则具有头等重要的意义。"玛丽·露丝"号反映了海战战术发展史的一个重要转折点。该舰能装载 200 多名士兵，可携带下列武器：91 门舰载火炮，50 支手枪，250 副长弓（long bow），150 支莫里斯长矛，150 支钩镰枪[216 50]。一方面，其作战的最终目标是与敌船靠拢，这属于中世纪早期的海战战术。另一方面，"玛丽·露丝"号又是英国最早设置炮眼（gun port）的战舰之一。这种炮眼据传是布列斯特的一个造船师于 1501 年发明的，它使得舰船可以把重型火炮安装在比较低的位置上，因此，能够配备完整的一组火炮而不破坏船舶的稳定性。这样就引起了海战战术上的一场革命，即远距离摧毁敌舰取代了靠拢登船作战。在"玛丽·露丝"号遗址上发现的两个炮眼盖，已阐明早期这种炮眼的结构细节[281]。其最后的失事很可能是由于超载。

在"玛丽·露丝"号的结构细节方面，迄今为止所得到的材料非常有限，因为近年来的发掘工作只是企图了解沉船的保存状况。现已探明，该沉船向右舷倾侧呈 60° 角，其船体左舷几乎荡然无存（图 3.17）。这艘沉船生动地展现出英国 16 世纪"卡拉克"的一个剖面，在提供知识方面几乎相当于一艘完整的船。另外，现在已经知道其结构的一些细节，如其船壳板采取的是平接方法，上层建筑则采用搭接方法，并且几乎所有的紧固件都是用木材而不是用金属制成的。

人们往往将"玛丽·露丝"号和瑞典战舰"瓦萨"号（1628 年）进行比较，因为这两艘战舰分别是两国海军的骄傲之物，并且又都是近年来被发现和调查的沉船。沉没之前，"玛丽·露丝"号是一艘战功显赫、服役多年的著名战舰，而"瓦萨"号则因为设计失误在处女航时即翻船沉没。"瓦萨"号是 1956 年发现的，1961 年被打捞上来，它当时是世界上遗存下来年代最早的著名战舰[253][11]。其价值在于它代表了一艘造船者刚刚交付的、完好无损而且从未使用过的新船，但由于它是一艘显贵们使用的船，因而在多大程度上能代表当时的船舶，人们自然会产生怀疑。"瓦萨"号的发现证实了当时船舶结构的一些细节：过去这些细节尽管有其他方面的证据，一直受到许多研究者的怀疑。例如，其甲板向艏、艉部升高这一事实就平息了一场争论，另外其桅杆向后倾斜呈8°角或9°角也是如此。它还有一些特点，例如，其厨房设在舯部舱室下面而不是在艏楼里，具有巨大的舵柱和舵柄等，这些特点按照后来造船实践的眼光来看也是非常令人惊讶的[248]。此外，"瓦萨"号还提供了关于风帆及其存放方法的丰富材料[28]。

在"瓦萨"号倾覆1年以后，荷兰东印度公司的"巴达维亚"号沉没于澳大利亚西海岸附近的豪特曼阿布罗霍斯（Houtman Abrolhos）群岛一带。现在其遗存物位于深2~6米的海底，经受着印度洋浪涛的猛烈冲击。1973年，西澳大利亚博物馆开始进行发掘，现已揭露出埋藏在珊瑚底下的该船左舷艉部的一个重要断面[137][11]。尽管这仅仅代表了整个船的一小部分并且没有发现一点龙骨遗存物，但它仍然提供了大量的材料。其中最惊人的发现可能是该船水线以下的壳板全部是双层的。它的船体包覆着松木板，在松木板与船壳之间夹有一层用动物毛混合的沥青，这是当时防止船蛆蛀蚀的标准结构。船壳外表密密分布着数千颗大头钉，形成了一层铁锈，增强了防护作用。在船壳列板上还有一个不寻常的特点，有若干条环绕艉部右侧的列板呈90°弯曲，使侧面的壳板和矩形艉部斜板的连接处形成连续光顺的曲面。在船壳内支撑这些列板的坚固而复杂的梁后水平肋材的许多结构细节也是其他沉船所没有的。

近年来，许多荷兰东印度公司的沉船受到调查，其中即使受到最严重破坏的沉船遗址也提供了一些有趣的结构细节。例如，"肯内默兰"号沉船遗址虽然没有大面积的结构遗存物，但仍然提供了有关一种特殊

图3.17
索伦特的"玛丽·露丝"号船艉立面图
左图为艉柱及艉部外板 右图为构件与艉部关系的复原图

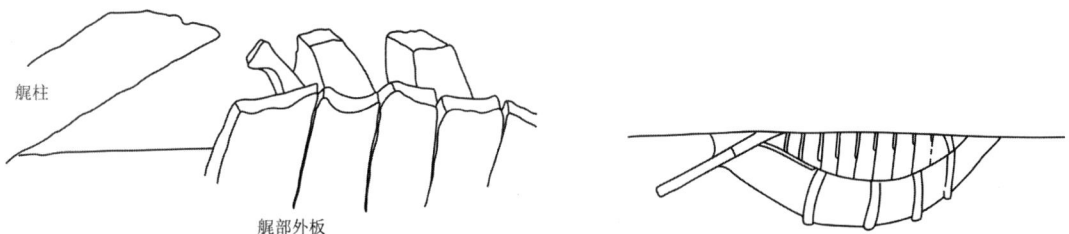

艉柱

艉部外板

木栓钉的材料（这种栓钉显然是荷兰特有的），以及有关不同构件采用不同木材的详情【270】。

在 18 世纪的荷兰东印度公司船舶中，人们可以指望从"阿姆斯特丹"号沉船（1749 年）上获得最全面的材料。这艘船目前仍位于苏塞克斯哈斯廷斯附近的海滩上【221】【222】。1969—1971 年间，对它进行了初步的调查，了解了其船体遗存的保存状况。现已知道它的下甲板以下的船体仍然保持完整，还发现其他一些有趣的特点。例如，在其主舱口前后的下甲板上设有一个过去人们未曾预料到的横隔壁，这被解释为装载超载货物的备用储藏处【222 142】。

对于一艘有文献可资引证的沉船，从它那残损不全的遗骸上也能够获得很多材料，"达特茅斯"号沉船就是一个颇具启发性的例子。它是一艘建于 1655 年的五级战舰，1690 年沉没于苏格兰西面马尔海峡中

图 3.18

清理之后的"瓦萨"号沉船下层炮台

的一个海岛附近。1973 年其遗存物在水深约 8 米的海底被发现【1】。保存下来的是为大量压舱铁坠沉的部分船体。包括长约 5.5 米的后平段龙骨，以及宽 4 米的一段右舷船体【230】。有关这艘船的文献资料相当丰富，包括关于该船使用和保养情况的海军部档案文件、W. 凯尔特里杰（W.Keltridge）在差不多同一时代绘制的一套海军舰船图（1684 年），以及由 W. 小范德维尔德（W.van der Velde the Younger）绘制的几乎肯定属于该船的一张草图【274】【230 图1】，尽管如此，对该船遗存物的调查还是揭示出一些出乎人们意料之外的特点。

"达特茅斯"号的龙骨引起了人们的注意，它有一个完整的嵌接口被保存下来，这一接口是顺垂直方向切开的。它使人们非常惊讶，因为过去人们往往认为，为了要保持垂直方向上的较大强度，这类接口应该顺水平方向切开。例如，"瓦萨"号的龙骨接口就是顺水平方向切开的【248 12】。

图 3.19
"达特茅斯"号遗址结构照片拼接图

另外，在"达特茅斯"号龙骨上方有一个巨大的榆木构件，其断面为不规则四边形，宽1米多，形成一块在舯部向后约1米处开始逐渐升高的艉呆木。这说明该船具有少有的优良型线。而且有一些肋骨以楔子固定于艉呆木上，或者用一种过去从未记载过的方法抵住艇呆木的后面部位。设计者的意图似乎是要加强其型线优良的艉部，同时也用不着采用很难找到的特殊形状的木材，如果肋骨直接横跨龙骨，就必须使用这种木材。此外，肋骨本身可能也考虑经济效益。因为肋骨接头是用楔子嵌接的，而人们过去认为这种方法是英国海军部于1714年最先提出采用的[199 19]。这些楔子还有另外一种含义，即"达特茅斯"号在建造时不可能首先树立骨架，因为只有依靠船壳列板和舱底铺板才能使骨架保持不变形。

该船船壳列板固定于骨架上的方法也使人们产生兴趣。除了木栓钉之外，额外又加上固定件以加强逐渐老化的船壳的薄弱部位，或者加固已经松动的栓钉[230 图20]。人们已经知道该船最下面3列列板连同龙骨是1628年重新换过的，这些构件附近的栓钉分布得很不规则。在一块异常狭窄的列板上的定位栓钉实际上戳穿了它与邻接列板的连接部位，而船壳其他部位的栓钉则显然小心地避开了船壳内骨架及艉呆木的旧钉孔。在1块列板上有1个矩形的补块，可能是要阻止裂缝继续发展。

虽然"达特茅斯"号只有一部分船底完整地保存下来，但仍然发现了与上层建筑结构间接有关的许多材料。例如，在遗址上发现的梁后水平肘板的连接部位显示出主甲板横梁的位置。从发现的排水孔衬垫的长度可以确定这个部位的船壳厚度，它表明主甲板以下的船壳板厚度不超过2厘米，而主甲板以上的壳板厚度也许不到1厘米。最后，在遗址的一端发现一段厚15厘米的榆木构件，发掘者认为是水线以上的舷沿列板。这一构件上有道70厘米长的凹槽，这几乎可以确定炮眼的尺寸。

上面只是简略地介绍了通过水下调查所获知的"达特茅斯"号结构上的一些有趣特点。至于全面地讨论这些水下发现的许多技术方面和历史方面的内容，则必须参阅详细的考古报告[230]。"达特茅斯"号沉船清楚地表明，在结构细节及建造工艺方面，只靠文献材料是远远不够的。但该船的整体型线、外观及尺度，仍然要依靠文献记载。用考古手段不可能探究中世纪以后造船技术的基本理论，但是可以了解结构上的许多重要细节，这是用其他任何方法无法做到的。

3.6 西班牙无敌舰队

欧洲的造船技术经过两个世纪的迅速发展以后，大约到 16 世纪中叶趋于稳定，在以后的近 3 个世纪里，其基本技术及概念没有发生重大的变化。对英国而言，这一新时期可追溯到 16 世纪霍金斯（Hawkins）对皇家海军的改革和重新武装。而对西班牙来说，这一时期则始于在

图 3.20
"圣玛丽亚·罗莎"号的船舱肋骨

唐·阿尔瓦罗·德·巴桑（Don Alvaro de Bazan）的鼓动下用 3 桅大帆船
装备美洲舰队（Americas fleets）的年代。

用新型战舰进行的第一次重大战役，是 1588 年西班牙菲利普二世
发动的"英格兰冒险"之役。西班牙出动无敌舰队的 130 多艘战舰，企
图控制英吉利海峡，从而使佛兰德的陆军在肯特邵登陆[237]。这支舰队
不仅战舰众多，而且还装备了从许多国家抽调的军需品、武器及其他物
资，这一切都反映了 16 世纪技术水平的全貌。因此，对西班牙无敌舰
队的考古学研究及历史学研究具有重要的意义。

之所以要对西班牙无敌舰队作考古学研究，是由于它还具有另外
一些独有的特点。由于许多原因（这些原因包括 1588 年 9 月是一个罕
见的多风暴月份，不少船员缺乏在这一带水域的航行经验，以及下面要
提及的不少战舰遭受了损坏等），全舰队约 1/3 的战舰在不列颠北部及
爱尔兰沿海一带沉没[140][229]。此外，由于爱尔兰的英国当局密切注视
着所有西班牙幸存者的行踪，因而许多沉船的位置比较清楚地记录在文
献之中。当时英国当局在各地大肆搜捕和审讯这些幸存者，然后将他们
杀掉。偶尔也索取赎金予以释放。这些幸存者的详细供词提供了关于沉
船遗址的第一手材料。再有，这些战舰所处的特殊环境意味着其中不少
舰只在一般不会发生沉船的地方搁浅，因而有的沉船现在仍搁置在有遮
蔽物的海湾里，这比在通常环境中更有利于考古材料的保存（如"特立
尼达·巴伦西亚"号）。

西班牙无敌舰队的沉船遗存反映了一个具有特殊意义的短暂时期
的海洋活动，这些遗存物本身的保存状况也格外良好。此外，无敌舰队
的战舰来自菲利普二世的整个势力范围，包括美洲、意大利南部、低
地国家及整个伊比利亚半岛[229][图1]。自 17 世纪以来人们多次打捞过的
著名的托伯莫里（Tober mory）大帆船，现在基本上可肯定就是"圣胡
安·西西里"号（San Juan de Sicilia）[147]，它原来是亚得里亚海岸拉古萨
（Ragusa），现在的杜布罗夫尼克的一艘大型商船。现在位于多尼戈尔郡
格勒奈夫内湾（Glenagivney）里的"特立尼达·巴伦西亚"号，原来是威

尼斯的一艘商船，1587 年在西西里被菲利普二世征用作为运粮船【229 189】。其遗存物散落于安特里姆郡拉卡达角（Lacada Point）一带的"希罗娜"号，原为那不勒斯的皇家划桨炮舰（galleass），这种炮舰配备有足够的划桨手和西班牙三桅大帆船式风帆【294】。这类战舰中只有 1 艘来自西班牙，这就是"圣玛丽亚·罗莎"号，它在爱尔兰西南的布拉斯基特海峡遇难沉没【229 23】，最后还要提及在费尔岛（Fair Isle）覆灭的"大格里丰"号（El Gran Grifon），它原为波罗的海罗斯托克的囚船【227】【229 137】。因此，至少在海战、技术和经济方面，西班牙无敌舰队的确是 16 世纪晚期欧洲社会的一个缩影。

如上所述，迄今为止水下调查所取得的最引人瞩目的成果之一，是提供了关于无敌舰队的一些舰船结构方面的材料，这些材料证实了下述观点，即在许多情况下西班牙的舰船经受不住北大西洋的恶劣环境条件、上面提到的舰船中只有一艘来自大西洋沿岸的西班牙，即在圣塞瓦斯蒂安建造的"圣玛丽亚·罗莎"号，而它所具有的一些特征表明，它可能是由某个精通地中海造船技术的人建造的，这一点也许非常重要【228 448】。人们在风暴频繁、情况复杂的布拉斯基特海峡中进行了艰苦的搜寻，终于在 1968 年找到了该船的遗骸。

尽管人们对于地中海与大西洋造船传统之间的基本差异可能有所夸大，但事实上"圣玛丽亚·罗莎"号在一些重要方面和它的敌手英国战舰仍然有显著的区别。在布拉斯基特海峡里发掘的内龙骨、肋骨和列板，对于一艘 945 吨的战舰来说实在太脆弱了。这似乎反映出一种依靠结构上的完整性而不采用坚固的骨架来保证强度的设计思想。一般认为，这种设计思想与地中海的造船传统有关。显然，这样的船体是不堪一击的，这可能是使许多西班牙战舰在爱尔兰海域陷入困境的原因之一。据文献记载，"圣玛丽亚·罗莎"号"在水线处"（即在其船体上）受到了打击【229 131】。现在发掘出的遗存物清楚地说明，这种打击会造成非常严重的破坏。无敌舰队最高指挥官梅迪纳·西多尼亚公爵（Duke of Medina Sidonia）在出发以前似乎已经知道许多战舰的脆弱性，但其主子菲利普二世对此的唯一反应，仍然是"连续不断地派遣东地中海诸国的战舰开往英格兰"【229 134】。在英国皇家海军的密集炮火打击之下，这场面很快就变成了另外一幅景象。

"特立尼达·巴伦西亚"号沉船也提供了有关船舶结构的材料，尽管它只有一些已经解体的大构件，该遗址更为有名之处是保存了运载的大量物资。其中有一部分是供侵略军在英格兰登陆之后使用的攻城装备，包括拆开的炮架和双轮车零部件，尤其是车轮（图 3.21）、车轴和前车，还有标杆之类较小物件、小型武器（图 3.22）、1 桶有烟火药及军用水壶。但在所有器物中最引人注意的却是 5 门青铜火炮，其中一对 50 磅火炮很可能由该船使用，或者用于陆上攻城。这些器物揭示出往往被人们所忽视的无敌舰队的另一种作用，即运送军需物资。尽管侵略军的核心力量是佛兰德的陆军，但 2 万余名士兵及其必不可少的附属装备却要靠无敌舰队运送。

"特立尼达·巴伦西亚"号还说明了这些沉船在反映 16 世纪晚期社会真实面貌方面的重要意义。证明该船来自威尼斯的依据，不仅有在船上发现的威尼斯火炮，另外还发现了一些富有特点、色彩鲜艳的威尼斯陶器碎片。令人更为惊讶的是，还发现了一些中国瓷器碎片，这反映出高级军官们过着奢侈的生活。在该遗址发现的西班牙普通陶器也使人颇感兴趣，其中有一些（主要是出自塞维尔的橄榄形陶瓶及陶盘）显然是舰队在加的斯首次集结时拿上船的，而其他各种陶器则是在舰队的最后集结港里斯本装上船的。在"圣玛丽亚·罗莎"号沉船上也发现过后一类陶器，另外还有一种据说是在该船的来源地圣塞瓦斯蒂安附近制造的陶器。

发掘"希罗娜"号遗址的主要收获也是船上发现的器物，尤其是数百名沉船遇难者中许多显贵拥有的珠宝及其他物品【294】。M. 多利教授曾经对该遗址发现的钱币做过一项有趣的研究，说明了 1588 年在这些人当中各种货币的流通情况。

在历史学研究中，首先将西班牙无敌舰队的入侵看作是一次失败的海上冒险，但关于其失败原因的争论已持续了若干世纪，至今仍未平息。考古学对这一争论的最大贡献，无疑是证实了西班牙无敌舰队是一支阵容庞大却不胜其任的舰队。无论是在英吉利海峡还是在格拉夫林的追击战中，英国的火炮都比西班牙的火炮具有更大的威力，这一点一直是很明显的。在格拉夫林的战斗中，好几艘西班牙战舰被炮火打得丧失了战斗力，有一艘（"玛丽亚·胡安"号）立即沉没，而英国战舰却没有遭受到结构上的重大损害。

现在的争论肇始于已故的 M.A. 洛伊斯（M.A.Lowis）教授在 1961年写的一本书，书中提出：西班牙舰只由于配备了短程重炮，因而在近距离作战时占据优势；英国舰队则集中远程轻型火炮进行远距离作战，从而可以利用其战舰的较大机动性取胜。然而，这一论点的寿命却不如另一种看法那样持久，另一种看法确信，无论是近距离作战（如在格拉夫林）还是远距离作战，英国舰队都具有明显的优势。现在人们已经完

图 3.21
在爱尔兰多尼戈尔（Donegal）县金纳戈（Kinnagoe）湾"特立尼达·巴伦西亚"号遗址砂层里发掘出的炮车车轮

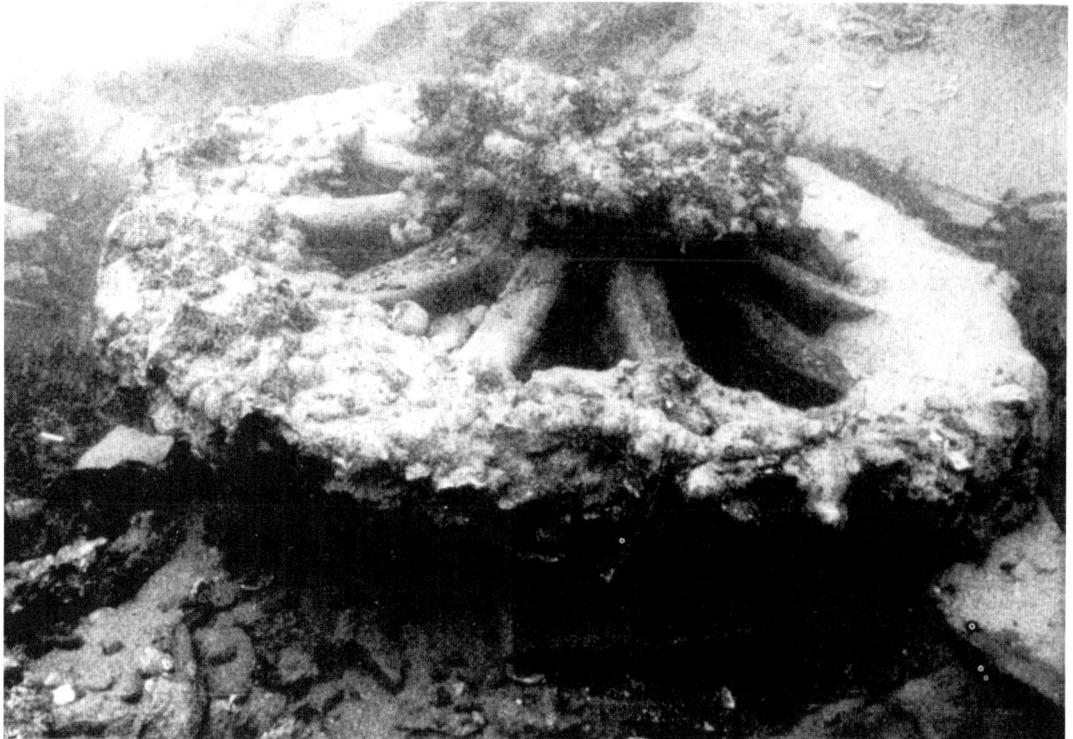

全抛弃了洛伊斯教授的论点，因为 I.A.A. 汤姆森博士在 1975 年对西班牙档案的研究结果表明，西班牙的各种武器装备都不如英国。

　　考古材料对于这一争论的贡献可以从两个方面来分析。第一个方面是看沉船材料本身是否与文献记载相吻合。对于"圣玛丽亚·罗莎"号上发现的炮弹，我们可以做直接的比较【307 371】。如果我们假定，所发现的这些 50 磅火炮仅仅是该船装运的补给品或压舱物，那么考古材料与文献记载就十分吻合。但令人吃惊的是，"特立尼达·巴伦西亚"号和"圣胡安·西西里"号战舰上的重型火炮实际上比以前预料的要大，尽管只是在一些主要战舰上配置了二三十门这类重型野战炮，不过由于在这些战舰上的 18~48 磅轻型火炮极少，因而只是无敌舰队中的少数例外。对于"希罗娜"号遗址上发现的火炮则不能得到什么推论，因为该舰为装载较多的军队而预先卸掉了大多数武器装备。在"大格里丰"号上一共配置了 38 门火炮，在遗址上已发现了其中的 12 门。这艘战舰的情况有些不

图 3.22
在西班牙无敌舰队沉船上发现的青铜火炮（原书第 103 页）
上面 3 门分别为"特立尼达·巴伦西亚"号上的 50 磅、6 磅和 4 磅火炮。
下面一门为"大格里丰"号上的"二等猎鹰"式（demi-saker）3 磅火炮

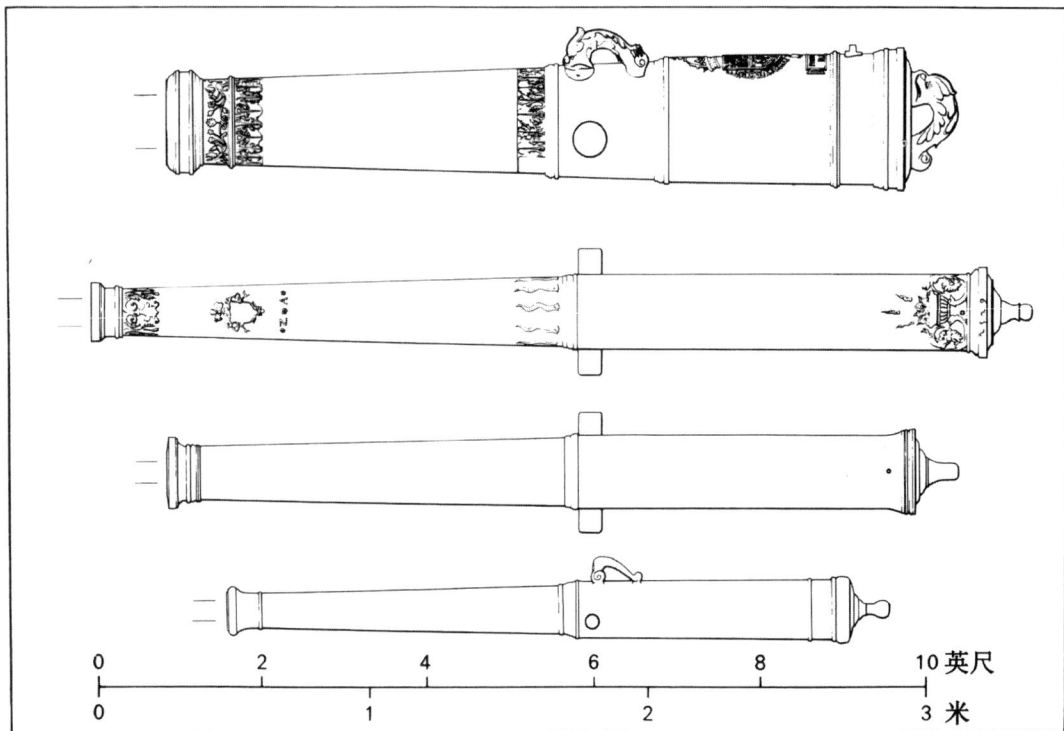

同，它是一支补给分舰队的旗舰而不是主力战舰。其配备的武器有不少已经过时，包括一些用锻铁打制的火炮，似乎完全属于防卫性质[227]，其目的显然是不让敌舰靠近。但对于"大格里丰"号而言，这种战术显然没有成功。人们已经知道，1588 年 8 月 3 日有几艘英国战舰逼近了"大格里丰"号，并给予它非常沉重的打击。现在来看，尽管西班牙战舰的武器装备明显地属于二流水平，但与英国一级战舰的武器装备相比，两者的悬殊并不很大。因为近年来对后者威力的估计已作了修正[227 69]。

第二个方面是关于西班牙的武器质量。即使按现在的估计，西班牙舰队在火力方面的弱点也并不足以说明双方作战效能的差异。于是有人提出，另一个原因可能是西班牙的武器在技术上有缺陷。在"圣玛丽亚"号（Santa Maria）上发现的炮弹中有证据表明，这种炮弹由于发射之后立即熄火因而杀伤力特别小[338]。"大格里丰"号上的一门青铜火炮，其镗孔有明显的弯曲，并且在某种程度下已经破裂，这也暗示了西班牙武器在技术上的缺陷[227 63]。但这类例证太少，无法估计其正确的意义，更不能与船舶本身存在的缺陷或西班牙船员可能缺乏经验等因素相提并论。

在火力方面的这种差异对于获胜是否具有决定性的意义，还有待于证实。尽管存在着这种弱点，西班牙无敌舰队仍然有条不紊地开赴英吉利海峡，这要归功于其值得称赞的纪律及航海技术，但当舰队停泊于加莱附近时，其整个作战计划中的致命弱点就暴露无遗了。由于没有安全的深水港口，无敌舰队无法与帕尔马（Parma）的陆军取得联系，而保持中立的法国又不允许他们使用沿岸的任何合适的港口。英国人明目张胆地采用古老的火攻战术。而西班牙舰队的密集队形一旦被打乱，其海上冒险也就宣告失败。在格拉夫林附近的战斗未分胜负，只是进一步证实了最终的结果，但在这次战斗中受到重创的许多战舰，其得以幸存下来返回西班牙的能力无疑受到了削弱。

归根结底，考古学对于这一海战史方面的研究所做的贡献是很有限的，这只是由于迄今为止的全部材料都只与冲突中的一方有关。而且，除了在研究船舶结构方面之外，这些考古材料只是证实了文献材料而已。例如，在汤姆森博士关于西班牙火炮的论文（1975年）里，只是在一条脚注里提到海洋考古的成果，这是很值得注意的。还应该提到一点，西班牙无敌舰队究竟在历史上具有多大意义，已经受到人们尤其是欧洲大陆考古学家们的怀疑，因为其覆灭并没有解决什么问题，以后英国和西班牙又调集了更多的舰队进行更大规模的战争，这场战争延续了20年之久[134]。但从考古学观点来看，这些沉船遗物反映了16世纪末期的各种生产品质及技术水平，其重要价值仍然不会降低。这种物质材料货真价实地代表了一种规模庞大而且年代精确的封闭型考古遗物组合。

3.7　16—19世纪欧洲的扩张

大约从1400年起欧洲的造船技术发展很快，这除了和欧洲各国进行大规模的海战有关以外，还和另外几项发展有关系。其中，最重要的一项很可能是欧洲国家对全世界产生影响的范围突然扩大。这一发展过程肇始于众所周知的葡萄牙人对非洲海岸的航行，此处毋庸赘述。只需提及下面一点就足以说明问题。

到16世纪中叶，除澳大利亚和非洲内陆之外，几乎地球上的所有地区都留下了欧洲人的足迹，更为重要的是这些地区都被纳入欧洲的经济体系之中。在这一扩张中，高效率的火器和可靠的洲际航船这两项孪生的欧洲技术成果是最主要的动因[61]。当然，在这些问题上，原因和结果的关系是双边的关系。海外贸易的需要反过来又促进了船舶的发展。对于欧洲扩张的开始阶段，还有一个情况应该提及，即除美洲以外（美洲的情况稍有不同，因而在3.8节里单独讨论），大多数贸易者都尽力避免他们在其进行贸易活动的国家里承担政治责任。

对多数欧洲国家而言，为控制本国与东方的贸易而建立的持政府特许状的大型贸易公司，把商业第一奉为神圣的原则。在17世纪及18世纪早期的这类公司中，荷兰东印度公司（VOC）无疑是最成功的一家。

这一由联省大议长在 1602 年建立的公司完全垄断了荷兰对东印度地区的贸易，它掌握着代表荷兰在该地区利益的绝对权力，甚至可以向威胁其利益的其他欧洲国家宣战[42]。荷兰人凭借自己的冒险精神、坚韧不拔以及精心算计，很快就取代了葡萄牙人，并在整个东印度地区建立起一个一直延伸到日本的并由商业通道和城堡构成的贸易网，其主要的贸易中心为巴达维亚（今雅加达）。由于种种原因（这些原因主要是文献资料较为丰富以及沉船中的财富闻名遐迩），在过去的十余年里，在欧洲、非洲南部及澳大利亚西部沿海至少有 15 艘荷兰东印度公司沉船的遗址被人们调查[295 253]。这些沉船遗址生动地展现了这一贸易活动中的各种商品及其他物品。

当时欧洲的主要输出物无疑是黄金和白银，对于到东方去的商人而言，硬币的价位仅仅在于金属的重量。因而其遣送形式分为铸锭和硬币两类。在东印度公司"斯洛特·特尔·霍格"号（Slot ter Hooge）遗址，发现了 100 多块银锭[296]。而在其他多数遗址发现的金银则是铸币。在不少沉船上发现的钱币有个有趣的特点，来自西班牙或西班牙所属尼德兰的货币占很大比例，荷兰联省政府一直没有能够以自己的钱币完全取代它们[224 211]，在已调查的所有 18 世纪早期沉船的钱币组合上，存在着一种非常有规律的模式：一部分钱币是由西班牙和荷兰于 17 世纪中叶发行的；另一部分则直接来自造币厂。在"德利弗德"号（1711 年）遗址发现的钱币就清楚地说明了这一点：在一箱钱币中，有 3300 枚新铸的"乌得勒支达克盾"（Utrecht ducation），还有一些 1711 年的金质"达克盾"，以及一组精选的 17 世纪"达克盾"和"半达克盾"（从 1619年以后）[27 89]。这些旧币究竟是从东印度公司库存里提取的，还是从市面流通货币中回收的，目前还不清楚。

值钱的外销物装纳在狭小的钱箱里，大宗货物则装载在宽敞的货舱里。这些沉船的大宗货物其价值和用途都很有限，其中有一种是用于盖屋顶、造船和制炮弹的铅锭。在"肯内默兰"号（1664 年）遗址发现了100 多块铅锭（图 3.23），从中可以得到有关这一时期东印度公司物资

来源的许多材料。在"荷兰"号（Hollandia）（1742 年）遗址，发现了
数量更大的一批铅锭[74]，但关于 18 世纪制铅工业的现有文献很多。因
此这一发现的意义不大。由开往东方的商船定期装运（至少在 17 世纪
是如此）的另一种重要货物显然是水银，它用于提炼银和制药。至少已
在 4 艘荷兰东印度公司的沉船上发现了水银，在有的船上，水银仍保存
在粗陶壶里[295 239][74 297]。

在 17 世纪，驶往东方的荷兰东印度公司商船在安排货舱空间时，似
乎把从尼德兰运往巴达维亚的建筑材料置于非常优先的地位。因而在不少
沉船遗址发现了成千上万块具有荷兰特色的黄砖（尺寸约 0.175 米 × 0.075
米 × 0.035 米）和其他建筑材料，这些建筑材料是被当作收运费的压舱
物而运载的。

荷兰东印度公司的商船除了装载金银及大宗货物以外，还装载了
不少被认为是在东方享受文明生活必需的或能够赚钱的欧洲产品。在
"费居尔德·德拉克"号（1656 年）遗址发现的 250 支陶烟斗，即很可能
属于前一类产品[135 283]。所有的遗址都发现了许多粗陶器、细陶器及玻
璃器皿，间接证明了这些商船曾装运过公司职员急需的大量葡萄酒和白
兰地。在很多遗址上很难把销售商品分离出来，但也发现了某些毫无用
途的物品，它们肯定是拿到当地的市场上去销售的。这方面的一个极好
例子，是在"拉斯德拉格尔"（Lastdrager）号 1652 年和"肯内默兰"号
遗址发现的袖珍日晷（图 3.24），它们只能用于其设计限定的纬度（对
此而言是指中欧地区），而在东方是极不准确的。这些日晷之所以能够
销售出去，并不是由于其实用价值，很可能是因为当地附庸风雅的顾客
对舶来品的崇拜心理[295 231]。这类小型商品是公司交付托运的货物，还
是属于船是某个成员搞私人投机的商品，目前尚不清楚。当时这种投机
活动大多被认为是非法的[42 201]。但在"肯内默兰"号遗址发现的一批
物品，就很可能属于这类私人的货物，包括 4~12 只顶针、烟盒、珠
宝等物品，其数量对于个人使用则嫌过多，对于公司托运货物又嫌太
少[269 262]。

图 3.23
在"肯内默兰"号沉船遗
址上发现的带有戳印的 4
块铅锭

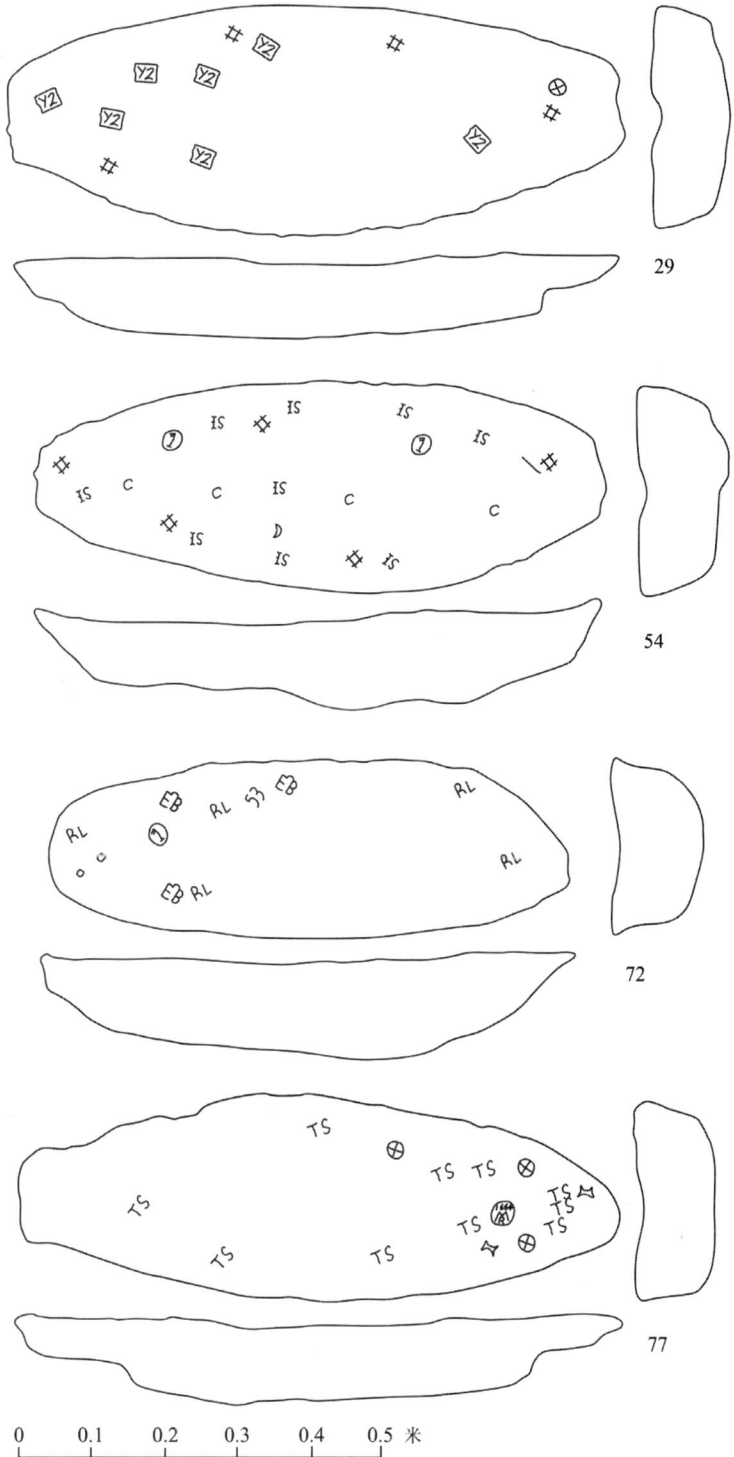

29

54

72

77

0   0.1   0.2   0.3   0.4   0.5 米

虽然遗留下来的文献资料相当丰富，但考古材料的重要意义在于展现了实际运载的货物，这可以和东印度公司官员关心的问题作一对比。根据考古材料了解到的有关返回贸易的情况非常之少，目前仅调查到极少数这类沉船，其中年代最早而且最引人注目的沉船是 1976 年在圣海伦娜附近发现的"维特·莱弗"号（Witte Leeuw）（1613 年），它装载的除了一般货物外。还有一些像博物馆收藏品那样精美的中国明代瓷器。在开普敦的"尼弗·罗恩"号（Nieuw Rhoom）（1776 年）的零散遗存物中也发现过中国瓷器。还有一些胡椒籽散落在压舱铁球堆里[194]。在开往东方的"肯内默兰"号上也发现了大量的胡椒籽，很可能是上一次返回航行运载货物的散落物[270 194]。然而，这类考古材料仍然是零散的、局部的材料，只有结合现有的文献资料才能理会其全部意义[128]。

关于欧洲其他国家在这一地区的贸易活动，考古材料更加少得可怜。令人遗憾的是，迄今还没有调查过 1 艘葡萄牙在 17 世纪进行这种贸易活动的大型"卡拉克"沉船。近年来，在蒙巴萨附近发掘的 1 艘 20 世纪末沉船，是反映葡萄牙在印度洋地区活动的唯一代表，它很可能就是快速

图 3.24
在"肯内默兰"号遗址发现的带彩色罗盘刻度盘的袖珍日晷

帆船（frigata）"圣安东尼奥·坦纳"号（Saota Antonio de Tanna）[182][263]。关于 18 世纪中叶以前英国东印度公司的考古材料也发现得很少。这部分地反映出，与荷兰东印度公司相比，在 18 世纪中叶以前，英国东印度公司的活动非常有限。但在澳大利亚水域已知年代最早的沉船实际上却可能是英国的"特里尔"号（Trial）（1622 年），它是 1969 年在蒙蒂贝洛群岛附近被发现的[138]。在英国水域已知最早的英国东印度公司沉船是阿尔德内附近的"瓦伦丁 1 号"（Valentine）（1776 年）和多塞特海岸附近的"哈斯维尔"号（Halsewell）（1786 年）。在 18 世纪早期，荷兰的统治地位还受到欧洲其他国家的许多小公司的挑战，近年来对这些小公司的沉船也进行了调查。在设得兰群岛附近发现了丹麦亚洲公司的快速帆船"文德拉"号（Wendela）（1737 年），该遗址最重要的发现是钱币，其中有很多种非丹麦钱币，反映出东方不接受丹麦货币的情况。在奥克尼（Orkneys）还发现了 1 艘在返回途中沉没的瑞典东印度公司沉船"休西亚"号（Suecia）（1740 年），其运载的大宗货物似乎主要是呆木（die-wood）。这些"非法闯入者"的活动，反映了 18 世纪欧洲与东方接触的多样化倾向，这一过程使欧洲诸国在更大程度上卷入了当地的政治事务。例如，英国就按管了印度。但关于这一时期可利用的文献资料显著地增多，其结果是考古材料的重要性大为减小。因而，在这些沉船遗址搜集到的材料对于研究欧洲扩张的头两个世纪最为重要。

3.8 对新世界的吞并

东方国家虽然首先成为欧洲国家的贸易探险对象，但其统治者只要服从于欧洲的经济利益，仍被留下来统治其国家。而美洲国家从一开始就受到另外一种对待。造成这个局面的原因很复杂，包括经济、政治、宗教等方面的多种因素，但最终结果是整个西印度群岛、中美洲和南美洲北部为西班牙王国吞并，隶属于一个严酷无情的政治、经济统治体系。这一体系的主要任务之一，是要保证西班牙在这些国家攫取最大的经济利益，使西班牙舰船满载着黄金、白银及其他值钱之物返回塞维尔。因此，其中罹难而葬身海底的沉船，就成为深入全面了解这一殖民活动的首要材料来源。这些沉船材料能揭示出当时实际运回欧洲的货物种类、数量以及质量，从而对保存于塞维尔西印度群岛贸易法庭（Casa de la Contratacion）的文献资料，加以补充和解释。

　　一些危险的因素，引起了大量西班牙船只的沉没。第一，这些船舶通常装载重量较大，并且往往超载，而应付恶劣环境的准备工作做得极差。第二，整个加勒比海是臭名昭著的地区，这里气候多变，特别是多飓风，有一些最引人注目的船舶的失事就是由于这类风暴造成的。既然存在着上述种种危险，这么多的船只如果在航行时平安无事反而是一件稀罕的怪事。

　　1492 年以后参加早期探险和殖民活动的沉船遗存物发现得很少。

图 3.25
加勒比海和百慕大地图，显示了早期的历史沉船地点

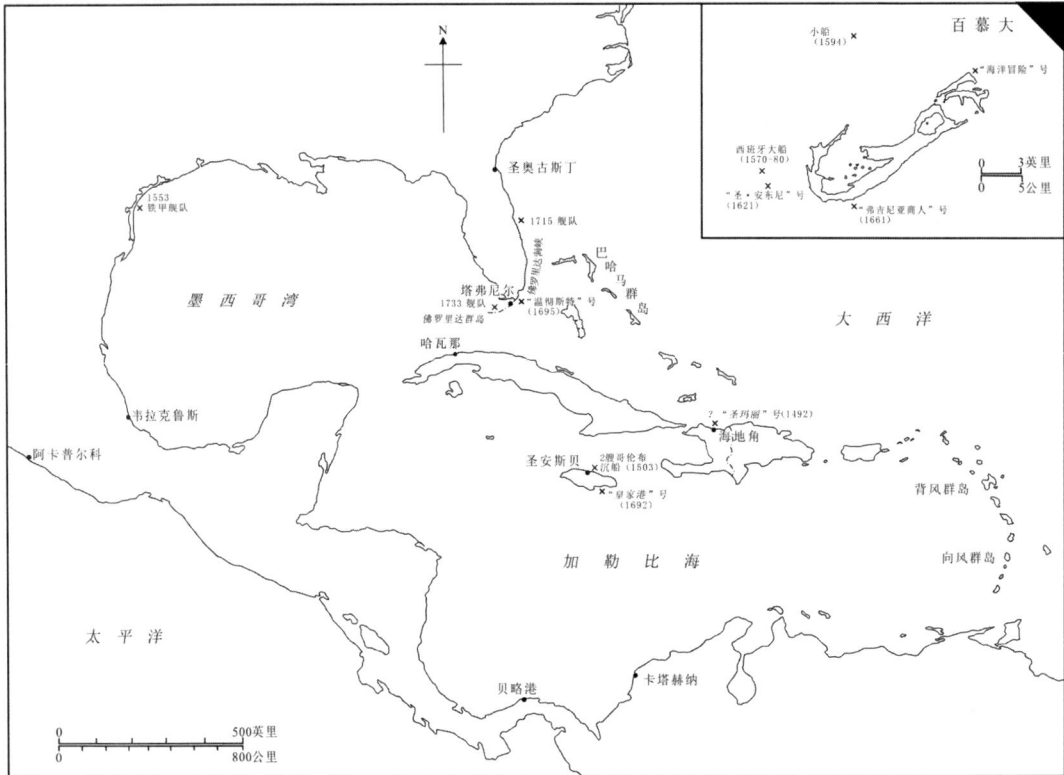

该时期的船舶具有头等重要的意义。因为当时的造船技术处于不断发展的阶段，这类先驱船舶很可能五花八门，结构各异。美洲水域中有记载的最早沉船，是参加哥伦布第一次航行美洲的旗舰"圣玛丽亚"号（Santa Maria），该舰当时在海地西北海岸附近搁浅，不难想象人们曾做过很多次尝试企图找到这艘沉船，但至今仍未发现其遗存物。而且，该船究竟有多少东西遗存在沙滩里，人们抱有很大的怀疑，因为已经知道当时为了在附近修建一个小城堡，其遗骸受到过大规模的洗劫[262 254]。参与1502—1504年间哥伦布最后一次航行的2艘船，其遗存物现已发现，尚未作全面的调查。哥伦布的4艘船在加勒比海一带巡航了1年之后仅剩下2艘，这2艘也即将沉没。哥伦布只好将船开往牙买加北部海岸的圣安港湾（St Ann's Bay）靠岸，这2艘船立即在那里沉没，1968年R.马克思（R.Marx）使用了海底浅层剖面仪并进行了大面积的钻孔取样，在预定地点发现一艘沉船。他得到的物品足以证明该船的年代为1500年[235 254]。该船遗存物位于海底沉积层下至少3米深处，包括一个大面积的木结构遗存物。

对于横渡大西洋将金、银等值钱物品运回西班牙的船只，迄今所发现的年代最早的遗存物与1553—1554年间的西班牙铁甲舰队（Plate Fleet）有关。当时发生的一场热带风暴将舰队驱赶到帕德雷（Padre）岛附近的砂质海岸一带（在今得克萨斯），人们相信这一带有3艘沉船。1967年，一家海底寻宝公司找到并打捞了其中的一艘，很可能是"圣玛丽亚·伊西亚尔"（Santa Maria de lciar）。1972年以来，得克萨斯文物委员会对另一艘可能是"圣埃斯特万"号（San Esteban）的沉船进行了系统的发掘[7][67][146]。后者掩埋于厚约1.5米的砂泥层里，在海底表面上看不出一点痕迹。共发掘出1500多件器物，其中85%以上包容在铁质凝结物里面，其余15%几乎全部属于比重很大的金属制品（图3.26）。有相当多的证据表明，在这一带发生大风暴时，该遗址的所有松散沉积物会悬浮于海水中，从而使较轻的沉船遗存物受到破坏或发生移动，因而在该遗址发掘的器物存在着偏向性。

该船装载的官方货物主要是白银，这些白银出自仅开采过 17 年的墨西哥银矿，因而它们是关于早期流通货币的极其宝贵而又年代准确的一个代表。另外还发现种类多得惊人的外国物品，包括英国的白蜡器皿和科隆的粗陶器。发现的武器只有手工锻造的铁火炮，这种火炮在1554 年无疑已被废弃。大概比较先进的铸铁火炮和青铜火炮被留在欧洲使用，而这类旧式武器在美洲的多数冒险活动中仍然适用。该遗址也没有发现铸铁炮弹，这可以用相同的理由加以解释。特别使人产生兴趣的是发现了一个用黄铁矿磨制的半球形物体。它很可能是作为纪念品的一面中美洲土著镜子。对该遗址进行的调查和研究证明，在遗存物最分散的沉船遗址也可以获得许多材料。

T. 塔克在百慕大水域 1 艘约 1590 年的沉船上，打捞出在这类沉船遗址发现的为数最多的一批黄金及其他物品，包括戳有 "PINTO" 字样的一些金条（说明它们来自新格林纳达的某一地区），以及许多引人注目的珠宝。船上的武器包括铸铁火炮及锻铁火炮，另外还发现一些船上人员的用具、私人武器及航海仪器，反映出当时船上的生活情况；还有一套用加勒比海棕榈木材制造的武器，这又是一个有关当地土著纪念物品的例子[262 257]。

T. 塔克调查的另一艘百慕大水域沉船，证明金银在西班牙殖民地输出物中的重要性逐渐减小。该沉船名叫 "圣安东尼奥" 号（San Antonio）（1621 年），在这里除了发现必然会有的金饼、银币及珠宝之外，还有成捆的烟草、瓶装的胭脂红颜料、1 箱靛蓝颜料、大捆的皮革以及美洲出产的愈疮（lignum vitea）木杆[262 258]。但金银财宝仍然是船上装载的重要货物。例如，哪一年在佛罗里达基斯（Keys）失事的 "圣母·阿托切"（Nuestra Senora de Atoche）号，据称是美洲发现的财宝最多的沉船之一[243][207]。

然而，西班牙运金船队受到的最沉重打击发生于 18 世纪。当时，西班牙对其美洲帝国的控制开始减弱，从那里获得的利益也开始减少。虽然如此，它仍然从美洲攫取了价值相当大的财富。第一次灾难发生于

图 3.26
"圣埃斯特万"号（1554
年）遗址 1 只铁锚的凝
结物（No.81）

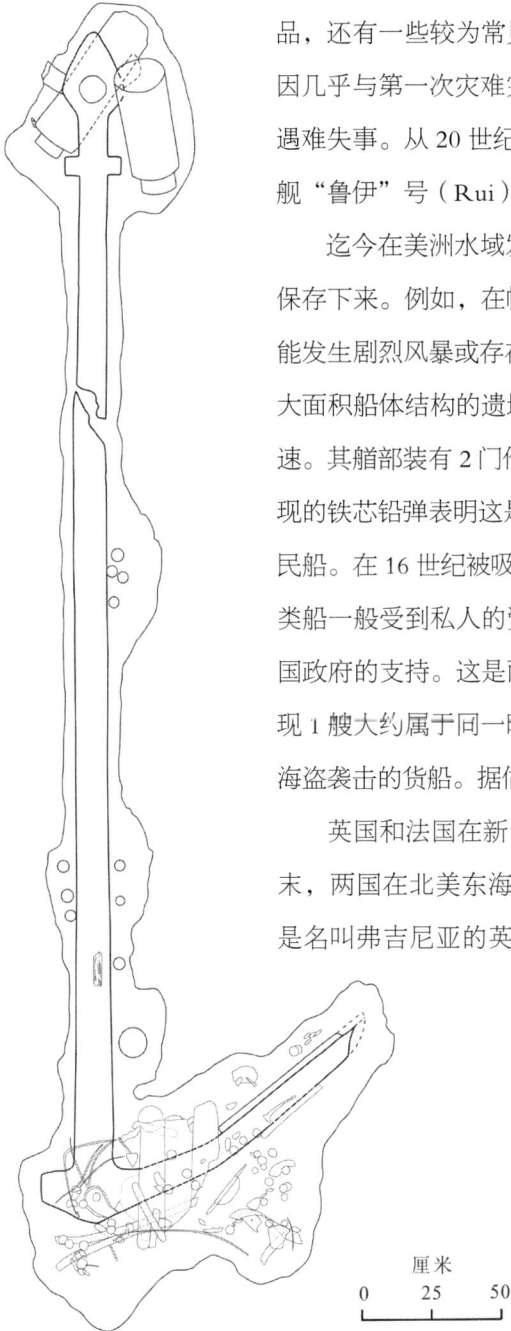

厘米
0   25   50

1715 年。一支由 11 艘舰船组成的护航船队在佛罗里达海峡受到一场飓风的袭击，有 10 艘船被抛上岸。从 1961 年起 K. 瓦格纳及其同事已经发现了成千上万的金银币、金铸锭、中国瓷器、各种珠宝及其他值钱物品，还有一些较为常见的船用器物[262 262]。引起第二次灾难的一系列原因几乎与第一次灾难完全相同。一支由 21 艘舰船组成的舰队于 1733 年遇难失事。从 20 世纪 40 年代以来已经发现了其中的不少沉船，包括旗舰"鲁伊"号（Rui）[262 263]和"圣荷西"号（San José）[234]。

迄今在美洲水域发现的大多数沉船遗址，似乎很少有船体的遗存物保存下来。例如，在帕德雷岛和佛罗里达海峡中的遗址，大多数位于可能发生剧烈风暴或存在强大海流的地区。1966 年在巴哈马发现一处具有大面积船体结构的遗址，该船型线优良，结构轻巧，显然是为了提高航速。其艏部装有 2 门伦巴底式火炮，沿着舷墙上沿装有 11 门回旋炮，发现的铁芯铅弹表明这是 1 艘早于 1580 年的船。该船是 1 艘海盗船或武装民船。在 16 世纪被吸引到加勒比海域来的这类船只越来越多[262 256]。这类船一般受到私人的资助，但暗地里却往往得到先是法国政府后来是英国政府的支持。这是两国反西班牙政策的一项措施。在百慕大水域还发现 1 艘大约属于同一时期的沉船。其船体结构遗存相当大，它代表了受海盗袭击的货船。据估计该船长 34~45 米。排水量约 400 吨[262 256]。

英国和法国在新世界的活动并不仅限于海盗式的袭击，到 16 世纪末，两国在北美东海岸一带建立了自己的殖民地。最早的一处殖民地是名叫弗吉尼亚的英国居留地，百慕大群岛就位于其海岸附近。到了

1609 年，百慕大也变成了英国殖民地，当时有一艘开往弗吉尼亚的船"海上冒险"号（Sea Venture）在那里沉没。在 17 世纪还有一些英国船在该岛附近遇难，其中有"瓦维克"号（Warwick）（1619 年）、"鹰"号（Eag1e）（1659 年）和"弗吉尼亚商人"号（Virginia Merchant）（1660 年）[262 259]。

　　这些沉船遗址现在都已找到，并在其中发现了这些新殖民地所需要的种类繁多的物品，用来砍伐森林的斧头和打猎用的大号铅弹，说明早期定居者的住地离边远荒芜地区很近。大量的重武器表明印第安人和西班牙人对这里的英国人怀有敌意。英国在北美、中美洲的商业活动和殖民地日益增多，必然导致英国皇家海军舰队开进这些水域，特别是在 1655 年英国占领了牙买加以后。"天鹅"号（Swan）沉船就生动地反映了这一点，该船被 1692 年发生的著名地震抛进了皇家港（Royal Port）中心区，至今那里仍保存着该船的遗存物，其中包括船体的很大一部分[235 154]。近年来，调查了 1659 年失事的两艘皇家海

图 3.27
"莎菲尔"号（1695 年）
遗址上的铁炮和船板

军军舰：一艘是沉没于佛罗里达卡里斯佛（Carysfort）礁附近的四级军舰"温切斯特"号（Winchester）【262 260】，另一艘是位于纽芬兰布尔斯（Bulls）港湾里的五级军舰"莎菲尔"号。

上述讨论的一个显著特点是完全集中于驶离美洲的船舶。这反映出近几十年来在沉船遗址调查中存在的偏向。然而，一艘运载不太重要货物驶来美洲的船，很可能保存状况较差而且比较难以发现，这倒也是事实。无疑，在这几个世纪中输入美洲的最流行"货物"，实际上是来自非洲的奴隶。但关于这种可耻贸易的考古遗存物永远非常稀少，因为装运奴隶的船几乎没有什么空间来装载货物或大批武器【233 92】，在百慕大的沉船"圣安尔尼奥"号（1611年）上发现了用于这种贸易的一种物品，即大量的贝壳币（Cowri shell）。这种贝壳从东印度群岛绕地球旅行了半圈来到美洲，并准备带到西非去使用。在那里买一个健康的成年奴隶只需要少量的贝壳。在巴拿马附近的一艘沉船上发现了更直接的材料，即几百副铁镣铐。但要观察运奴船的船体遗存，必须去澳大利亚西部，那里的博物馆对曾经是运奴船的"詹姆士·马修"号（James Matthews）遗址进行了一次重要的发掘【153】。这种运奴船有几个特点，如吃水较浅，具有有利于航速的优良型线，以及各种特殊的船内部装置等。这种船保存下来的详细结构图极少，因而该遗址提供的材料极为宝贵。该船于1837年因装运433名奴隶在多米尼加附近被抓获，后来在伦敦改了船名并登记注册为107吨的"斯诺布里格船①"。1841年7月该船在弗里曼特尔（Fremantle）附近抛锚时沉没，其大部分船体连同装载的石板瓦等货物掩埋于水深2~3米的沙质海底中。

在北美历史上，英法冲突早期的一个牺牲品是海军战舰"莎菲尔"号（1695年）。到1760年，英法两国的战争再度爆发。就海战而言，最终确立英国霸权的是1760年6月的雷斯蒂戈奇（Restigouche）之战。当时一支英国小型舰队捕获了派去救援蒙特利尔的一支法国护航供给舰

---

① "斯诺布里格船"（snow brig），一种双桅矩形帆小帆船。——译者注

队中最末尾的 3 艘船，最后将其击沉或烧毁。其中一艘船 [可能是 "马
尔基莫洛泽" 号（Marquis de Maulauze）] 的残骸，在 1938 年被拖到一
处海滩。另一艘 "马肖尔" 号沉船，自 1969 年以来成为加拿大国家历
史遗址服务处大规模发掘的对象。这艘战舰的部分船体已被打捞上来进
行研究和保护。在发现的种类繁多的物品里，许多物品的保存状况非常
良好。这些物品使人们了解到，当时船上除了支援蒙特利尔所需要的军
需品之外，还有数量惊人的奢侈品。

　　法国人被驱逐出美洲之后还不到 30 年，这些殖民地就开始了反抗
英国统治的运动并建立了美利坚合众国。有一些水下遗址反映了独立战
争期间的海战，其中规模最大而且最著名的可能是约克敦沉船遗址。在
1781 年康沃利斯将军投降之前，有不少英国船舶沉没于约克河底，其
中既有敌方攻击所造成的，也有用于封锁航道的沉船，以后这些沉船就
成为多次打捞活动的对象。现代的首次搜寻调查开始于 1934—1935 年，
使用了牵引绳和职业潜水员，发现了许多种物品[18 123]。1976 年重新调

图 3.28
运奴船 "詹姆士·马修" 号
（James Matthews）遗址

查了该遗址。

另一处同时期的有趣沉船遗址是"捍卫"号遗址。这艘170吨的双桅风帆船于1779年6月被编入现役，次年8月在马萨诸塞民兵对卡斯廷（Castine）的一个英国新建城堡进攻失败后被凿沉。当时它和舰队中其他舰船一起，在佩诺斯科河被一支英国舰队包围，现在该船船体横亘于深约6米的泥质河底。其遗存船体有1米多高。该船的重要意义在于发现了武器装备中的精品，以及它提供了当时新英格兰造船技术的材料[239]。

随着美国的建立，欧洲对新世界的政治支配权受到了挑战。不到半个世纪，远及南美的多数西班牙殖民地也获得了独立，因而到19世纪，大西洋两岸的政治、经济关系与以前迥然不同。但关于这一新关系的文献资料相当丰富全面，故而考古学研究的范围也就相应地缩小了。

3.9 航海仪器

对于许多与船舶和航海有关的专门课题，如海战武器装备、风帆及其附属器具、度量衡制度等，沉船遗址的材料具有重要的价值。本节并不打算探讨所有这些课题，而仅仅把航海仪器及其发展过程作为其代表作一集中的讨论。

从本质上来看，考古材料对于研究这类课题的贡献主要表现在下述事实：考古材料展现出的是某一船舶实际上使用的器物，而不是当时的评论家们认为那艘船上应该具有的东西。就航海仪器而言，这一点尤其具有重要价值。因为有关这一问题的大量著作出自数学家和其他学者之手，其中不少作者由于与海员们有较多的接触，因而描述的内容似乎非常真实。但他们往往没有充分注意到最初的计划和船上的实际措施之间的差别。即使那些具有实践经验而又有写作能力的极少数海员，也常常在他们的作品里对自己关于改进航海仪器的想法津津乐道。读者可以参考沃特斯的《从伊丽莎白时代至斯图亚特时代早期的英格兰航海技术》

一书【329】，这是一本根据文献资料客观而又有见地地探讨这一时期航海技术的综合性史学专著。

对研究航海史的人来说，另一个重要的材料来源一直是在博物馆或私人的收藏品中具有特殊价值的或作为某一社会团体传家珍宝保存的仪器。通过这些仪器，研究者可以检验当时著作中的内容是否可靠。然而，这类材料普遍存在的缺点是，它们多平属于比较昂贵、颇有名气并引人注目的仪器，几乎不能反映出日常使用的普通仪器。图 3.29 显示的是代表斯图亚特时代早期的一套航海仪器，这是从格林尼治国家海洋博物馆的大量馆藏品中挑选出来的。虽然这套代表性仪器无疑选择得非常恰当，但很难把展出的特别样品看作是在 17 世纪普遍使用的典型装置。图中上面的两个精密地球仪出自 16 世纪伟大的地图及地球仪制作者墨卡托（G.Mercator）之手，中间的象牙质十字测天仪和反向高度仪（backstaff）是一对 1695 年的赠品【329】。当然，这套陈列品也反衬出考古材料的一个重要弱点，即在考古材料中确实极少发现有关的书籍和海图。归根结底，在这一课题及前面列举的其他大多数课题中，都应把这两方面的物质材料看作互为补充的。

迄今为止，这方面的研究几乎完全限于中世纪以后时期的航海仪器，但在中世纪晚期出现定位仪器却是其后"欧洲扩张"的先决条件之一。在古典时期沉船遗址上发现的唯一专用工具显然是测深锤。这种工具已在此期各类遗址上发现了许多件【31 31】【100 86】。尽管这是一种最简单的工具，但绝不能否认它在各个航海时期中的重要性。至少从中世纪以来英吉利海峡里的船是用反复抛掷铅锤取出海底淤泥的办法来测量航程的。直到 16 世纪，在波罗的海水域仍没有普遍采用罗盘，据推测其原因是在这种较浅水域依靠测深锤已足以导航【188】。

对于所有沉船遗址，始终存在这种问题：发现的铅锤究竟是属于该沉船的还是其他过路船舶在测深时遗落的。由于测深锤的结构式样在许多世纪里没有什么变化，因而无法根据类型学特征辨别出其他船舶遗落的铅锤。但对于许多遗址可以排除掉这类"外来物"，因为用于深水区的测深锤一般不会在浅水区使用，反之亦然。

在发现并研究更多的维京时期或中世纪沉船遗址之前，对于此期使用的航海仪器（如果有的话），作者只能持沉默态度。维京人是否使用过天然磁石或日长石（sunstone），目前仍众说不一，如果能够发现有关

图 3.29
一套斯图亚特时代早期的航海仪器，选自格林尼治国家海洋博物馆藏品

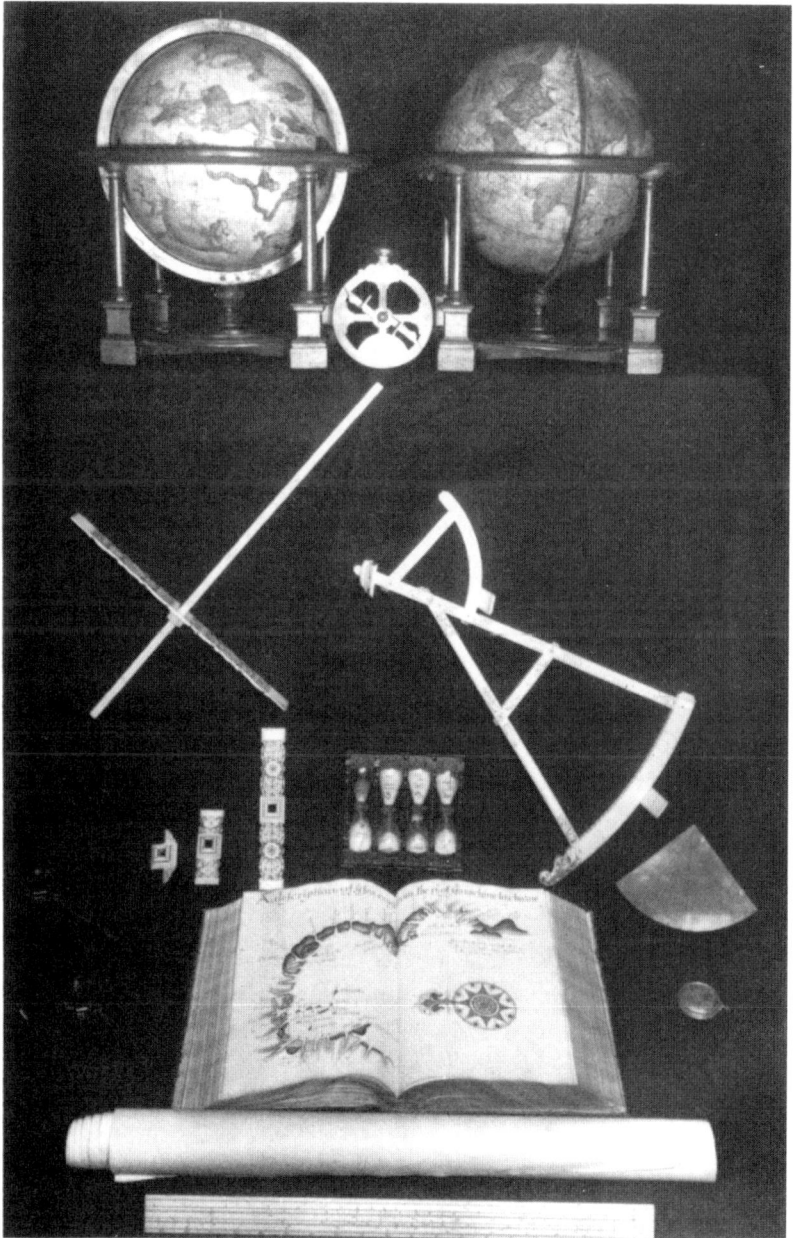

的考古材料则一定会轰动一时【126】。同样，也没有发现过关于16世纪以前罗盘或星盘之类基本仪器早期演变的任何考古材料。

在很多沉船遗址都发现过一种工具，其结构和式样在这几个世纪里或在不同国家的船上似乎没有什么变化，这就是单手用的航海两脚规或海图两脚规。这种工具有一个铰接的弓形项部，用一只手即可开合，因而特别适于海图作业。在"希罗娜"号、"特立尼达·巴伦西亚"号等西班牙无敌舰队的舰船上，"拉斯德拉格尔"号、"肯内默兰"号等17、18世纪荷兰的船舶上，以及"达特茅斯"号等英国皇家海军战舰上，都发现了实际上结构相同的海图两脚规。在包括"巴达维亚"号、"肯内默兰"号在内的一些遗址上还发现了一种双手用的直式圆规。在"拉斯德拉格尔"号的一个箱子里发现有72只这种圆规。

这一时期，有许多与测量太阳仰角有关的更复杂更重要的仪器，用这种仪器可以计算出船舶所在的纬度，这对于船位的确定显然很重要。在15世纪晚期，葡萄牙人从古老的步天规式星盘（planispheric

图 3.30
在"肯内默兰"号发现的单手用航海两脚规
图上标尺刻度为厘米

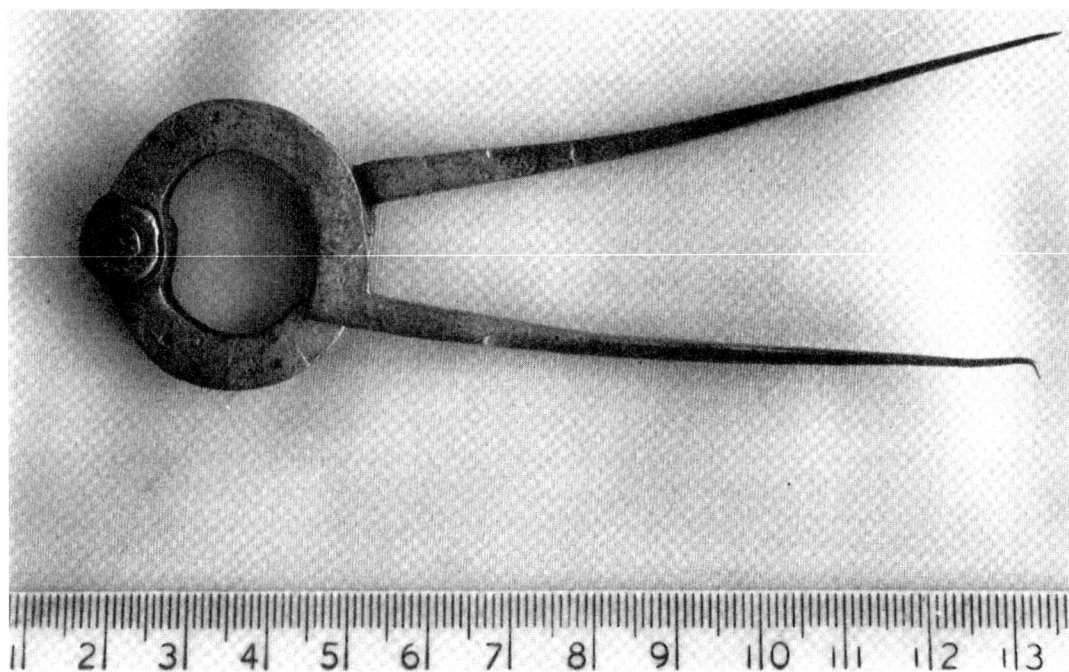

astrolabe，可能是公元前 2 世纪希腊人发明的)，发展成一种专门用于海上测量天体高度的仪器。这种新式星盘在 16 世纪成为航海者测量天体高度的标准仪器，直到该世纪末才为十字测天仪和反向高度仪所取代。现在知道，遗留下来的这种星盘大约有 36 只，其中出自沉船遗址的超过 1/3 [3]。在 1554 年沉没于得克萨斯附近的 1 艘铁甲舰队舰上发现了 3 只星盘 [146 5]，在西班牙无敌舰队的"希罗娜"号上发现了 2 只 [294 237]，在荷兰东印度公司的"巴达维亚"号（ 1629 年 ）上也发现了 4 只星盘，说明在 17 世纪仍在使用这种星盘。尽管当时这种星盘已经过时，但在某些情况下，如在地平线朦胧不清时仍然有用。对博物馆藏品和考古发掘材料中的星盘进行研究，可以揭示出关于其设计和生产过程中的大量知识。如，有人发现当时各国使用的度量单位各不相同，那么就可以根据其精确尺寸确定一只没有任何标记的星盘，是哪个国家制造的 [81 49]。

在荷兰东印度公司"拉斯德拉格尔"号沉船上发现了一种不同类型的星盘的部件 [295 226]，它显然是一个星盘的黄铜质铰链臂（ brachiolus ）。在年代更早的荷兰东印度公司"巴达维亚"号上也发现过一个类似部件。这种仪器也是从步天规式星盘发展而来的，可以用于世界各地的各种天文及航海方面的机械式计算。"拉斯德拉格尔"号的铰链臂属丁一种"盖马弗里修斯"式（ Cemma Frisius ）星盘。看来 R. 斯特纽（ R.Stenuit ）的看法有一定道理。他认为，这种铰链臂属于一种廉价的简易星盘，其主要部件用木头或纸板制成以供日常使用 [295 227]。

测量天体高度的新式仪器出现于 16 世纪末。首先是十字测天仪（ cross-staff ），它是以 16 世纪早期葡萄牙人的仪器为母型，逐步改进而制成的一种可靠仪器。在沉船遗址中，很少报道发现过这种仪器，可能是由于它太简单，许多零碎的十字测天仪部件都没有得到记录。16 世纪 90 年代，英国航海家约翰·戴维亚（ John Davia ）船长发明了反向高度仪，它在测太阳高度时避开了太阳的直射而且刻度比较精确，这是一项重大的改革 [329 302]。这种仪器虽然在整个 17 世纪使用得很普遍，但据目前所知，1700 年以前的反向高度仪在博物馆藏品中只有 2 只。1660 年的那一只藏于瑞典斯科克罗斯特堡（Skokloster Castle），1695 年的这一只用象牙制成，现藏于格林尼治国家海洋博物馆。后者虽然是特制的展品，实际上代表了当时的标准结构，在"达特茅斯"号沉船上发现的一个部件可证实这一点，因为二者水平瞄准板的形式及尺寸几乎完全相同。

　　在荷兰东印度公司"肯内默兰"号沉船上发现了一个可能属于反向高度仪的更为有趣的部件（图 3.31）。这是一根有刻度的木尺，有一面刻有 0~25 的刻度，一端有一个倾斜的卯孔，另一端为斜肩插榫。它当时被确认是一种未经改进的早期反向高度仪（一般认为是荷兰制造的）上的照准横杆。这种反向高度仪不同于前面提到的较为常见的那种类型，其照准横杆代表的不是绕水平线瞄准板转动的圆弧而是弧上的弦，因而具有较大的误差。这个照准横杆的刻度本身也不大精确，而且没有半度以下的刻度。在 W.J. 布劳（W.J.Bleau）于 1623 年写的《航海宝鉴》（Eerste deel der Seepiegel，1625 年英文译本书名为 The sea mirrour）一书中有一幅插图，是目前所知关于这种仪器的唯一资料（图 3.32）。令人颇为惊讶的是，"肯内默兰"号照准横杆上的刻度似乎是表示天体高度距离而不是表示天顶距，这与文献资料中记载的当时的常规方法完全相反[329 305]。不过，过去没有任何材料表明这种反向高度仪曾被普遍采用过，而且 17 世纪 60 年代以后确实不再使用这种反向高度仪。

　　在测量天体高度仪器发展过程中的第二个重大步骤，是 18 世纪中叶发明了八分仪（octant），20 年以后又发明了六分仪（sextant）。在以后半个世纪中，就绝大多数海员而言，这两种仪器取代了以前所有的仪器。八分仪是英国的约翰·哈德利（J.Hadley）和美国的托马斯·戈弗雷（T.Godfrey）同时于 1730 年发明的，但直到 1734 年哈德利八分仪才被普遍采用。自然，这种仪器需要经过更长的时间才能为人们更广泛地接受，例如，荷兰东印度公司直到 1747 年才把它规定为标准的航海仪器。特别有趣的是，在该公司的"荷兰"号沉船（1743 年）上发现这种仪器部件的同时[74 287]，还发现了两个木制十字测天仪的部件，说明早期八分仪很可能属于试用性质。

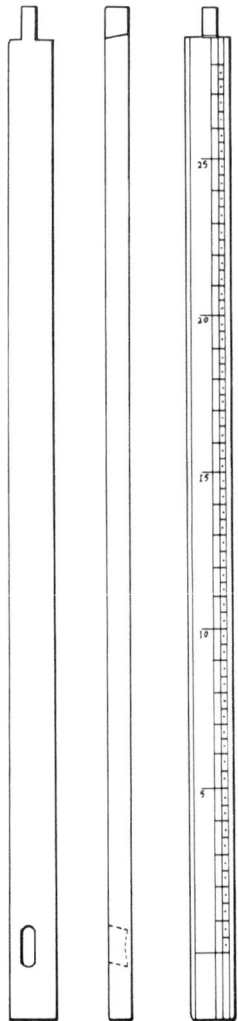

图 3.31
在"肯内默兰"号发现的一根有刻度的木尺，很可能是一种反向高度仪的照准横杆

在结束本节的讨论以前，我们不妨将在沉船遗址上发现的一套完整航海仪器和在本节开头提到的那一组博物馆陈列品作一比较。图 3.33 所示的航海仪器出自"达特茅斯"号（1690 年）沉船，除了上面提到的反向高度仪水平瞄准板（右下）之外，还包括单手用弓形双脚规（右上）、双手用直式两脚规（左上和上部中间）、刻有"Chas Lucas，Dublin fecit"字样的半圆规（中心）以及航程记录板残件（左下）。航程记录板上的第一个字母"H"表示小时，字母"K"表示节，第二个字母"H"表示半节，最后一个字母"F"表示英尺。其用法是，每隔 2 小时就把计程仪及测速绳抛入水中，测速绳在一定时间内伸放的长度即代表船的航速，然后把结果写在记录板上。这套仪器只是在保存状况中等的沉船上可能发现的航海仪器中的一例[1]，而绝不是例外的发现。现已发表的有类似仪器的沉船还有荷兰东印度公司的"巴达维亚"号，发现的仪器主要是 4 只航海星盘、2 个地球仪子母圈和 1 件铰链臂[293]；俄国的"尼

图 3.32
17 世纪海员用反向高度仪观察水平线以测量太阳仰角，布劳《航海宝鉴》（1625 年）一书中的插图

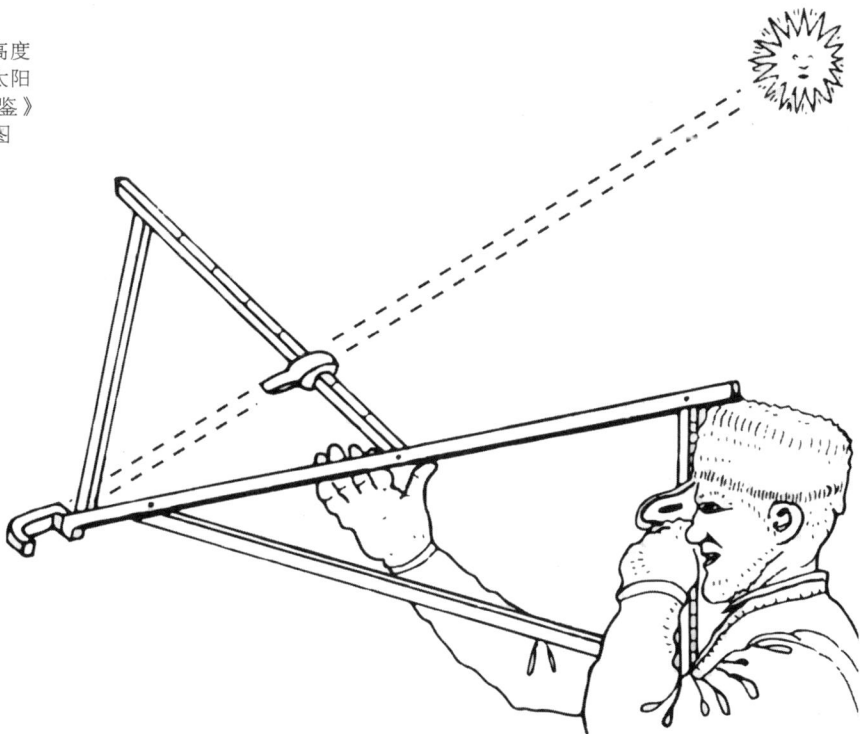

古拉"号（Nicholas）快速帆船，主要发现物是 1 架小型望远镜、1 只两脚规和 1 对半圆规【93】。如果把上述沉船遗址发现的全部航海仪器，与来自现有文献和博物馆藏品中的材料做一比较，即可看出前者对于研究古代实际使用航海仪器的种类和质量具有巨大的价值。

从公元前 12 世纪格里多尼亚角商船上青铜工匠所用的工具，到 18 世纪晚期俄国战舰上的航海仪器，这是一个漫长的发展过程，但其中的所有课题都贯穿着船舶、海员以及海洋活动这一共同的主题。目前在研究工作中存在着很明显的偏向，其重点集中于古典时期和中世纪以后时期。在欧洲，确实极少有人注意这两个时期之间的那些世纪；而在世界

图 3.33
在"达特茅斯"号沉船遗址上发现的一套航海仪器（大约为原来尺度的 0.6 倍）

其他地方，几乎根本无人注意欧洲人到来之前的时期。在地中海，一直是安弗拉瓶吸引着人们对沉船遗址的注意力，而在其他地方则是火炮。在前面提及的遗址中（3.4 节除外），没有发现一两件安弗拉瓶或火炮的遗址极少。对一门仅有 25 年历史的分支学科来说，目前所取得的研究成果已经令人瞩目，但在未来的 25 年里，人们感兴趣的领域还有待于进一步扩展，对上述课题的研究也有待于深化和发展。海洋考古这一新兴学科的研究领域几乎可以说是广阔无边的，下一章将简略地介绍另外一些较为突出的新探索领域。

第四章　海洋考古学今后的研究领域

本章概略介绍海洋考古这一分支学科在不远的将来可能出现的研究领域，间或也要讨论现在的一些考古工作。然而，这类材料的数量有限，内容五花八门，完全不可能构成统一的体系，因而这类材料都被看作是海洋考古学尚待探索的领域之内。同时，这类材料的不断涌现，也正说明未来的海洋考古工作是具有发展前途的。

4.1　史前的船舶

目前，全世界（埃及除外）发现的最早古船，是 1937—1963 年在亨伯河口的北费里比（North Ferriby）发现的 3 艘古船。这些船都只有一些零散的构件遗存下来，但足以说明它们属于一种从未见过的船型。它们是由许多加工好的船壳板材以一种非常复杂而精巧的方式组合而成的，用苔藓艌缝。根据测定，这 3 艘古船建于公元前 1800—前 1000 年，也许它们都建于公元前 1350 年左右，但更可能是相隔好几个世纪分别建造的。这些古船显然反映了存在于英格兰东部地区一种源远流长而且发展得相当成熟的造船技术传统。在比这大约晚 1000 年的所谓"布里格筏"（Brigg raft）古船上，可以找到这种技术一直延续下来的证据[211]。

在亨伯河的支流安科姆河（River Ancolme）一侧发现的"布里格筏"古船，其船板的结构及缝合方式虽然和费里比古船有显著差别，但二者显然是按照类似的原理建造的。必须承认费里比古船可以航行于水势汹涌的亨伯河口一带，但它们似乎不是真正的航海船舶。

在欧洲发现的大多数史前期船舶是刳木舟或独木舟[211]。这类以单根树干挖空而成的舟船，可能最早出现于旧石器时代晚期，在某些地区直到中世纪后期还在制造和使用[203]。这类独木舟似乎不存在用以区分早、晚期的类型学特征。

在珀斯（Perth）附近弗里尔通（Friarton）制砖厂的冲积黏土层下面发现的独木舟，可能是在爱尔兰发现的年代最早的独木舟。这艘用苏格兰松木制成的独木舟现在放在邓迪市（Dundee City）博物馆里，它的出土地层位置说明其年代大约为公元前 9000—前 7000 年[125]。在英格兰发现的这类独木舟中，有 5 艘似乎属于公元前第二千纪，另外 3 艘则可能属于公元前第一千纪[215 图1]。这些独木舟大多属于内河水道的舟船，因而似乎应该首先放在关于内河船舶的小节（4.4 节）里讨论。在关于欧洲史前期船舶的材料中，没有那种波利尼西亚航海者后来采用的、用单体独木舟捆缚而成的半稳而远航的"卡塔玛兰"双体独木舟（catamaran）。

除独木舟以外，几乎可以肯定欧洲史前期居民还使用过兽皮舟，这种造船技术一直延续到现代。例如威尔士的"科勒克尔"（coracle）皮舟和爱尔兰的"卡勒"（curragh）皮舟[158]。人们推测，在公元前二千纪就使用过兽皮舟，其根据是在挪威发现的一些岩刻画，如卡尔内斯（kalnes）的岩刻画（图 4.1）。这些岩刻画描绘的似乎是人在划一种小船，这种小船具有明显的骨架。唯一符合这一特征的船就是兽皮舟。

近年来，按照这些岩刻画建造的实验性兽皮舟，至少证明这种船是能够制造的，而且具有非常好的适航性能[226]。但这种结构的船不可能以考古学上可以辨认的任何形式保存下来，而据称是英国唯一的一艘兽皮舟遗存物也非常令人怀疑[287 171]。另外，在丹麦耶斯普林

图 4.1

北费里比（North Ferriby）
发现的第一艘古船，1946
年 8 月清理后的照片

（Hjortspring）一沼泽地发现的公元前 3 世纪的一艘古船，其外表确实与岩刻画上的船很相似。它是一艘缝合的瓦叠式船壳板木船，但具有双重向上弯曲的独特艉艉，这种艉艉在卡尔内斯及其他类似的岩刻画上非常明显。

与上述的标准解释相反，有人提出了另外一种颇为有趣的可能性，即这些岩刻描绘的可能是另一种木板船，它可能是耶斯普林古船的祖型。

总而言之，迄今发现的关于北欧史前期船舶的全部材料包括若干艘性能有限的独木舟、一种有可能存在过的兽皮舟制造技术传统和据目前所知仅出现于亨伯河口一带的非常成熟的缝合木船建造技术。但是，从这些材料中几乎无法得出关于船舶的作用和载货等经济方面特征的推论，因此，对这些船舶与当时社会之间的关系，显然还只能做一些猜测。根据过去的情况来看，今后还可能会在疏浚河道、修筑堤坝之类工

图 4.2
挪威卡尔内斯的青铜时代岩刻画，描绘的可能是用兽皮包覆的船

作中发现另外一些古船遗存。

目前，尚未在海底发现有意义的史前期船舶遗骸。不少人甚至认为海底不可能发现这类遗存。他们认为，由于史前期船舶载货量很小，船体很轻，因此不可能有足够重量的货物将船体坠沉海底从而保存下来。然而，这种观点未免过于悲观。格里多尼亚角的青铜时代沉船只有一些零散的船体构件遗存下来，完全是因为那里的海底地形非常特殊。如果海底环境比较优越，其装载的青铜及其他金属制品将会把更多的船体遗存压在海底从而保存下来。近年来，在爱琴海海德里亚岛（the island of Hydria）附近发现了年代更早的沉船（约公元前 2500 年），有迹象表明该遗址保存着一些船体构件。从长远来看，在整个欧洲的水下遗址将会发现足够多的材料，使我们对史前期船舶发展过程及其在贸易中的作用有比较完整的了解。尽管如此，大多数古船遗存很可能继续在陆上遗址中被发现，并带有陆上遗址所具有的各种局限性。

4.2　西北欧中世纪的造船

在造船知识上，从废止葬船习俗的公元 1000 年左右到装备着重型武器的大型远洋船舶大量出现的 16 世纪中叶，实际是一片空白。在这一时期的后期，造船技术发展很快并且在历史上产生了深远的影响，因而这种知识上的空白令人非常失望。虽然该时期的一些船舶已经受到调查（主要是在斯堪的纳维亚[76 182]），但许多考古报告却并不能使人满意，因为很难从这些类型繁多的船舶中归纳出一般的规律。现在，造船技术史专家们能够利用的材料主要是壁画和城徽上描绘的船舶。其中城徽材料尤其有用，因为一直到公元 1400 年左右，雕刻师们都似乎在特意刻画当时使用的最新式船舶以反映城市的商业地位。大约从 1400 年以后，随着造船技术革新步伐的加快，城徽上的船舶形象日趋形式化，因而其可靠性日益缩小[76][141 250]。

就有关的文献材料而言，在此期间，有关船舶的术语五花八门，而怎样将这些术语与考古发现的各种船舶联系起来，则几乎没有什么统一的意见。另外，有些术语在使用过程中前后是否一致，也存在着某种不确定性。例如，在 15 世纪，确实有船舶在不同的港口使用不同船名的现象。但这种情况很可能只是反映出 15 世纪造船技术的飞速进步所带来的混乱，并且这也不是在这一整个时期都存在的普遍现象。同时，这些术语也不可能在若干世纪里都保持始终不变的准确含义。虽然如此，有两个名词的含义相当清晰，即 keel（"龙骨船"）和 cog（"酒船"）。

"龙骨船"，是指一种斯堪的纳维亚传统类型的船。这种船具有明显的龙骨，它与其他类型的船（如格拉芬尼船）迥然不同。在一些文献里，"酒船"是指一种底部平坦、形态宽肥、两舷较高的船，它最早为汉萨同盟的商人所采用。

关于 11 世纪以后斯堪的纳维亚造船技术传统的发展情况，也有一些考古材料。在丹麦埃林加（Eilingaa）发现了 1 艘大约 12 世纪的古船，1968 年对之做了调查[76 185]。该船长约 11 米，其肋骨比在罗斯基勒海峡发现的商船要稍厚实一些，配置也比较密集。近年来，在挪威卑尔根的古代港口区发掘出一艘很大的 13 世纪船舶的零散构件，该船原来的总长约 25 米，宽约 10 米，显然也属于斯堪的纳维亚技术传统。然而，随着时间的推移，上述两种技术传统的界线似乎逐渐模糊不清了。例如，20 世纪 30 年代在卡尔马发掘出的一艘古船，既具有一般的斯堪的纳维亚传统特征，又具有"酒船"那种笔直的艉部和中心舵（central rudder）[76 190]。至于这个世纪的战船，则具有高耸舷侧的"酒船"类型及其他的类似船型，取代了相比之下显得矮小的古老的维京式"长船"。中世纪晚期的战船颇像一座浮动的城堡，艏艉设有高大的战楼，船上载有大量的军队。这种传统一直延续到"玛丽·露丝"号（1545 年）时代。"格雷斯·迪厄"号（1416 年）的瓦叠式船壳说明，这时至少还保留了一些斯堪的纳维亚技术传统。这艘船估计约有 1400 吨，船壳板厚度为普通瓦叠船壳板厚度的 3 倍，这也许是由于较薄的瓦叠式船壳板不能保证船体的刚度和厚度[271]。"格雷斯·迪厄"号可能是用旧式技术建造大型船舶的独一无二的特例。但将来的考古学及历史学研究结果也可能证明这种推测毫无根据。

在公元 10 世纪的北欧，除了装置粗大龙骨的维京船技术传统之外，似乎还存在着一种平底船技术传统，这方面的材料来自德国、荷兰和英国。中世纪晚期的不少船型似乎都源于这种技术传统，这些船型包括"酒船"，也许还有"哈尔克"（hulk）。在荷兰须德海围海低地上的发掘，极好地说明了这种造船技术的持续发展过程[319][323]。

关于"酒船"的考古材料，主要是 1962 年在不来梅发现的一艘约 1400 年的古船，该船现在正准备在不来梅港德国航海博物馆展出（图 4.3）[76 191]。不来梅"酒船"是在疏浚港口时发现的。尽管发掘时的条件很恶劣，但是它的残破船体构件仍然被挖掘出来。据研究，它是一艘没有竣工的船，长约 25 米，宽和高各大约 7.5 米。其艏楼似乎从来没有设置，由一排粗大柱子支撑的艉楼很像同时代城徽上的那种"粘"上去的舰楼形象，而过去不少评论家却认为这是一种艺术手法而予以摒弃。此期的造船者仍然把船体和上层建筑分开考虑，并没有将船舶当成一个完整的整体。这艘船虽然属于平底船，但也加上了一根龙骨，一般认为这是年代较晚的标志，并表明不同造船技术传统的融合。

图 4.3
1962 年在德国威悉河畔发现的不来梅"酒船"

但是，在发现更多的年代较早的"酒船"并且确定"纯粹的""酒船"船型特征以前，这种解释只能看成是一种推测。对这个问题，据报道在丹麦卡特加特发现的一艘14世纪船舶似乎很有希望提出答案。

在14世纪的文献里，记载最多的是一种叫"哈尔克"的货船。这种船的特点至今仍不清楚[141]。在考古材料中没有发现这种船的任何材料，而在城徽之类材料中描绘的是一种艄艉向上弯曲、船体肥大的船。有迹象表明，其船壳的形成是把全部船壳列板以很大的弯曲弧度从船艉顶部一直延伸到艄部。但关于其采用的龙骨类型（如果有龙骨的话）以及其骨架设置的方式则没有发现任何材料。

以上的简要介绍，仅提及现有的关于这一课题的有限考古材料及其他材料所提出的一些比较明显的问题。要取得重大的进展，只有发掘更多的遗址，这一点是毋庸置疑的。问题在于发现这类材料的可能性有多大呢？不来梅"酒船"已经表明了一种获得材料的途径，即航道疏浚及其他的水道改良工程，但这种工作提供的材料很可能零散不全而且数量有限。至今尚未探索的宽广领域是海底，那里一定保存了几乎是无穷无尽的沉船材料。不幸的是，由于北海存在着强大的海流、移动不定的砂层以及那里的水质昏暗不清，因而进行海底搜寻非常困难。但这里发现的所有遗存物很可能具有极其良好的保存状况。

波罗的海具有最美好的前景，那里的低盐度海水使沉船构件的保存状况非常良好，这些遗存物显露于海底表面之上，可以用声扫描仪器进行探测。这类材料的存在是确实无疑的，至少在瑞典水域里是如此，但目前基本上尚未开展这方面的工作。

在现有关于不列颠爱尔兰的考古材料中，存在着一个很大的空白。自1822年在莱伊发现1艘（可能是）中世纪的古船以后，这里实际上没有发现过任何中世纪的船舶遗存物。近年来出现的唯一新材料，实际上是已经被重新用于修建码头及其他类似建筑的古船构件。据报道，在伦敦旧海关大厦（Old Custom House）遗址[300]和都柏林木埠（Wood Quay）[327]遗址，已经发现了13世纪的零散船舶构件。在都柏林木埠遗址，除了有一些可辨认出的零碎构件之外，仍然钉在一起的大块船壳板已为人们重新利用，此外还有一对"Y"形大型船材，很可能是桅杆支架（mykes）。然而，在缺乏可资比较的完整船舶结构材料的情况下，很难全面地解释这类零散遗存物。这再一次证明搜集这种材料的最好地方是海底，但在英国只有改进了水下调查技术及组织工作之后，才有可能取得进展。否则，在造船技术、海外贸易及其他有关方面的发展史上，这一最重要时期的知识仍将是零碎杂乱而且令人不能满意的。

4.3 亚洲的造船

在适当的时候，考古材料将发挥其重大作用的一个领域是对亚洲及其相邻地区造船发展史的研究，尽管现在尚未开始进行这方面的工作。B. 兰斯特龙（B.Landstrom）写道："对于欧洲和北美以外水域里的风帆船情况我们所知甚少，可以说关于其发展历史及其起源我们说不出只言片语。"[186 212]另外，由于文字记载的缺乏以及当地许多传统造船技术的失传，将来想要得到更多的知识，只有寄希望于对陆上和水下物质材料的发现和研究。

来自这两种环境的物质材料所具有的优缺点与其他地区大致相同。但至少在最初阶段，在一整套知识体系尚未形成之前，要把任何一种船型纳入其文化背景及技术体系中将会感到特别困难。但是，根据这些地区的船工在过去大约 1 个世纪中建造的各类船舶，可以勾画出当地一些造船技术传统的大致轮廓。从这类材料来看，"亚洲的造船"这个课题显然包括了范围非常广泛的船舶设计和建造技术。本节只能简略地论及一些较为重要的船型。

许多世纪以来，活跃于红海、波斯湾及周围一带水域里的船舶，属于一种一般可称之为"阿拉伯的"技术传统，尽管令人感到奇怪的是没有任何一种有关船型被其所有者称为"道船（dhow）①"。该地区的大多数现代船舶在不同程度上表现出受欧洲造船技术的影响，但在 15 世纪阿拉伯人与欧洲发生接触之前，当地船舶似乎是按照一种"船壳式造船法"，并且用壳板平接缝合的方式来建造的。

在近代，航行远洋的主要船型称为"巴贾拉"（baggala）和"布姆"（bhum）（图 4.4）。前者具有方形船艉，似乎反映出其设计及装饰受到过 18 世纪欧洲商船的影响[141 148]。"布姆"船型的诞生地是波斯湾国家，尤其是科威特。这种船曾沿印度和非洲海岸远航南方地区从事贸易活动。阿拉伯地区和别的任何地区一样，从古至今沿海船舶的种类非常多，其中包括红海的"萨姆布克"，亚丁的"扎鲁克"（zaruk）和"巴拉姆"（balam）。

在印度次大陆的居民中，漂洋过海的传统似乎不太兴盛，该地区的造船主要与沿海及内河交通需要有关。由于当地的一些河道较宽，有些内河船达到相当大的尺度。例如，印度河上有一种叫"庞特"（punt）的平底船，其长度可以超过 15 米[141 106]。恒河里有一种非常独特的船叫"帕塔利亚"（patalia），其结构与欧洲中世纪的"酒船"有许多相似之处，它的平坦船底由完整的两层厚重船板垂直交叠而成，两侧则是瓦叠式船壳板[141 265]。在沿海船舶里也有一种类似的船型（包括孟加拉湾的"巴拉姆"），其下面部分的船体仅仅是一个横向扩展、纵向延伸了的独木舟[141 137]。

在亚洲的造船史研究中，普遍缺乏考古材料，但中国却是一个明显的例外。如同在众多的其他领域一样，中国的船厂创造出自己独特的船舶设计和建造技术，如果说存在着外来的影响也是极少的，而中国对邻近国家的影响也小得惊人。从外表来看，中国船舶的最明显特点也许表现在风帆上，其形状像横放的六角手风琴，以许多根水平横杆撑住。船体的结构同样也具有独特风格；没有龙骨、艏柱和艉柱，其艏、艉部呈

---

① "道船"（dhow）是阿拉伯地区的独桅三角风帆船。——译者注

方形，在纵向上船底板深深地向下弯曲；船内装有一系列坚固的横向隔舱壁，它们既能确定船舶的整体形状，又能形成较好的水密性。现有的研究尚未达到足以辨识出这些特点发展过程各个阶段的水平，似有一种普遍赞同的理论是，中国船舶是从木筏发展而来的，水密隔舱壁则是对竹竿的分格式结构的模仿。

　　如同李约瑟博士所指出的，考古材料对这一专题研究的重要性是由于下述事实："在中国文化典籍里没有系统性的造船论著，至少可以说没有印刷成书。"【249 380】在其鸿篇巨著《中国科学技术史》一书的有关章节里，李约瑟博士大量采用了来自古代绘画和近现代仍在使用的船舶方面的材料，以及必须加以解释的遗存物材料。对后一类材料，他提到了掩埋于梁山县黄河支流故道中的一艘 14 世纪船舶的完整船体（图 4.5）。该船舯部呈矩形，有 13 道隔舱壁，属于标准的中国船舶式样。其结构显然是要提高航速，因为船体长约 20 米，宽仅有 3 米。舱内发现物包括一只年代为 1372 年的锚，1 门 1377 年的青铜火炮，一些

图 4.4
类似于阿拉伯"布姆"船型的巴基斯坦货船

头盔遗存物及其他军事用品，这一切都可以推断出该船是一艘内河水军的巡逻船。另一项近年来的重要发现是，在南京附近的一处明代造船厂遗址中，发现了 1 根近 12 米长的巨型舵杆【249 481】。假如按照通常中国船的舵叶的尺度比例，该船舵叶面积超过 45 平方米，这相应地暗示出船体长约 170 米，虽然人们很难毫无保留地接受这一尺度，但也可能表明，据文献记载在 1405—1433 年间由郑和率领的中国远航舰队的巨型海船不像人们有时认为的仅仅出于文学想象。据报道。最近在中国东南部的泉州湾发现一艘用松木、杉木和樟木制造的船，它原来掩埋于 2 米厚的淤泥底下，其年代为南宋（1127—1279 年）（见 1976 年 9 月 28 日《泰晤士报》）。

至迟从公元 1 世纪起，中国就与日本、印度支那及东印度群岛发生了频繁的接触，但中国的造船技术却很少为其他地区所模仿。日本很早就存在着一种比较成熟的无骨架船舶技术传统，以平接的船壳板材构成复合独木舟（build-up dugout）【141 141】。但在诸如新加坡的"图瓦科"（twaqo）之类印度支那船舶上，可以看到一些中国的影响【186 217】。东面的太平洋诸岛是流行独木舟的地区，那里的大型独木舟装有舷外平衡物

图 4.5
一艘公元 1377 年的中国巡逻船

（outrigger）或者并非捆缚成"卡塔玛兰"形式。为了移民或进行货物交换，这种船曾经横渡几千米的开阔海面。而当时这里的居民仅仅掌握石器时代的技术[166 56]。在陆上发掘这些船的遗存物有可能搜集到大量有用资料，在水下发现一艘在这种史诗般的航海活动中连同货物一道原封不动地保存下来的船，机会就非常渺茫了。因为这类没有压舱物的船舶只有在非常特殊的环境下才会沉没海底。

本节简略介绍的这一研究领域，无论在地域方面还是在有关造船技术传统的内容上，都非常广阔，但目前缺乏研究。作者希望将来会出现关于这些课题的充足材料，因为亚洲造船技术成就与欧洲一样，都属于全人类的遗产，都同样值得我们研究。

4.4　内河船舶

在上一节讨论印度和中国船舶时，曾提到这些国家有大量的各种尺度的内河船舶。中国的内河船舶是如此之多[249 图948]，以致马可·波罗和以后的不少西方观察者都多次提到，那里的船舶可能比全世界其余各地的总和还要多。对于某一湖泊水系或内河水道的船舶来说，其重要性在于，它们既是地方文化的重要成分，又能反映出不同地区文化传统之间的联系。因此，世界各地发现和发掘的这类船舶，其范围非常宽广。

就陆上遗址而言，现已证实，在废弃的河床里埋藏着特别丰富的古

图 4.6
瑞士纳沙泰尔湖发现的高卢—罗马时期的沉船平面图

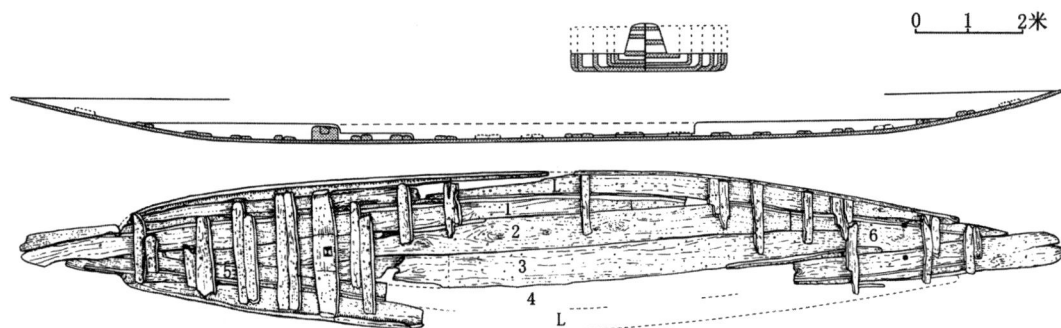

船遗存，包括 1822 年发现的罗瑟尔（Rother）古船，以及在荷兰兹瓦默丹发现的一些罗马时期船舶[273][82]。同样，在开拓原来的河滩地时也发现了不少船舶遗存物，例如，在伦敦布莱克弗里斯发现的一些古船[219][220]。近年来，在湖泊和河流的水底发现的船舶遗存极少，但这里具有特别有利于遗物保存的淡水环境，因而以后必然会有相当多的发现。最近有一个著名的水下发现，即在瑞士纳沙泰尔湖伯韦湾的 2 米深处发现 1 艘高卢—罗马时期的船[5][6]。

纳沙泰尔湖古船是在欧洲西北部的河流里（主要是沿莱茵河和泰晤士河）发现的这一时期若干古船中的 1 艘。这些古船似乎具有一些共同的特征，这类特征属于一种名叫"欧洲大陆式"（有时也称为"凯尔特式"）的早期造船传统[223][225]。本书在论述北欧的造船时，曾提到在中世纪的一些船型与莱茵河口一带年代更早的船舶之间存在着明显联系。所以仅就这一点而言，这些古船的来龙去脉就很值得重视。显然，这类船舶的结构细节是随用途不同而有所变化的，其种类包括河口附近的货船（布莱克弗里斯 1 号古船）、莱茵河的摆渡船（兹瓦默丹 6 号沉船）以及中等尺度的湖泊船（伯韦湾古船）。但这些内河船还具有一些共同的特征，使它们不同于同时代的斯堪的纳维亚或地中海的船舶。

这些特征主要是：在预制的木栓钉上钉入铁钉，平坦船底与船体侧面之间的连接处呈棱角形，以及平行的船壳列板之间没有连接件。乍看起来，上述最后一个特征似乎说明这些船舶是用"骨架式造船法"建造的，但恐怕不是所有船舶都是如此。例如，有人提出布莱克弗里斯 1 号古船的侧面列板在安装时是临时用压条固定的[150 图8]；在伯韦湾古船底板上也有许多显然是多余的木栓钉，这就暗示在装置肋骨之前，船壳列板是捆缚在一起的[6 125]。伯韦湾古船还有一些独自的特点，如它有 4 道较宽的船底板材不平行于船体主轴线，这种方式是颇为古怪的。

这些出现于罗马帝国北部的船舶显然非常适用于内河水道。目前尚未发现更早的任何先例。在古代罗马的中心地区也没发现类似的造船技术。这说明这一造船技术传统绝非仅仅是在罗马帝国影响之下而产生的。此外，在罗马帝国以外地区也没有发现类似的船舶，说明它也不是一种纯粹的土生土长技术。如同这些地区所具有的不少罗马生活特点一样，这种造船技术很可能是罗马和本地两种传统结合的产物。19世纪80年代，在卢布尔雅那（现属南斯拉夫）发现的一艘古船，似乎为这类造船技术的起源提供了一些线索。在这艘古船上，几乎所有这些技术都有所表现。其年代属于铁器时代早期，但由于在年代和位置上该古船仅仅是一个孤证，因而它只能表明人们对这类问题的流行看法是多么有限。同样，目前的材料还远远不能说明当时的高卢及不列颠一带的海船也采用了类似的技术。

在整个内河船舶研究领域中，仍然存在着许多疑问，高卢—罗马帝国及其有关地区的内河船或许已经算是研究得最充分的课题了。至于该地区更早时期内河船的知识则更为有限，正如在前面所指出的那样，独木舟很可能在其中扮演了重要角色。另外，发现了中世纪时期的大量船舶遗存，但还不足以勾画出船舶演变或发展的完整画面。其中有一个重要的发现，即1930年在荷兰乌德勒支（Utrecht）发现的1艘古船。其船体长约18米，在纵向上呈很明显的弯曲，仅仅用一系列厚实列板汇聚于艏艉两端。该船无疑属于内河船，但也有人认为，该船采用的某些技术乃是后来中世纪的"哈尔克"建造技术的祖宗[76 186]。

至于中世纪以后时期，有关用于不同水道各类船型的知识也存在着惊人的空白。同时代的绘画往往能够提供关于船舶总体形象的有用材料，但对于船体结构细节，特别是关于水线以下的部位，绘画材料的作用往往很有限。这一点可以说明为什么人们对布莱克弗里斯古船之类发现很感兴趣。1969年发掘出1艘17世纪晚期的运砖货船[220]，具有瓦叠式船壳板，船底很平坦，只有1条平板龙骨，其外形酷似中世纪的船舶。但就大多数现已废弃的本地船型而言，令人最满意的材料是不久以前仍在使用的实船，以及曾在船上工作过的老船工们提供的资料。对世界上大多数地区，目前迫切需要对这些比较基本的材料加以记录，还需要将本地船舶按原来状况保存下来。

在伦敦布莱克弗里斯发现的各种古船，其意义不仅在于造船技术，而且扩展到对其在经济上作用的探讨。在一艘公元 2 世纪的货船上装载了一批肯特郡的石片瓦；另一艘 17 世纪货船则装载了数千块红砖，可能是要运去重建 1666 年大火之后的伦敦城【<u>219</u> 39】【<u>220</u> 97】。另外，还有一些水下遗址没有任何船体构件保存下来，因而人们只能集中探讨遗存下来的货物。在北美有一个很好的例子，在苏必利尔湖西端有一些河道通向大波蒂奇，当年有些欧洲商人沿这些河道去印第安人居住区收购皮毛，他们乘坐的独木舟很容易在急流中倾覆。潜水者在这条路线的各个区段都发现了种类繁多的货物，展现出当时商人用以和印第安人交换的商品的一个侧面【<u>333</u> 34】。发现的物品有工匠的工具、枪支、刀、壶、锅、顶针以及其他小件物品。自 20 世纪 60 年代初以来，一直在有系统地进行这项工作。这种情况可能稍微有些特殊，因为在时间和地点上，属于两种迥然不同的社会发生的接触。在世界其他地方，也一定存在着进行这类调查的可能性。

4.5　1500 年以前地中海以外地区的贸易

大约在 8000 年以前，欧洲大陆和英格兰东南部的陆桥发生断裂。从那以后，这两个地区之间的所有货物都使用船舶运输。这里曾经发现过关于新石器时代海洋贸易的一个可靠材料【<u>41</u> 26】，但只是间接的材料。目前发现的年代最早的直接材料，是 1977 年夏在德文郡索尔科姆沿海附近发现的一组青铜剑（图 4.7）。其中一把具有里克塞姆—蒙查（Rixheim-Monza）风格剑叶、钩形剑柄的青铜剑，保存状况极为良好，可能是公元前 1200 年左右在欧洲中部制造的。另外两把青铜剑腐蚀得很厉害，但其横断面仍然呈菱形。1977 年 10 月对该遗址做了初步调查。人们认为这里还可能发现更多的材料。目前可能性最大的解释是，这些青铜剑乃是一艘沉船的遗存物。

1974 年，在多佛尔附近海底发现的年代稍晚的青铜工具，显然出自一处沉船遗址【297】【73】。这些工具也许是在公元前 1000 年左右沉落海底的，但很可能永远也无法充分估价其意义，因为发现它们时对其周围的海底情况根本未做任何调查记录，这一点令人颇为遗憾。另一起反映这一时期海外贸易情况的海底发现，是 1937 年一个渔民在汉普郡沿岸海底打捞上来的一把西西里类型的青铜斧【18 86】。而 1923 年在西班牙韦尔瓦（Huelva）挖掘出的青铜时代晚期爱尔兰—不列颠风格的青铜制品，则说明了开始于不列颠的一条贸易路线终点的情况【63 271】。总而言之，这些偶然的发现表明，在适当的时候，海洋考古会对认识北欧青铜时代的贸易发展过程做出重要贡献，正如格里多尼亚角的发现阐明了地中海东部在同一时期的贸易情况一样【19】。

还有一些海底发现反映了铁器时代（罗马时期以前）持续不断的贸易情况。在英国格罗斯特郡奥斯特（Aust）附近的塞文（Severn）泥滩地发现的小型青铜塑像，显然是西班牙的制品（图 4.8），它可能说明了英国与地中海国家的直接接触【77 147】。同样，在法国西北莫尔比昂的贝勒岛（Bellelle）附近发现的一处沉船遗址，说明了一场大规模的酒类及油类贸易。该遗址有一种在法国北部从未见过的安弗拉瓶，但在不列颠南部许多铁器时代遗址上发现过这种瓶子（即 Dressel 1A 型）【260】。

图 4.7

1977 年在德文郡索尔科姆附近的一处可能是青铜时代的沉船遗址上发掘的 3 把青铜剑
上面一把属于青铜时代中期，具有弯钩形柄脚，里克塞姆—蒙查风格剑叶
下面两把腐蚀严重，其横断面呈菱形。图上标尺长 15 厘米

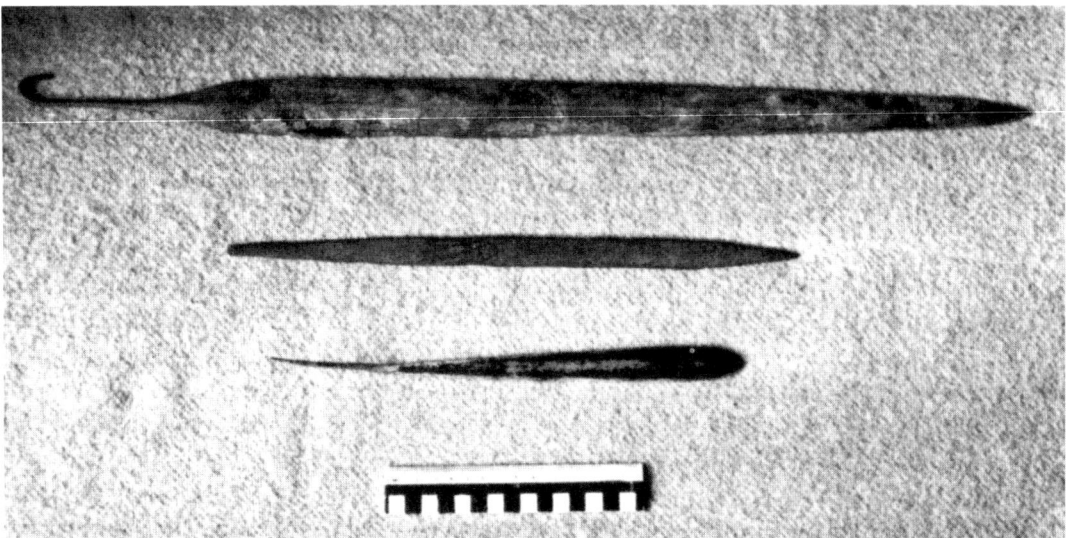

汉普郡亨吉斯伯里角（Hengisbury Head）的大型山上要塞之所以非常重要，其原因可能就在于它紧靠普尔港。迄今在该港口区域进行的小规模发掘中发现了大量的进口物资遗存，反映出作为一个进口口岸普尔港所起的重要作用[47]。在该水域迟早会发现铁器时代沉船遗址，这些遗址将会说明当时不列颠中南部与法国西部的接触以及直接横渡多佛尔海峡的交往活动。在一份铁器时代末期的文献中记载了当时不列颠输出的各类物资。一个叫作斯特拉波（Strabo）的人开列出下述东西："谷物、牛、金属、兽皮以及聪明的猎犬。"这些东西在陆上遗址一般不会留下多少痕迹，但在保存状况良好的海洋遗址上却可以发现。

罗马帝国对不列颠的并吞必然会导致更大规模的跨海峡交往，奇怪的是在这一时期沉船遗址上发现的大量材料却没有反映出这一点。目前唯一反映这种交往关系的是18世纪发现的肯特郡威斯茨台勃（Whisttable）附近的布丁潘罗克（Pudding Pan Rock）遗址，这里发现1艘公元170年从中高卢运来一批萨摩斯器皿的沉船（图4.9）。[290][291][148]至于中世纪持续不断的贸易活动，同样也没有发现有关的任何遗址。

除了来自具体遗址的这些材料以外，作者正在从更广泛的角度考虑海洋考古对于研究这些时代海上贸易的重要作用。近年来，考古学家们已开始根据海峡两岸考古发现物的分布状况，探索自新石器时代以来各个时期跨海峡贸易的规模及其主要发展趋势。他们的意图是对现有的理论加以考察，在可能条件下发展这些理论，估价这些理论对于当时航运过程的意义，并尽可能地将这些理论与关于当时人们造船航海技术的材料联系起来。但这一研究才刚刚开始进行，甚至要粗略地提出结论都为时过早。

以上简略地介绍了在英国附近一带的早期海底发现，而其他许多地区的这类研究，至少也取得了同样的成果。在须德海围海低地中发现的一些船货遗存物，揭示出11世纪以来这一带水域的货物运输情况[320]。另一个很有希望的地区是波罗的海。现已知道那里有一些中世纪晚期的遗址但尚未进行考古调查。该水域只有特别优良的保存环境，沉船物品

图4.8
在英国格罗斯特郡发现的青铜小塑像

基本上可以完整地保存下来。至于地中海从古典时期以后直至中世纪这段时期的海底发现，很可能对于解决长期争论不休的"皮朗恩命题"做出重要贡献。

这一命题最先是比利时历史学家 H. 皮朗恩（H.Pirenne）提出来的，他认为伊斯兰国家对地中海东部和南部沿海地区的征服，导致了地中海贸易和交通的严重衰落，并对西欧后来的历史发展产生了深远的影响。因为从此以后西欧国家转向经济上自给自足和政治上的自立[264]。

通过对现有所有同时代沉船遗址，尤其是法国南部沿岸一带（这里曾是中世纪早期两类文化的接触地区）沉船遗址的研究，可以最透彻地了解当时海上贸易的性质及规模。迄今为止，发现并调查过的有关遗址只有 2 处，即戛纳湾巴泰居尔（Bataiguier）遗址和瓦尔的阿盖（Agay）遗址。两者似乎都反映了一种规模大而范围广的贸易活动[171][324]。

当然，海上贸易绝非仅限于欧洲水域。至迟在公元前第三千纪，印度洋一带就一直存在着沿海贸易活动[22 14]，有关这类活动的一些材料一定会遗留下来。

泰国梭桃邑发现的 1 艘 14 世纪或 15 世纪沉船预示了这一地区的前景相当可观[331]。这一发现包括范围很广的各种素可泰王朝时期陶瓷器

图 4.9

在罗马时期的肯特郡布丁潘罗克沉船遗址发现的一组公元 2 世纪中叶的萨摩斯器皿

（图 4.10），其中有大量的泰国青瓷碗及其他当地产品、中国的褐釉小瓶及越南北方的小盘。这批货物的绝大部分是陶器，但也发现了另外一些物品，包括两颗象牙、镶红宝石的金饰品和一些铅砝码。

另一项预示着未来发展的工作，是在中国泉州湾发现了一艘南宋时期的沉船及其装载物，其中有各种零散木构件、槟榔子、乳香、龙涎香、朱砂、水银、龟壳和象棋子（《泰晤士报》1976 年 9 月 28 日）。此外，最近在朝鲜水域发现了 1 艘 13 世纪或 14 世纪沉船，船内装载了数千件中国宋朝的青瓷器，很可能是中国向朝鲜或日本出口的物品[4]。

4.6 锚和锚地

除了沉船遗址提供的材料外，在海底发现的锚也可以揭示出有关过去贸易及贸易路线方面的情况，因为这类遗存物显露了古代航船经常躲避灾难的藏身之地。H. 弗罗斯特小姐等研究者在多年以前就已认识到这类遗址的考古发展潜力[115 29][121]。他们曾请求各国潜水员提供这方面的详细材料，但没有得到预期的响应。从理论上说，在这类遗址上发现的不同时期不同来源的锚的数量及其相对频率，能够相当可靠地反映出

图 4.10
出自泰国梭桃邑沉船的素可泰王朝时期（1300–1500年）的陶瓷器

在各个时期内各个航海民族和各条航线的相对重要性。

这项研究的重要内容之一，是正确地分析遗址所在的海洋环境。在海底某处发现一些锚，通常可以反映出两种锚地的情况。第一种是全天候安全锚泊地，船舶可以停靠在这里从事贸易活动或躲避恶劣天气。一般情况下，这类锚泊地的环境特征在许多世纪中不会发生变化，现代航海者们可以继续使用。因而古代的实用航海手册到现在也可能有用。正因为如此，A. 弗林德先生对亚喀巴湾北端杰齐位·法拉翁·哈姆扎岛（the island of Jezirat Fara'un hamza）旁边长期使用的船舶避风水域产生了兴趣。他深入细致地调查了这一带海底及该岛本身，获得了关于从圣经时代到中世纪就一直存在的重要港口的材料【107】。

第二种锚地是在某些特别凶险的航线两侧的水域中，如在某一恶名昭彰的海岬周围水域。船舶必须在这里停泊等候，有时甚至停泊数周之久，直到刮起顺风使它们可以安全通过。下面要探讨的若干锚泊地就属于这种性质【136】【99】【283】。

在公元前第一千纪之前，古代的航船似乎一直是使用石锚。有些石锚上只有一个穿缆绳的孔，其锚泊作用完全是靠它自身的重量；在另一些石锚上，有时开有 5 个孔，孔里插入木构件用来抓住砂质海底。目前，确定这类遗存物年代的唯一办法是与在陆上遗址中发现的年代确切的锚进行比较。在黎巴嫩比布罗斯（Byblos）青铜时代的奥伯里斯克神

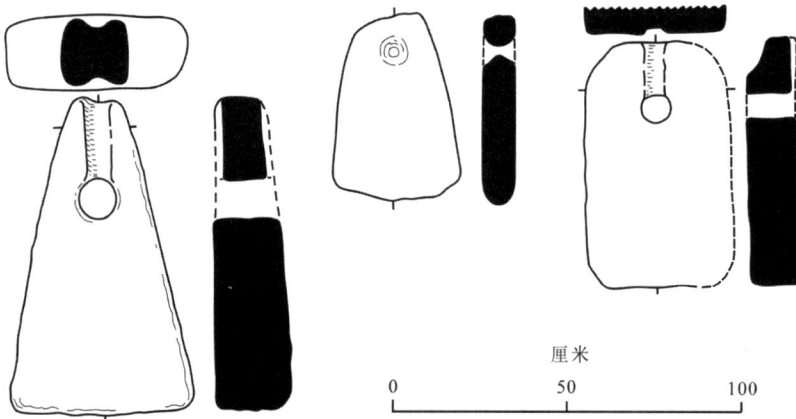

厘米

0   50   100

图 4.11
在黎巴嫩比布罗斯的奥伯里斯克神庙发现的石锚

庙遗址中曾发现过一些这种性质的石锚（图 4.11），在埃及、塞浦路斯、克里特和马耳他的宗教遗址上也发现过年代大致相同的锚。另外，有些后来被人们用于修筑某些建筑物的石锚，也可以确定年代。例如，在保加利亚的索佐波尔（Sozopol）就发现已被用来修建公元前 7 世纪码头的一些石锚[84][85]。

对一批石锚的石料进行分析，以确定其各自的产地，这种方法有可能取得更大的进展，当然这需要对地中海周围一带的各类岩石作极为详尽的研究。虽然总有一些特例，但关于任何一批石锚的完整材料将会令人信服地揭示出曾停泊于此的船舶的来源地。

如前所述，目前亟为缺乏的是对某一区域发现的所有船锚进行详细的研究，这一点令人颇为失望。近年来，在有些地区潜水运动员经常从海底打捞起船锚而未做任何记录，这就限制了这一研究的发展潜力。不久以前，一队潜水学员在塞浦路斯东北水域进行了关于船锚的详细调查，尽管由于缺乏其他地区的对比材料，其结论带有一定的局限性，但这项工作仍说明，这类研究是能够取得成果的[136][121 408]。

在这些研究中，有一项很有意义的发现，即在勒旺（Levant）岛于加里（Ugarit）遗址及其他青铜时代遗址的水下及陆上，都发现了重达半吨的石锚。这表明青铜时代船舶已具有相当大的尺度，以至于每天夜晚都无法靠岸，只能离岸停泊，这一推论是根据普遍存在的事实，即大

图 4.12
1881 年在多勒士布尔比雷营山堡发现的铁器时代的铁锚及锚链

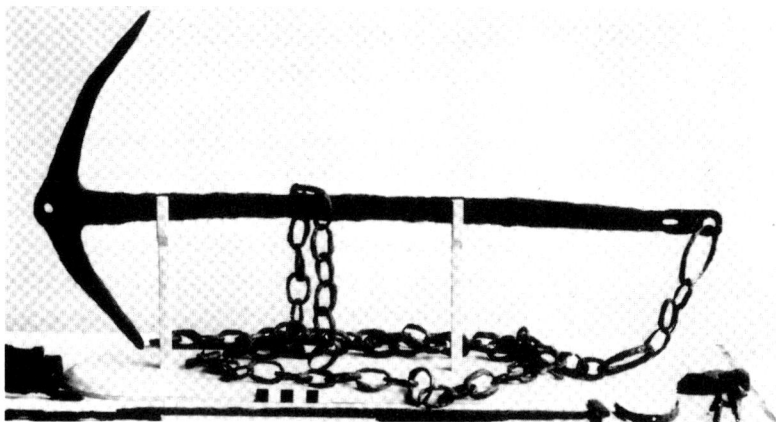

船能够携带并且通常也配备了各种尺度的船锚，而小船却不可能携带较大的锚。

在地中海发现的大量铁棒，是从古典时期就开始使用的锚杆，这种说法，终于为内米湖沉船上的发现所证实，从而结束了一场颇为激烈的学术争论。这种铁锚杆的重量从几千克到 600 多千克不等[53][276]。近年来对法国南部沿海的重要锚泊地做过一些系统调查，并把这类锚杆和其他抛掷物联系起来进行研究，其中以在昂蒂布附近的赫罗斯角[99]和在德拉蒙角东面[283]所做的调查比较著名。在北威尔士阿伯达伦附近的 15 米水深处发现了公元前 1 世纪式样的铁锚杆，这确实是一项极其重要的发现，它暗示罗马人很早就在这一地区航行，甚至可能是在不列颠被征服之前[39][40]。

最早提到铁锚链的，是恺撒对其海上敌手维内蒂（Venetti）（法国西北部）船舶的著名描述（《高卢战记》，De Bello Gallico，III，13）1881 年在多勒士布尔比雷营（ Bulbury Camp，Dorest）一处铁器时代的山堡遗址中发现了 1 只铁锚及铁锚链，证实了恺撒的描述（图 4.10）[78]。该地区与高卢西北部关系密切，恺撒曾暗示过该地区的居民向维内蒂纳贡（De Bello Gallico，III，8）。

在英国和法国北部水域里几乎不可能发现或辨认出铁器时代的锚，因为这种铁锚只有在非常特殊的环境里才能保存下来。而且即使发现这种铁锚，在表面上也不能与现代铁锚区别开来。罗马人很快就学会制造并使用铁锚，在内米湖沉船上（公元 40 年）和庞培城火山灰沉积层里（公元 79 年）都发现过他们使用的铁锚[115 59]。

这些发现表明，以前一直认为是英国人在 19 世纪中叶发明的活动锚杆，其实早在罗马时期就已广泛使用。从中世纪一直到 19 世纪初叶，锚的结构变化很微小，其固定锚杆仅仅随船的尺度而有所不同，这就缩小了上述那种锚泊地研究的范围。有人提出，根据权威人士（如文献[342 142]）所确定的锚与船舶之间的关系，有可能从所发现船锚的大小推导出有关船舶的尺度，但这些关系的普遍适用程度还存在着许多问题。

所以，在锚泊地研究这一课题中，唯一可能取得成功的领域似乎主要是地中海古典时期以前及古典时期的贸易路线。由于石锚缺少类型学方面的变化特征，因而似乎只能对某些特殊类型的石锚进行研究。看来研究潜力最大的领域是比较容易断代的铁锚杆。如同在大西洋水域中发现的其他铁锚杆一样，在红海或印度洋中发现的类似铁锚杆也会成为罗马时期贸易活动的标志物【336】。

4.7　深水考古

对于在远离海岸的开阔海面上失事沉没的船舶占沉船总数比例的问题，人们做了各种估计。毫无疑问，大多数沉船是由于与海岸有关的某种事故造成的。正如飞机在起飞、降落时最容易出事一样。在拥挤而面积有限的近岸水域，船舶发生碰撞、搁浅及浸水沉没的危险性最大。对于 1825 年在西半球发生的全部船舶失事，R. 马克思得出结论说，其中将近 98% 的事故发生于水深不到 10 米的水域里【233 46】。由于没有计入大西洋中部的海损事故，这一数值对深水考古的发展潜力可能估计过低。巴斯科姆通过对伦敦劳氏船级社统计的 19 世纪船舶失事的研究，认为在沉船总数中大约有 20% 发生在远离海岸的海域【17 84】。他还进一步将这一数值直接用于研究地中海古典时期的航运。由于有关船舶的大小和结构差别很大，巴斯科姆的这一推广是值得怀疑的。虽然如此，巴斯科姆的这一数值却很可能是正确的比例值。

然而，这一领域的潜在重要意义与其说是沉船的数量，倒不如说是由于在许多情况下沉船遗存物的保存状况也许极为良好。这一论点的第一条理由是，到达深水海底的任何沉船很可能比较完整。木船只有借助于装载的压舱物或其他物品才能下沉，如果木船在水面上就遭到破坏，而且其装载的货物大部分已倾倒于海中，那么木船的船体构件会在水面上继续漂浮，直到被海洋生物吃掉。这说明，在开阔海面失事的船舶中，虽然有许多沉船永远不会以任何形式沉落到海底，但那些已经沉落海底的少数船舶很可能具有重要的考古价值。

与在浅水中一样，在深水里要使各类材料较好地保存下来，其最重要的条件是使所有物品迅速地被淤泥层掩埋，从而形成一种持久的还原性环境。在深水里有好几种因素促进这一过程的完成。其中最重要的因素是，大部分深海海底沉积是由陆上吹来的灰尘和海洋生物的尸体形成的淤泥和软泥组成的。另外，由于深水里没有波浪和海流，这种海底沉积一般很稳定。后一种因素可能利弊相间，一方面它保证了被掩埋的任何物品处于不受扰动的状态；另一方面它意味着，很可能深水中的沉船不能像浅水中的沉船那样吸引水生沉积物，从而不能形成掩埋自己的坟冢。

然而，沉船到达深水的海底以后，即使没有迅速被沉积物包覆，而是裸露于海底之上，在正常情况下也有几种起作用的因素，使船以不同于浅水里的方式得以保存。首先，深水水流运动很小，这就消除了沉船受到的外力作用及机械磨损，而这二者无疑是使沿海许多沉船受到破坏的原因。其次，深海海水的含盐度和温度都比较低，从而使许多材料尤其是金属材料发生化学腐蚀的速度减慢。例如，地中海最深处水温约为13℃，比表面水温低10℃；在大洋底部的水温则恒定保持4℃，在这一温度下许多化学反应会受到很大的抑制。最后一点，在深水里可能限制甚至完全消除生物破坏作用。在大约100米深度以下，蛀木水虱和船蛆似乎就不能生存。在海底水层与海面含氧水层之间没有产生显著对流和混合的环境中，以及在有机物足以消耗掉扩散到深水中氧的环境中，都可能形成有利于沉船保存的缺氧环境。现已发现在黑海、马尔马拉海等水域就存在这种还原性环境。位于极深处的淡水层同样也可能排斥破坏性生物，最近在北美五大湖中发现引人瞩目的船舶遗存，其原因就在于此。即使在含氧环境中，由于极深处的水非常寒冷，生物的活动性也会明显地减弱。最近有人指出，深水里的巨大压力也有类似的作用。

除了这些因素之外，还要强调一点，即深海研究是一门很年轻的学科。还存在着大量难以估计其结果的问题。因而关于深海考古潜力的探讨仍然具有尝试性质。这一限制条件也适用于海洋生物学的研究，例如，在评估各种蛀木动物的耐忍性时，目前尚不清楚寄生于船体木构件上的船蛆是否能在深水里继续生存。同样，人们已发现蛤在距海底表面1 米以内的水层里最为活跃。而在上层水中活动性则大为减弱，产生这种现象的原因目前也不知道。

如果在世界各地的深海中确实存在着许多各个时期的沉船的话，下一步的问题就是分析调查这些遗存物的可行性，进行这种调查需要有确定沉船位置的方法，以及可用于进行考古探查的合适技术。由于海军部门、石油公司以及海洋学家已经发展出一些专用设备，因而可用于进行上述两种调查工作的设备确实存在，巴斯科姆对此已做了详尽的描述【17 119】。就搜寻沉船而言，存在的问题在本质上完全与在浅水里相同，并且可采用相同类型的电子设备，巴斯科姆尤为推崇的是扫描声呐。这类工作的最大困难或许是怎样在所有时刻确定传感器的准确位置，但可以采用某些合适的装置来加以解决。巴斯科姆提议，对于重要遗址的调查，一旦确定其位置之后，可以从专门设计的船舶底部的管子中伸出遥控机械手，在遗址上进行初步取样并取走所有的松动物品后（图 4.13），再用巨型抓具将整个船体打捞上来【17 92】【16 183】。

在讨论这些提议的利弊等问题之前，必须谈谈两个不属于考古学范围的重大问题。首先，这项工作花费极大，所需的经费预算只有目前在海底开采石油及矿藏才能与之相比。据巴斯科姆估计，在地中海进行10 周的这类调查，其经费预算超过 30 万美元，这是在沿海做同样的调查所需费用的 20~50 倍。当然，正如巴斯科姆急于强调的那样，这种考古的结果也可能具有巨大的意义。但如果所需经费远远超出目前可以设想的考古经费的限度，那就未免太不现实了。其次，不论是在无可争议的公海，还是在各国的经济开发水域（现在一般扩展到 200 海里），这种工作的法律地位都极为含糊，这就迫使考古计划的发起者必须极为谨慎地行事，并且使一切有关的合作考古计划处于非常危险的境地。

巴斯科姆提出的建议是迄今为止关于深水考古的最详尽建议，因此有必要加以认真的探讨。就搜寻工作而言，巴斯科姆的建议看来很合理，但也具有下述局限性。即他建议的方法仅适用于搜寻裸露于海底表面的遗物，但看起来最重要的遗址却可能是被完全掩埋的沉船遗址。至于他建议采用的液力臂，用来进行遗址表层取样可能得心应手，但发掘较大的面积就似乎存在着较大的问题了。

深水遗址的重要性在于它们可能大体上保持了完好无损的状态。因此对每件器物作详细的观察和记录，比在其他情况下更为重要，而这一工作必须依靠训练有素的考古学家应用其灵敏的触觉及敏锐的眼力，因而的确可以采用巴斯科姆建议的方法[17 188]，即用巨型抓具来打捞整个

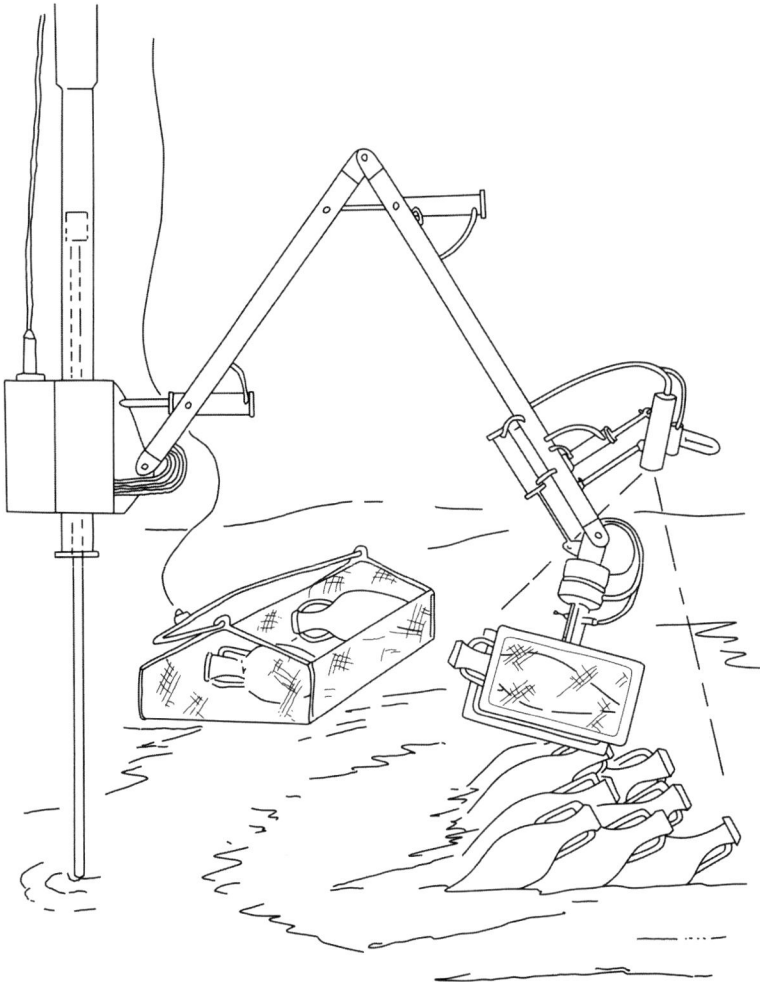

图 4.13
巴斯科姆提议的用水面遥控机械手对深水沉船取样

船体。看来在浅水和有遮蔽物的水域进行系统发掘，最理想的方法是将包覆起来的遗存物连同周围的土层整体捞出水面。巴斯科姆还提出了一些可行的方法，但由于费用问题而无法采用。不过由于在这些沉船中只有最重要的沉船才值得进行发掘，所以应尽量采用最好的方法。

看来，深水遗址无疑具有相当大的考古潜力。用现有技术条件来辨认和估价这类遗存也并不困难，但在经济和法律方面存在的问题很可能将这一严肃的工作推延到若干年以后，现在还无法估计在今后三四十年内，技术的进展能否提供更为低廉、更为灵便的实用考古技术，但无论如何，将来总有一天是会办到的。实际上，期待这一领域在不远的将来会有很大进展也是不明智的。本节尽管对深水考古的发展潜力做了描述，但该领域与直到 20 世纪 70 年代晚期的海洋考古研究似乎没有多少直接关系，因而本书下编将不再对此做重点讨论。

除深水考古以外，本章所讨论的其他课题都与已经开始或即将开始的海洋考古研究有关。这些课题还表明了今后几年内海洋考古预期的发展方向。归根结底，本章的叙述大多属于猜测性质或非专业讨论性质，但作者力图将讨论限制在可以根据以往经验作合理推测的范围以内。本章和第二章的内容合在一起，已相当全面地阐明了海洋考古学所关心的各种问题，根据这些问题可以明确地了解该学科的一些重要特征。本书上编是通过对其若干特征的分析来论述海洋考古学的，而下编则试图探讨其共同的特点和基本规律来完善这一论述。

海洋考古学的理论

Towards a theory of
maritime archaeology

第五章　沉船的考古学

5.1　导论

　　既然海洋考古学与研究船舶和航海有关，而且其材料的主要来源是遗留在沿岸和海底的遗存物，那么，要对这些材料做出确切的解释，就必须对船舶沉没的全过程有正确的认识。所谓船舶沉没，是指精密制造的、具有能动性的船舶设施转变为一种静止的、杂乱无章的、并且长期处于稳定状态的遗存物的过程。尽管考古学家只能观察到后者，但是正如前面所提到的那样，他们感兴趣的却是前者，虽然前者各方面的情况只能通过遗存的材料间接、零散地表现出来。如果能够认识和描述介于这两个状态之间的各中介过程，那么，就可以对发现的材料进行分析研究。

　　本章试图阐明沉船过程所具有的若干共同特征以及在任何遗址上估价这些特征的方法。正像任何船舶一般都具备适航的基本条件一样，沉船现象也必然具有某些普遍的、有规律的特征。如果能把这些特征加以描述，在分析各种海底遗存物时就能确定这些特征所包含的内容，同时也可以弄清船舶沉没的实际过程。另外，这些过程如能在考古材料和文献资料都比较丰富的遗址上得到验证，再将它运用到材料较为零碎混乱的其他遗址上，那么这种分析就显得更有价值了。

在海洋考古学中，任何正确的结论都取决于对沉船过程的认识。因此，对沉船过程的研究必然在海洋考古学中占有中心地位。迄今为止，许多沉船遗址的考古报告往往对沉船的过程及其以后的情况轻率地做出不合实际的臆测，从而降低了其价值和权威性。本章其余部分要着重分析沉船遗址，其原因就在于此。同样，在任何特定的考古工作中都要进行常规的考古器型分析，这也是不言而喻的。

与陆上遗址的沉积以及沉积之后的过程相比，沉船过程具有不少自身的特点。首先，水下的环境因素与陆地上迥然不同。而且这些因素的作用已超出了人们的常规经验范围；其次，人类的干扰对于陆上遗址来说无疑是最严重的破坏；而在水下却微不足道，并仅限于几种大致相同的活动；最后，在各个水下遗址上都有相同的因素起着不同程度的作用。所以，与考古学的其他大多数分支学科相比，海洋考古学中的材料具有更为类同的性质，这一特征进一步增强了其内在的凝聚力。因此，对于沉船考古学的探讨，既是对海洋考古学特点的最终规定，又是建立其一般理论的最初起点。

图 5.1 表示船舶及其装载物怎样逐步变成在海底有待发掘的一堆遗存物的过程。整个船舶可以看作由船舶的属性所限定的一个系统。这一系统随着时间的流逝，经过一系列的转变，最后成为考古发掘的对象。同时，整个沉船过程本身构成了一个封闭系统，其中船舶是输入成分，还有几种不同的输出成分。目前对这些成分的认识水平还不统一。与此类似，对该系统中心方框内的几种因素的理解也不充分；作者希望把该系统当作一个整体，从而将零散的点滴知识融为一体，以期加深对沉船过程的了解。

本章拟分 3 个部分探讨这一系统。第一，对该系统所处的自然环境做一般性讨论（5.3 节），以寻求其中的某些规律，并对 2.1 节提出的一般性概念作补充；然后将图 5.1 方框内的几种因素分成两组：一组像过滤器一样从沉船中抽滤走各种物质，另一组则像搅拌机一样将沉船物质搅乱并重新形成新的"模式"（pattern）。第二，是关于沉船、打捞和易腐物分解过程中"滤波效果"（filtering effects）的讨论（5.3 节）。第三，探讨"加扰装置"（Scrambling Device），包括两小节。一节是关于沉船过程中发生的重新组合的若干问题（5.4 节），另一节是关于沉船沉积形成之后发生的海底运动（5.5 节）。在对海底分布的发展变化过程作了这样的描述之后，就可以扼要地讨论对于解释沉船过程可能有价值的一些分析模式了（5.6 节和 5.7 节）。

尽管本章对这一系统的探讨是一般性的，作者在解释和分析过程中，仍然要用到近年来作者亲自参加发掘一处沉船遗址时所得到的，而且特别适合于检验这些观点的材料，以说明这一系统所包含的内容。该遗址

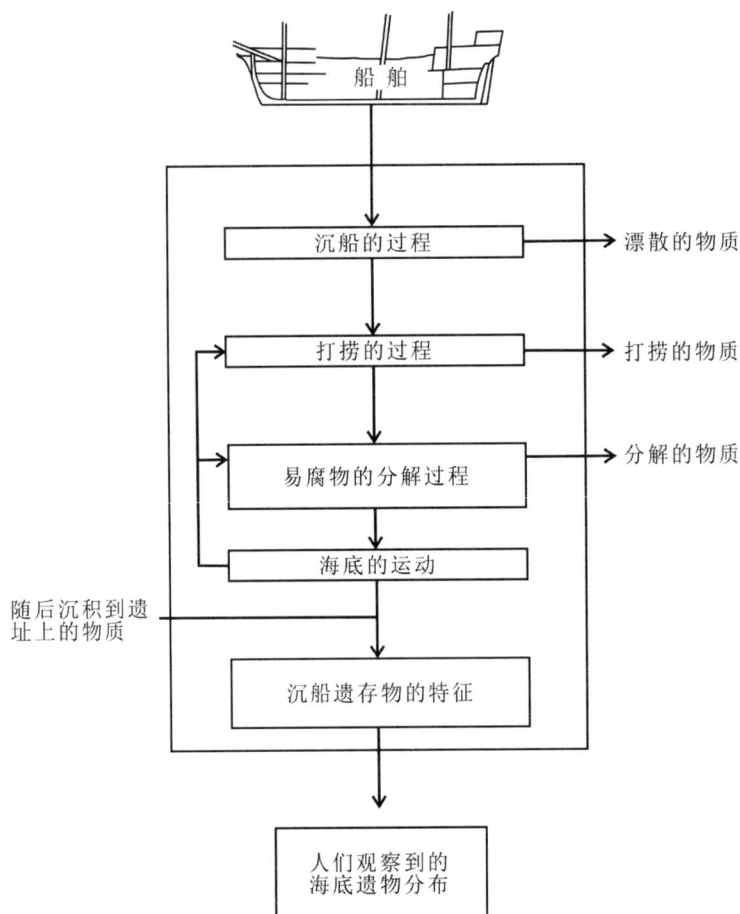

图 5.1
沉船过程的流程图

就是荷兰东印度公司的"肯内默兰"号沉船遗址。这艘商船于 1664 年 12 月 20 日从尼德兰开往东印度途中在英国设得兰群岛外斯凯里斯群岛的斯图拉礁（Stoura Stack）触礁沉没，船上仅有 3 人从瞭望台被抛上礁石而侥幸生还。除了在阿姆斯特丹的公司文献中有正式的档案材料外，在苏格兰还有一些文件记载了对后来打捞上来的沉船物资（包括珍宝）所有权问题的法律争执。1971 年，阿斯顿大学（Aston university）的学生潜水队首先发现这一遗址，随即进行了 3 次大规模的发掘，参加者包括曼彻斯特大学和其他一些英国大学的人员。近年来，已经发表了简报和其他报告，从中可以获得较为丰富的发掘材料[9][108][242][269][270]。

5.2　沉船遗址及其环境

人们在最初进行水下考古调查时就发现，水下的古代遗物与陆上一样，大多分布在松软的地层。但人们很快又清楚地认识到，海底的性质绝不是唯一的决定性的因素，由此产生了五花八门的复杂理论，其中法国水下考古的前驱 F. 杜马提出的理论比较出名[87][88]。可惜的是，几乎所有早期的水下调查工作都与地中海的沉船遗址有关，所以这些理论出于受到该海域特点的影响而带有很大的片面性。杜马在他的讨论中将沿岸环境大体分为砂岸、岩岸和浪蚀崖岸 3 类[88 32]，并认为只有在最后一种环境中才可能发现完整的沉船遗存。在地中海北岸不少地方确实具有近岸水下陡壁这一特点，但在其他地区则并非如此普遍。他认为，沉船物质如果不是迅速沉落到深水之中，就无法恢复原状："海浪将浅水区的所有沉船遗物打得粉碎，这些零碎的沉船材料对考古学家来说，几乎毫无用处。"由此而得出的一条普遍规律是：在浅海不可能发现任何重要的沉船遗存。H. 弗罗斯特小姐也曾经这样写道："古代的沉船必定位于深海之中[114 82]。"

与此同时，有人明确指出了这些观点的局限性。杜马本人也承认他的一般论断不一定直接适用于地中海以外的海域[88 34]。地质学家 W. 内斯特洛夫（W.D.Nesteroff）也在同一部书中[318]提到一些例外的遗址，如斯帕吉遗址[183]。他还列举出另外一些减弱沉船破坏的因素，如海底大裂隙，沿岸小岛以及保护沉船的海洋植物[251 176]。然而，这些遗址都被人们当作普遍规律以外的特例。因而，其后无论地中海内外的研究者都按环境条件是否有利这一基本原则去探索各自的遗址。然而，重新阅读一下本书的第三章和第四章就会清楚地看到，这种过于简单化的方法是很危险的。因为有大量遗址的遗物既非完好无损，也不是彻底遭到破坏。产生这种中间类型遗址的原因显然非常复杂，需要做进一步探讨。

近年来，在英国海域的沉船遗址上采用海洋生态学的方法进行了一项关于水下环境考古的研究，以寻求考古遗物的保存质量与可能有关的一些环境特征之间的相互关系。这些环境特征是从在其他海洋学科中已认明是很重要的一些环境特征中挑选出来的，诸如海洋生物学[155]、海岸地貌学[181]等，具体包括：

（1）与海岸正交 30°范围以内的最大离岸风区；

（2）该遗址的海平面区域，即具有 10 千米以上开阔水面的扇形区域；

（3）在该海域内任意方向 7 级或 7 级以上大风的时间百分比；

（4）经过遗址的最大潮流流速；

（5）遗址的最小深度；

（6）遗址的最大深度；

（7）遗址主要沉积物的深度；

（8）覆盖遗址的海床平均坡度；

（9）水下地貌：遗址上近期成层沉积占遗址总面积的百分比；

（10）这些沉积中颗粒最大的物质的性质；

（11）这些沉积中颗粒最小的物质的性质。

在按照特征（10）和特征（11）排列遗址顺序时，首先依照各遗址沉积物质的种类总数，然后才按照这些沉积物质在各遗址上的相对重要性进行排列。

表 5.1

20 处遗址（参见图 5.2）的考古遗存物保存特性（A 排）和 11 种环境特征（1—11 排）的真值表

	1	2	3	4	5	6	7	8	9	10	11	12	13	14	15	16	17	18	19	20
A	5	13	3	17	4	14	11	12	7	10	2	18	16	20	1	8	19	9	15	6
1	11	10	4	13	1	8	12	14	18	15	3	19	9	20	2	17	5	6	7	16
2	3	7	8	10	1	5	2	14	12	9	4	13	11	16	17	15	18	19	20	6
3	8	6	10	12	5	4	2	13	3	19	1	7	17	9	18	14	15	16	20	11
4	14	15	12	8	1	13	20	7	19	3	17	5	10	6	2	18	16	11	9	4
5	12	10	7	19	18	6	14	15	1	16	4	9	5	17	20	2	11	3	13	8
6	2	6	15	10	13	7	18	16	1	19	9	17	8	12	20	3	5	4	14	11
7	14	9	11	15	16	2	19	18	1	17	6	12	5	13	20	2	4	3	10	1
8	10	13	8	4	20	18	17	2	16	14	19	1	9	6	7	5	11			
9	6	11	3	18	4	14	16	12	5	7	2	11	9	20	1	8	19	15	13	10
10	9	15	4	13	5	12	16	19	6	7	2	11	8	18	1	3	20	14	11	10
11	5	15	3	18	6	14	9	10	20	12	1	16	8	17	2	4	19	11	13	7

图 5.2

应用于环境特征研究的 20 处沉船遗址分布示意图

这些特征的内容见正文中

① "肯内默兰" 号（1664）
② "德利弗德" 号（1711）
③ "特立尼达·巴伦西亚"（1588）遗址
④ "阿德拉" 号（1728）遗址
⑤ "达特茅斯" 号（1690）遗址
⑥ "大格里丰" 号（1588）遗址
⑦ "拉斯德拉格尔" 号（1652）遗址
⑧ "希罗娜" 号（1588）遗址
⑨ "圣玛丽亚·罗莎" 号（）遗址
⑩ "圣·利里斯特·卡斯特罗" 号（1667）遗址
⑪ "玛丽·露丝" 号（1545）遗址
⑫ 彭利火炮（1690？）遗址
⑬ "罗李·雷丽奇" 号（？）遗址
⑭ "镠斯顿·雷奇斯" 号（？）遗址
⑮ "阿姆斯特丹" 号（1749）遗址
⑯ "荷兰" 号（1743）遗址
⑰ "艾德拉" 号（1737）遗址
⑱ "库拉索" 号（1729）遗址
⑲ "埃佛斯塔菲" 号（1780）遗址
⑳ "科罗苏" 号（1798）遗址

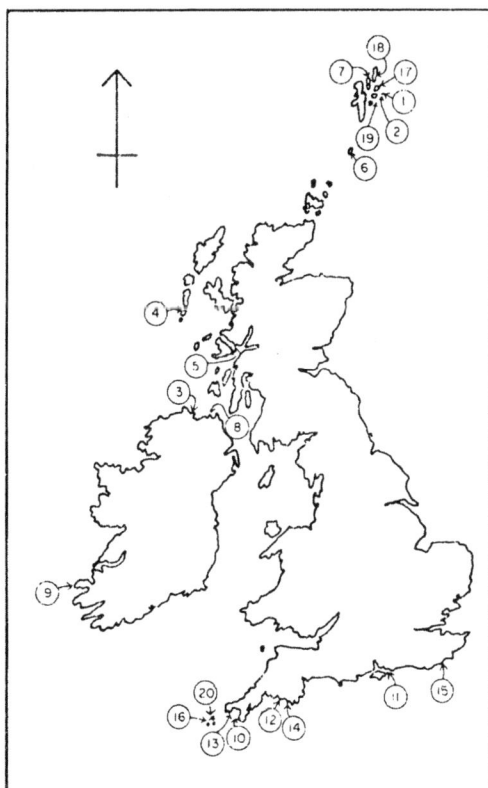

　　考古学家挑选出 20 处其环境材料及考古材料都极为丰富的沉船遗址。各遗址的位置和名称见图 5.2。对每一环境特征，依照其数量大小及性质差别情况赋予不同的顺序数值。然而按 20 处遗址次序列表，其结果见真值表 5.1。再用肯德尔秩相关系数（Kendall Rank Correlation）对这些关系进行定量分析[288 213]。图 5.3 表示把考古遗物与环境特征作相关分析而得到的 t 值。其中标出了 5.0% 和 0.1% 的显著性水平。要进一步了解这些研究的细节，以及对其主要内容进行全面讨论，应该参考原始文献[243][244]。

　　从图 5.3 中可以清楚地看到，海底沉积物的性质 [用特征（9）、特征（10）、特征（11）表示] 无疑是使水下考古遗存保存下来的主要决定因素。这不仅基本上证实了前面所提出的观点，还说明了中间类型的沉船遗址与海底环境的中间类型有密切关系，而且在完全岩层和完全砂层之间存在着许多过渡性类型。本书上编的一些图片可以表明这一事实。代表倾斜度的特征（8）也显示出与海底遗存相当密切的关系。但从本质上来说，这一特征只是海底地貌的另一种量值，所以它只是加强了上述结论的意义。代表海平面区域的特征（2）的 t 值略微偏大一

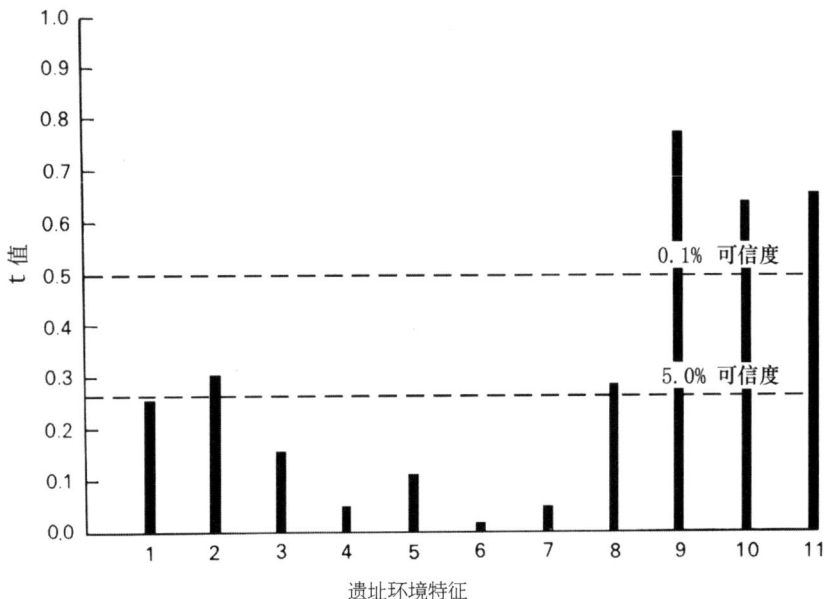

图 5.3
11 种环境特征的 t 值表
（表中各项可参照正文）

点，其含义则更为有趣。它说明来自各个方向的、作用于某一处遗址上的力的种类变化，比作用力本身的大小更为重要。如果设想沉积物位于沟壑之中，这一观点就容易理解了。因为沉积物一旦集中于有掩蔽的环境里，只有受到来自各个不同方向的力的干扰才能发生变化。因此，干扰力来自的方向越少，这些遗存物保存下来的可能性就越大。类似的分析同样适合于由成层沉积物构成的海底，如果没有来自若干方向的干扰力，其地层更容易保持稳定。从沉船过程的流程图 5.1 来看，受限制的海平面区域减弱了方框左侧的再循环过程。

另外一些特征的数值较低，但同样也很有趣，与深度有关的特征（5）~特征（7）尤为如此。这显然与人们原来相信的观点相抵触。至于其余的特征，无论是风力作用下产生的涌浪尺度（1），还是风暴天气出现的频率（3），或潮流的强度（4），其共同的支配因素似乎都是遗址上的海水运动。这可能表明最初的沉积一旦形成之后，这些力对遗址的保存几乎没有什么影响。这大概与海藻覆盖的作用有关，因为海藻把那些裸露的环境表面掩盖起来。它以某种方式缩小了开阔的海岸与障碍海岸之间的显著差别，否则这些环境是不利于保存遗存物的。看起来海水运动对遗存物分布状态的影响，似乎远远大于对遗存物保存下来的影响。但进一步研究这 11 种特征与 20 处遗址分布集散度（coherence）的相互关系之后发现，其结果与以上解释并不相同。实际上，这两种相关分析所得到的结果并无显著区别，其中的少许差别可能是由于某些船只沉没过程中的特殊原因造成的，而与任何环境因素无关 [244 53]。

根据以上的分析研究，可以对英国水域的沉船遗址作出某些一般性结论。一方面，这些遗址按照其保存程度可分为五类，如表 5.3 所示，这种分类比过去广为流行的非好即坏的简单分类法具有更为细致的分辨力。尽管这一方法仍然应该看作是暂时性的，但它已在许多场合里被证明行之有效，这一点在本章后面还要提及。另一方面，根据这一分类法，可以得出有关英国水域各类遗址环境特征的一系列综合论断，如表 5.3 所示，该表的编写方法，是把每一遗址归入至少占有

4 项特征的那一类中。因此，如果有特殊类型的话，它属于具有前 2 项特征以及后 3 项特征之一的类型，而前面给出的后 3 项特征的相关数值是比较低的。此表在估价新近发现而尚未发掘的遗址的潜力上，是否能够具有预见性只有留待进一步的检验了。

　　这一研究的严重局限性也是显而易见的。作为实例的 20 处遗址，虽然是当时尽最大努力所能得到的材料，但数量仍嫌太少，并且在英国沿岸一带的分布也不均匀，多集中于设得兰群岛和西南半岛一带地区。另外，这一研究的对象局限于欧洲的一个海岛附近，因此并不比地中海的水下遗址更富有代表性。要找出世界各地遗址的任何共同因素，还需要作类似的细致研究。这一研究很可能只是考虑了实际上已经发现物质遗存的那些遗址，而没有计入那些由于环境原因而使沉船遗物消失得一干二净的那些遗址。所以，表 5.3 中的结论并不能用来预测某一已知发

表 5.2

目前英国水域所发现沉船遗址的 5 种主要类型

	结构遗存	有机遗存	其他器物	分布	例证 (见图. 5.2)
1	大面积	很多	很多	完整	玛丽·露丝号(11) 阿姆斯特丹号(15)
2	部分构建	一些	很多	分散	达特茅斯号(5) 特立尼达·巴伦西亚号(3)
3	零星				肯内默兰号(1) 科罗苏号(20)
4	—	很少	一些	分散 不规整	德利弗德号(2) 希罗娜号(8)
5	—	—	很少		阿德拉号(4) 彭利遗址(12)

表 5.3

根据对以上 20 处遗址资料的分析所列出 5 种沉船类型各自的环境特征

	地貌:海底地层沉积的百分比	沉积物:沉积物排列次序	坡度:整个遗址的平均坡度	海平面:10千米以上开阔水域的扇形区	风区:最大离岸距离
Class 1	100°	沙砾到淤泥	最小	小于90°	小于 250 公里
Class 2	大于 70°	圆石到淤泥	小于 2°	小于90°	小于 250 公里
Class 3	大于 30°	圆石到淤泥	小于 4°	小于150°	大于 250 公里
Class 4	大于 10°	圆石到沙地	小于 8°	大于 30	小于 250 公里
Class 5	小于 25°	圆石到沙砾	大于 6°	大于 120°	小于 750 公里

生过沉船的地点是否有遗存物保存下来；关于这个问题的可能性作者已在其他著作里 [244 56] 做了讨论。此外，这一研究没有说明，同一遗址上各种遗存物的保存状况可能存在极大的差别。作者已对各遗址的遗存物保存状况做了总的测量和全面的描述，表明其中确实可能存在着很大的差别。最后，沉船过程已被看作一个单一事件。通过对其各个组成部分的研究，得到更深刻的了解应该是可能的。这正是以下 3 节所要探讨的内容。

5.3 "滤波效果"

沉船过程、打捞活动和易腐物质的分解乃是导致沉船遗址遗存物损失的 3 个过程。其中每一过程都产生一项输出。关于某一沉船遗址这方面的任何研究，从本质上来说，只是由几个单独部分相加的问题。因为，总的输出成分必定等于总的输入成分（即原来的船舶）。然而，本书提出的主要论点是，每一种过程都受到一系列外界因素的约束。对于任何特定遗址来说，某些外界因素能够识别并描述出来，从而可以找出其各自的输出成分，这些成分自然扩充了船舶本身的材料。

船舶的沉没既是一个"滤波"过程，同时兼有"加扰"作用。由此产生了船上的哪些遗存物容易漂失的问题。根据常识可以知道，诸如金属制品之类物品是不可能漂流的，而大部分木制品或其他有机物品，至少在它们被水浸透而下沉之前就可能漂散。因此，在任何遗址上，前一类物品经过沉船过程之后都不会消失。而木船船体的绝大部分是由能够浮起的材料组成的，因此这个沉船过程还必须解释，为什么在许多遗址上这些船体构件被长期固定在海底，直到它们浸泡海水或被掩埋为止。有一种罕见的情况是，结构完整的船体被压舱物、装载物以及灌入的海水所坠沉，这时各层甲板之间的所有物品都有可能被海水浸透，如果环境条件有利就可能被掩埋。另一种特殊情况是，船舶在海面上就完全散架，较重的物品全部散落，而较轻物品则几乎不可能沉落海底，因而即使在最好的环境中，保存下来的遗物也寥寥无几。但是，大部分遗址所反映的沉船过程却介于这两者之间，例如，被大批安弗拉瓶压在海底的许多古典时期的沉船和部分船体被铁制品和砾石压舱物所坠沉的"达特茅斯"号就是这样[230]。

在各遗址进行的打捞活动显然差别很大，因此难以做出概括。在许多遗址上，对于这一因素的估计主要依据文献资料。但如果缺乏这种资料，通常也可以做出某些推测。在近代以前，位于渺无人烟的海岸附近或极深水域的遗址，很难想象人们曾进行过打捞。但在其他地方，一般不妨作这样的假设，在其他条件相同的情况下，当地居民一般总是尽力加以打捞，而不会对这些财富无动于衷。在很早以前，人们就有能力进行自由潜水和拖绳打捞作业（dragline）。从16世纪起，在欧洲影响所及的地区已经开始采用比较复杂的打捞装置[80 536][94]。在后来（16世纪以后）的文献中还记载过一些大规模的打捞方法，如用马队将大段的船体拖拽上岸。对于每一个遗址，考古学家必须对当时打捞者所面临的问题以及他们克服这些困难的能力分别做出估计，并判断出该遗址的哪些部分最容易受到扰乱。

易腐物质的分解过程受到不同物质在海洋环境中保存特性的制约，这是一个比较普遍的问题。海洋考古学必须依靠有关水下腐蚀的研究成果（参考文献[317]）和对于海洋遗址考古材料的保存，以及对最后的保护问题所做的一系列专门研究（参考文献[330][146][315]）来解决这一问题。从不少遗址中已能明显看出，即使在相当近的距离内，遗存物发生腐蚀的过程也可能有差异，这取决于海底的性质和海洋生物的情况等因素。因此，最好是在发掘的每一区域里对海水和沉积物取样，以进行化学和生物化学的分析。而且，不同种类沉船材料之间的相互影响也会改变其局部保存环境。这方面最突出的例证也许是贵金属的电解作用使附近的贱金属得到保护。然而，这项研究才刚刚开始，在了解更多的情况之前，海洋考古学家也许只能对某一特定遗址物质分解的程度和范围作出一般性解释。

表 5.4

"肯内默兰"号遗址的输出系统

发掘物		打捞物	分解物	漂散物
船体结构	残件	——	——	——
帆	——	69	——	——
帆缆索具	碎绳	7段锚链 索具	——	——
锚	8	2	无	无
压舱砖	约10000	——	——	无
砺石	1	——	无	无
铁	——	一些	无	无
铅块	108	——	无	无
钉子	约400	——	无	无
火炮	8	7	无	无
炮弹	约100	——	无	无
滑膛炮弹	约2000	1箱	无	无
散射弹	约3000	——	无	无
武器附件	9	15块垫板	——	——
航海仪器	3	——	——	——
硬币	6	3箱	无	无
珠宝	40	——	无	无
餐具	25		——	——
个人用品	49	——	——	无
鹅毛笔	——	1箱	——	无
书写纸	——	8箱	——	无
陶烟斗	约200		——	无
马镫	——	一些	无	无
马蹬铁	——	一些	无	无
柏油	一些	19桶	——	无
动物脂肪	——	9桶	——	无
松香	一些	15桶	——	无
水银	2瓶	1箱	无	无
橄榄油	大小容器各100瓶左右，每个容器大约3品托，约合1700毫升	1320加仑	——	无
白兰地		1604加仑	——	无
葡萄酒		1254加仑	——	无
醋		145加仑	——	无
啤酒	——	8桶	——	无

（续表）

果脯	1罐	——	——	无
奶油	——	15桶	——	无
面粉	——	2个半桶	——	无
肉类	58根骨头	2块培根	——	——
鞋子	——	120双	——	——
亚麻布	——	337码	——	——
斜纹哔叽布料	——	300码	——	——
毛料	——	116码	——	——
其他布料	——	236码	——	——

　　鉴于上述的一般性探讨，现在有必要观察一下"肯内默兰"号遗址上各个过程的实际情况。表 5.4 是目前所知的输出系统。这艘船是撞上石质海岸后完全散架的。许多种易碎的有机物品由于某种未知原因从船上沉落到海底 [270 193]。在"漂散物"一栏下面标出的"无"，仅仅指其本身绝不可能漂浮的物质。前面已提到，从苏格兰法庭记录中可以得知这一遗址曾被打捞的许多情况，包括当时公布的长长的打捞物清单。然而，可以推测此外还有数量可观的物品逃脱了追查，特别是钱币之类易于隐藏而又较贵重的物品以及很快就能挥霍一空的物品，诸如食品和饮料等。一位权威人士曾提到，在那一年，外斯凯里斯群岛的村民过了一个欣喜若狂的圣诞节 [40 140]。在"分解物"一栏的"无"也仅仅指一般不可能腐蚀殆尽的物质。目前，对该地区的海底及各层海水尚未进行专门的分析，难以做出更为详尽的结论。该遗址上的环境条件差异如此之大，以至于不可能存在一致的趋向。为了进行比较，并表明通过输出系统得到的关于该船的全部材料，这里将"发掘物"的简目也列入表内。

　　关于从这一表格所得出的主要结果，比较详尽的讨论已在别处发表 [242 283]，因此这里只提出一些主要的特点。这个表格中最引人注目之处大概在于，一半以上的物品都是绝不会漂失的；船体本身是明显的例外，但它不可能是造成材料损失的唯一原因。

　　"分解物"栏下的情况则更令人失望，可对于特别容易分解的物质来说（尤其是表格的下半部分），打捞所得的材料却十分丰富，并具有较大的可靠性。通过打捞和发掘所获的材料本身也在很大程度上是相互补充的，这就清楚地说明了用这种方式综合各种来源的材料的重要性。由于该遗址的发掘工作还极不完备，所以仅从有关物质的绝对数量上难以得出推论，虽然其中包含的一些有趣内容很值得注意。例如，表 5.4 中的硬币数量很少，与在这样一艘船上私人应拥有的货币数量比较显得极不相称（暂且不算打捞出来的三箱官方财宝），这有力地暗示出尚有大量未报道的打捞物品。至于该船运载的货物，从打捞物一栏所列的大量饮料来看，其数量远远超过了航行中的挥霍所需。因此，这一定是一种船货。

尽管这种讨论不可避免地具有或然性和不同程度的必然性，但无疑是值得的，因为它可以帮助我们避免从任何遗址现存的零散材料中做出前后不一致的推断，还可能有助于提出关于那些材料的相互关系和内在含义的新看法，这些关系和含义由于隐含在这些材料之中，显得不很明显。而大部分沉船遗址几乎都能对说明这些中介过程有所助益，这就进一步证明，与其他各种材料相比，沉船遗址是特别值得研究的。

5.4 沉船过程的"加扰"作用 A

在海面上漂浮或航行的船舶，是一部由众多部分按一种特殊方式构成以确保其适航性和操纵方便性等特殊要求的复杂"机器"。但从它受到破坏的时刻起，这部非常精密的"机器"就会开始解体。最后该船的遗存物以某种程度的混乱形式，并往往是在较大范围内与海底融为一体。这是研究者感兴趣的船舶各部分发生重新排列的第一阶段，本节冠之以"沉船过程"的标题。这一阶段的内容很广泛，包括船舶从水面下沉到海底，在海底继续解体、直到最后与海底融为一体的各个过程，此后所发生的变化称之为"海底运动"。拟在 5.5 节另行讨论。在本节里，有关的一些因素是通过一些例证来说明的。

　　最简单的沉船过程无疑是船体充满海水，完整地沉入海底，历经多年而不受破坏。实际上，这样一连串事件的发生是十分罕见的。最为人们所熟知的例子自然是瑞典的"瓦萨"号战舰，它于 1628 年 8 月 10 日从舣装场经斯德哥尔摩港驶出，由于暴风使船体发生侧倾，以致敞开的火炮眼进水，船体在几分钟内沉没，舰上有 200 余人丧生 [248 50]。1782 年 12 月 19 日，斯皮特黑德（Spithead）"皇家乔治"号（the Royal George，1782）由于驾驶失误，加之船体结构可能也有问题，亦遭同样的厄运。这次事件使得 900 多人丧命。60 年后，潜水员报告其船体仍保存得很完整。这里附带说明，缺少船蛆的波罗的海并不是唯一能够长期保存完整木船的海域，但这类没有发生重大结构损坏而沉落到有保存能力海底的沉船都属于特殊例证，不能以此说明其他大部分沉船。

　　过去人们极为重视的更有代表性的情况，是至今仍沉睡在地中海浪蚀崖下的古典时期沉船。在前面曾提到，这种水下地貌在地中海相当普遍，特别是在其北部沿岸一带。就迄今所发现的保存最好的沉船所处的位置而言，包括一处半岛、为深海（超过 40 米）所包围的一座小岛及海岸附近一处暗礁，即德拉蒙角、普朗尼尔岛和亚西阿达海域。F. 杜马最早正确描述了在这种环境下发生一系列沉船事件的过程。他写道：一艘船触及礁石而发生破漏之后，它不会再受到其他的损坏而沉落到浪浊

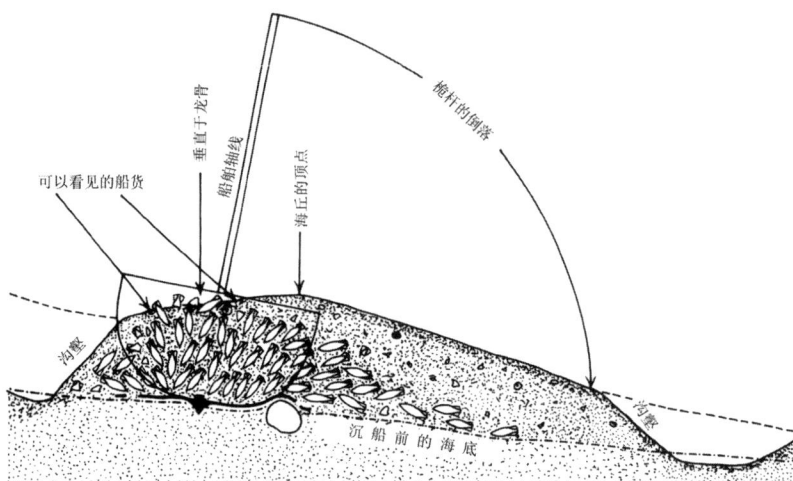

图 5.4
某安弗拉罐沉船"坟冢"的形成

崖底部，在那里沉船被遮掩起来，不再受到海水的猛烈冲击。这类沉船还往往避开了悬崖下的碎屑堆积，沉落在松软的砂层上，这种状况特别有利于以后考古学家的研究[88 32]。在这里船体本身逐渐与海底融为一体，而船货则散落在船体一侧，整个发展过程就如同为水下沉积物设置了一个陷坑，从而堆成了自己的"坟冢"。现代潜水员在地中海所发现的著名的"安弗拉坟冢"，就属于这种性质。尽管沉船在沉落海底时可能是比较完整的，但船体的下部只有受到冢堆的保护才可以为我们的研究所利用。船货本身也相当大地改变了原来的排列状况，虽然这是以一种我们能够了解的方式进行的。

P. 斯罗克莫顿及其同事在希腊龙戈港（Porto Longo）进行的发掘证明，在地中海水域，除了装载安弗拉瓶的船只以外，较晚时期的沉船也可能属于类似的情况[310 20]。例如，奥地利的方帆双桅船（brig，1860年）和"赫拉科利板"号（Heraclea，1940年）两处遗址就是这样。这两艘船都比较完整地搁置在砂层上。船体陷入沉积层中形成较浅的凹坑，龙骨、底肋材和其他杂物在凹坑里被掩埋起来，而船体其余部分则散失或被蛀蚀殆尽。在 1545 年后，"玛丽·露丝"号在斯皮特黑德海底的沉陷过程也具有某种程度的相似性。虽然这是一艘相当大的船，海洋环境也与伯罗奔尼撒以南海域迥然不同。当这艘船沉到海底之后，在其周围似乎很快产生了湍急的海流，使船只倾倒在海流冲击而成的凹坑里，最后船体的倾斜度达 60°。该船直到沉落海底仍然完好无损，所有压舱物和装载物都未散失。这也可能有助于船体在海底的沉陷过程。

马尔海峡的"达特茅斯"号沉船也属于相同性质，但其中的过程稍有差异[230]。这艘战舰被冲到距系泊点 3 千米处，撞上一个小岛而沉落海底。在坚硬稳定的海底黏土层上覆有一层薄薄的砾石（厚约 25 厘米）。看来战舰沉落时是右舷着底，龙骨搁在海底上，船体来回摇晃，磨损掉大部分龙骨，并在其下面的黏土层上刨出一个凹坑，使余下的龙骨、艉呆木等埋置在黏土层里（图 5.5）。在这一凹坑中发现了大量保存状况良好的遗存物，说明遗址的形成相当迅速。

　　然而，并非所有船只沉落海底都能保持完整的结构。实际上，大部分沉船并非如此，它们往往一开始就受到很大的碰撞力而粉身碎骨，或者继续牢牢地卡在礁石之间，直到完全解体。"肯内默兰"号船体瓦解的过程，可以通过当地的民间传说结合考古遗存的分布状况来清楚地说明（图5.6）。在该群岛流传着一首民谣，保留了有关的传说：

> "肯内默兰"来自阿姆斯特丹，
>
> 在莫马斯节向这里驶来。
>
> 斯图拉折断了她的脊骨，
>
> 从此她永远在沃伊沉埋。[108　292]

　　由此可见，最初碰撞所遗留的考古材料集中在斯图拉礁周围一带，包括100多块压舱铅块和数千块建筑用砖，以及可能原来贮藏在主桅的桅座附近货舱底部的一批船锚[128　23]。这些遗存物表明，该船底部已被戳穿。据当地另一传说，"肯内默兰"号的艏部断裂并沉落在斯图拉礁附近[45　127]。实际上，这一说法与该船遗物并不矛盾。如同"达特茅斯"号遗址所显示的那样，船体从艏部断裂成两截是非常可能的，主桅可以像打桩机一样将龙骨撞断。

图 5.5
"达特茅斯"号遗址残存结构的剖面图

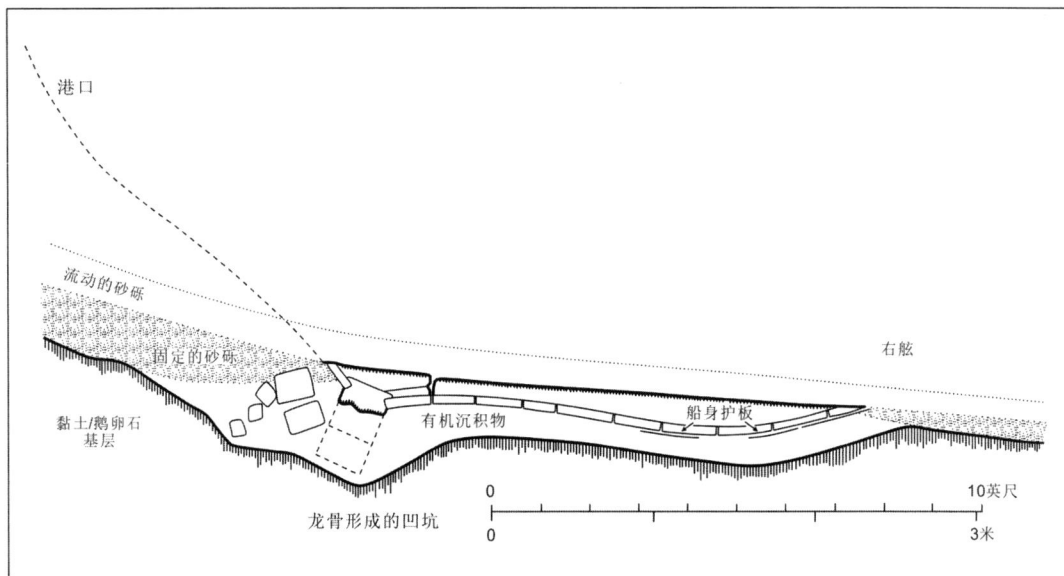

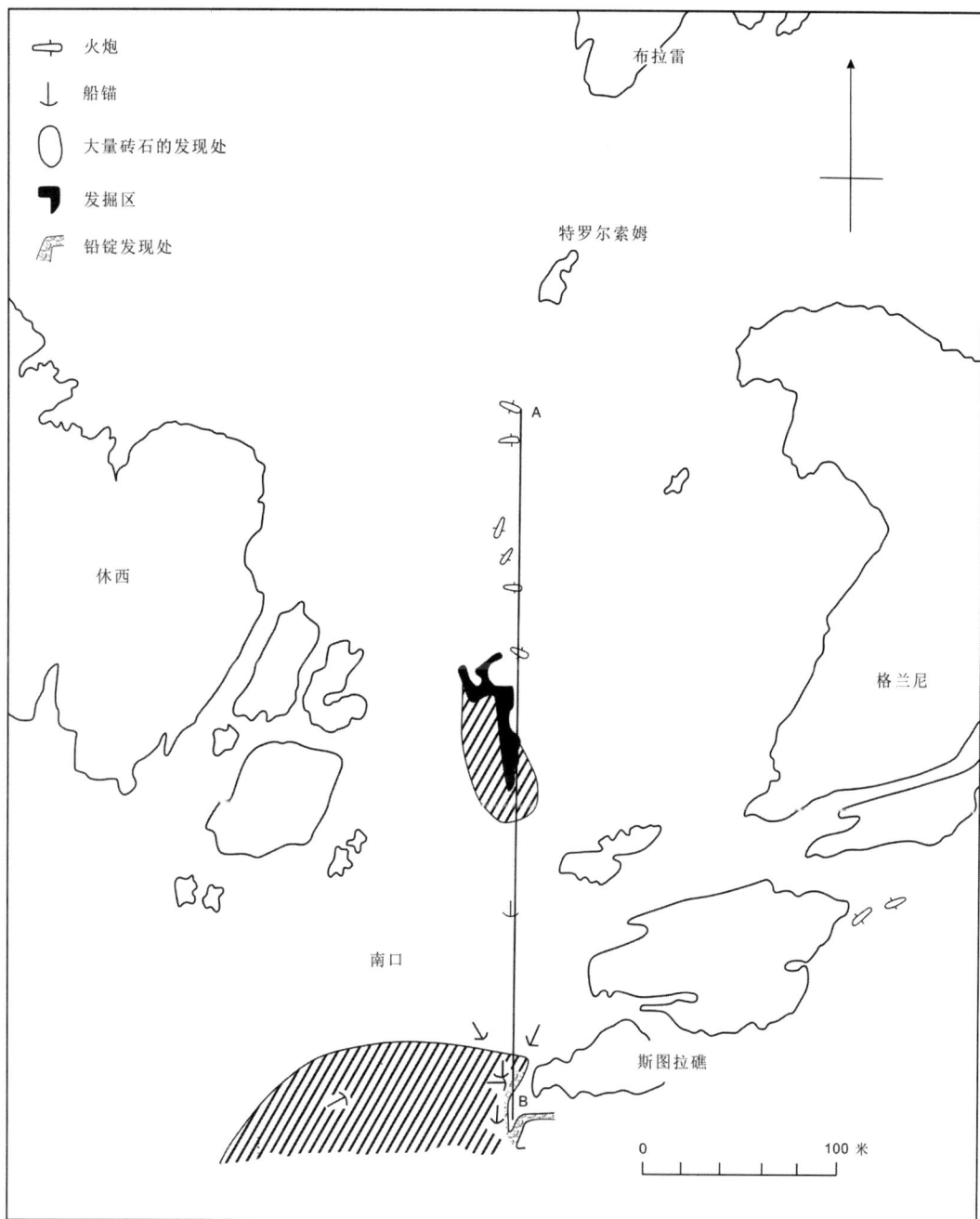

图 5.6

位于设得兰群岛外斯凯里
斯的"肯内默兰"号沉船
遗址平面图

　　不管怎么说，这艘船在丢掉相当多的压舱物（可能还包括船舷）之后，仍摇摇晃晃向北前进了 150 多米，然后才进一步发生船体大散架，这是因为海底遗物分布图上有一块明显的空白区（图 5.6）。在海底隆起距海平面不到 10 米之处时，又发现了沉船物质（参见图 5.7，该遗址南北方向剖面图）。据了解，该船沉没之际，刮着强劲的南风，从而使海浪有巨大的破坏力。很可能船在惊涛骇浪中颠簸不已，加速了其破坏的过程。但该船的某些结构一直漂落到特罗尔索姆小岛（Trolsome）一带，这是火炮散落区域的最北边缘。已经知道在布拉雷有不少沉船物被冲上岸，但这一地区尚未进行全面搜寻，详细情况不甚清楚。

　　还有一个很难确定可靠性的传说，谈到随即发生的一次潮汐很快又把大部分沉船物资冲下海去[45, 127]。这一传说可以从当夜流过南口（South Mouth）的潮汐得到一定程度的证实。1664 年 12 月 20 日的涨潮是在正午，第二次涨潮是在 21 日的半夜 1 时（承蒙比德斯顿海洋科学研究所提供此项资料）。根据文献记载，这次沉船发生在 20 日 16 时至午夜之间。在这段时间，潮汐在 20 时之前正缓慢向北流动，从 21 时起则猛烈向南流动。因此推测这次沉船发生在 20 日傍晚，至午夜前后

图 5.7
"肯内默兰"号沉船遗址南
北方向剖面图

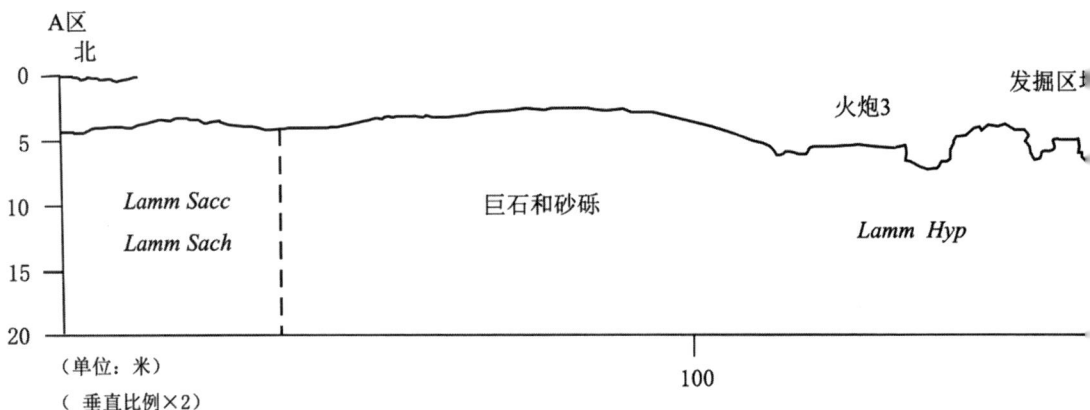

有一些遗存物被浪冲回并越过遗址。这种解释的另一个重要依据是在老人礁（the Old Man Stack）南边的两门火炮可能也是来自"肯内默兰"号。由于这两门火炮的位置孤立而与其他沉船物缺乏联系，这一说法过去一直受到人们的怀疑。这里之所以提出这一看法，是因为在南口内 16—20 时有一股向北移动的潮汐，前 2 小时里，还有一股强大的海流自斯图拉和老人礁沿岸向东流过，它可能把一部分半沉半浮状态的沉船物质（很可能是一部分船艏）朝东面冲去。这一区域的海底多是冲蚀得很厉害的岩石，很可能使原来沉落在那里的遗物无法保存下来。当然，从这种情况也可推论出沉船发生在 16—18 时之间。

　　显然，就解释"肯内默兰"号沉船遗址的考古和文献材料而言，其丰富程度是罕见的，这也是把它作为检验上述分析方法的一个典型遗址的原因之一。但还可以举出其他的沉船例证，当船只离开碰撞地点，在继续前进途中瓦解破坏时，其遗物则散落在船舶周围的水里，因此可以通过在海底延伸达数百米的一连串遗物来研究沉船的瓦解过程。英国的"圣玛丽亚·罗莎"号[229 23]、"荷兰"号[74]、"罗弗利"号（Loverly 1802 年）[48]沉船遗址似乎就属于这一类型[244 53]。这可能是中世纪以后大型船舶所特有的一种现象，这些船的建造方法很特殊，有相当多的压舱物集中放置在船上最薄弱的部位。在海面上断裂的大部分船舶不会发生这种沉船遗物呈直线形分布的情况，这类沉船遗址按其海底条件通常分别属于第 4 种和第 5 种类型（参见表 5.2）。

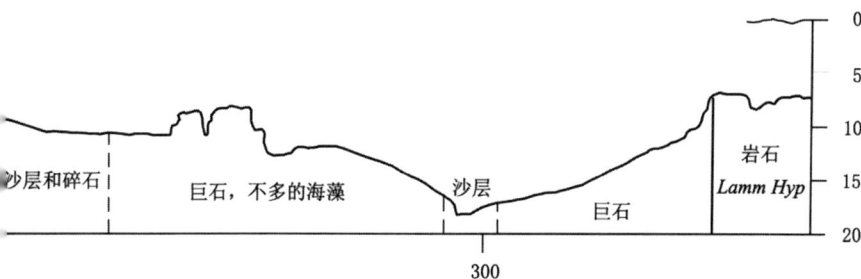

5.5 海底运动的"加扰"作用 B

关于海底沉积物形成过程的研究，其进展十分迅速。然而，目前这一研究的主要对象却很少或根本与考古无关。如对深水沉积物的变化情形以及在发生显著的海岸侵蚀或堆积的地区里起作用的各种因素，尤其是在不规则的石质海底上活动沉积物的变化情形，实质上根本没有进行过系统研究。该领域的一些研究者都希望考古资料最终可能对其研究有所助益。

海底运动研究的基本思想可能来源于海洋地貌学的研究（主要参考文献 [143] [348] [181]）。海底沉积受到的扰动显然主要是由于海水运动即潮汐和波浪的作用。根据不同的海洋环境、在不同深度可以产生不同强度的潮汐，而波浪的作用范围则受到一定限制。到达任何特定地点的涌浪大小取决于向岸风的速度、持续时间以及经过开阔海域（即风区）的距离 [181 53]。但波浪的能量随着深度增加而迅速减少，在深度为二分之一波长处，波浪的能量只有在海面上的二十三分之一 [143 19]。因而波生流以及波浪引起的海底沉积物的运动主要是浅水遗址的特征，这里"浅水"的确切含义取决于该处涌浪的最大波长。另一问题是多大尺度的沉积颗粒才能被一定流速的海水所扰动；根据水下工作的经验，要推动粗砂，水流的速度显然需要达到好几节才行，而要推动砾石和粗砾，一般来说，似乎需要能产生拍岸浪（surf zone）的涌浪的力量。然而，这种颗粒较粗的物质的移动似乎常常得到一种叫作"海藻筏"（Kelp rafting）现象的帮助，即海洋作用可以像风帆一样，使石块被比较和缓的水流冲走 [167]。

在大部分海洋沉积物中，几厘米至几米厚的表层沉积通常被周围海水浸润而处于半悬浮状态。沉重的物品大多会穿过这一表层落到下面，而滞留在这一表层内的比重较小的物品则很可能被搅得乱七八糟，并受到严重的磨蚀。在陆地遗址的表层也有明显的类似情况。有关这些问题的专门研究寥寥无几，其中之一乃是关于这种沉积中器物的分类方法。这项研究的对象是挪威一处港口内深水中的淤泥沉积。

最初人们假设，这一沉积显然很不稳定，并可能一直处于流动状态，所以遗存物会按照不同的比重而分层分布，不大可能或根本不会按其年代顺序分层排列 [178]。但实际试掘的结果正好相反，器物所在的地层与其年代直接相关。尽管这一结论的根据只是一处遗址的材料，但它确实证明，过去对器物在这类具有显著活动性的沉积中发生重新分布的可能性强调得可能有些过分。

在某些遗址上，似乎所有器物都穿过上面的半活动沉积层而沉落到下面，因此这一沉积层的考古遗物往往很贫乏。例如，"特立尼达·巴伦西亚"号遗址上有一层厚约 25 厘米的含贝壳的海滩砂层，表面呈细微的波形痕纹，其中未发现任何遗存物。有的物品能穿过表层、迅速地沉落到下面的稳定地层。在该遗址约 30 厘米深处的 1 块 16 世纪的肋材旁边，发现一只现代圈把啤酒桶，已经证实了这一点。有机遗存物只是在海滩砂层以下的几厘米处才开始出现的。当然，这些现象说明，在该遗址含有考古遗物的最上一层，在一定程度上存在着混入后世物品的可能性。在索伦特的"玛丽·露丝"号遗址，海流的力量明显较强。沉积颗粒也比较细小，这里发现了一个较厚的半活动层，从 16 世纪以后混入物品的深度米判断，后世物品的沉落深度最深可达 70 厘米，虽然沉船物质也是在这一沉积层中发现的，而且几乎在每一层中都多少发现了遗物。在这一沉积层的底部，一些地方有一薄层掺杂了有机物质，这些有机物显然属于某种海草，它们有效地封闭了下面未扰乱的地层。

在掩埋得比较浅的遗址上，沉积物的持续运动显然更为重要。在"达特茅斯"号沉船遗址中，只有船体两侧及下边的区域似乎历经几个世纪而未受干扰。因为船体实际沉睡在周围的黏土层之下。压在船体上面的砾石层，已经磨蚀掉了上面一层船体结构，这清楚地表明这一层属于半活动性质。但作用于这个遗址的各种力一般是比较和缓的，其最大风区的范围只有 18 平方千米；该遗址也没有受到任何潮汐的冲刷，因而砾石的运动相应也比较和缓 [230]。此外，这里的沉积未发生过任何长时期的增添或减少现象。可以设想所有这些运动的总的结果始终未能改变这里的沉积状况，尽管它们可能在关于遗物分布的材料方面造成了一些损失。

"肯内默兰"号遗址的沉积物厚度与"达特茅斯"号遗址相近，也存在同样的问题，即在过去的几个世纪里这些沉积物的全部或一部分是否经历过周期性的改变。图 5.8 所示是该遗址 G 区的一条探沟的几张剖面图，其中第二层以下特别令人产生兴趣。第二层由杂乱的碎木片、有机遗存物、凝结的木焦油碎块以及其他器物组成，这些东西在最初沉积之后没有受到大的扰乱。该层遗物的来源尚未搞清楚，但至少有一部分可能属于该船舷部的装载物 [270 198]。这表明该层和以下各层自 17 世纪以

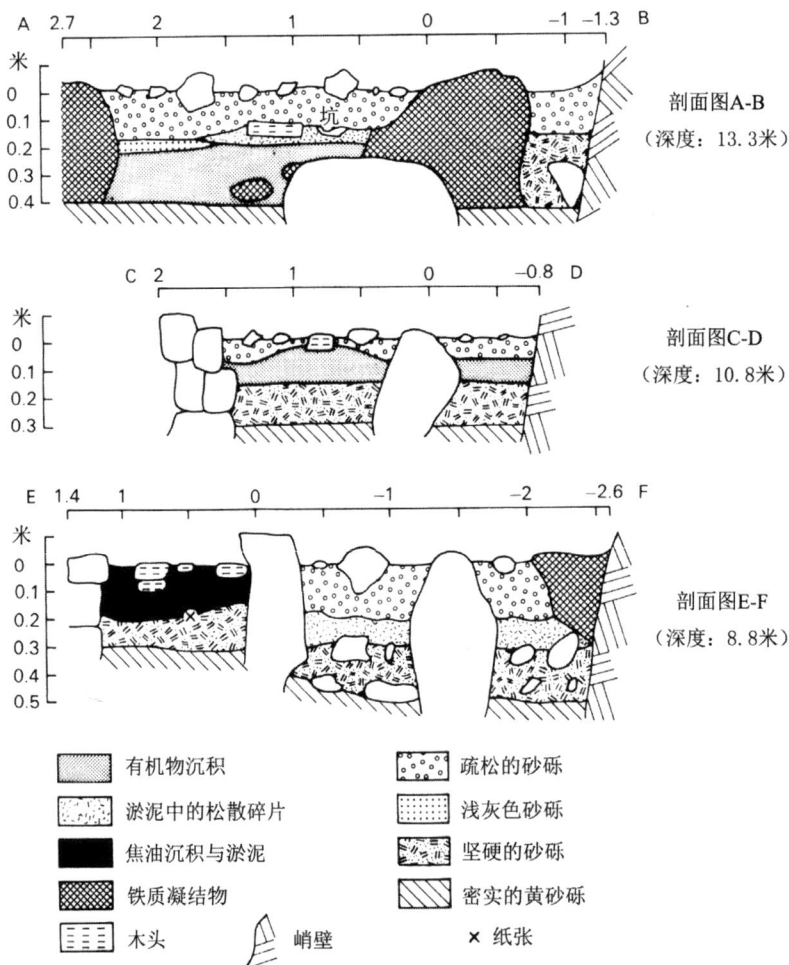

图 5.8
"肯内默兰"号沉船遗址 G
区的 3 个剖面图
（其各自的具体位置参见
5.18）

来未受到扰乱，只有厚约 10~30 厘米的表层曾受到扰动，各层遗物的保存状况证明这一解释是正确的。在其他 4 个发掘区（B 区、D 区、E 区、F 区，见图 5.19）也发现了类似的情况。而另外两个区（A 区、C 区）则是较为裸露的遗址，在基岩之上只有一层单纯的砾石（20~40 厘米厚），而器物大多发现在这一层的底部，尤其是在较大的岩石和卵石周围。在其他几处遗址上也可以观察到这种现象，这说明在过去几个世纪里这些物品发生过较大程度的重新排列。这种现象的特征还有待于进一步研究。

　　图 5.9 画出了作用于"肯内默兰"号遗址的几种主要的自然力的方

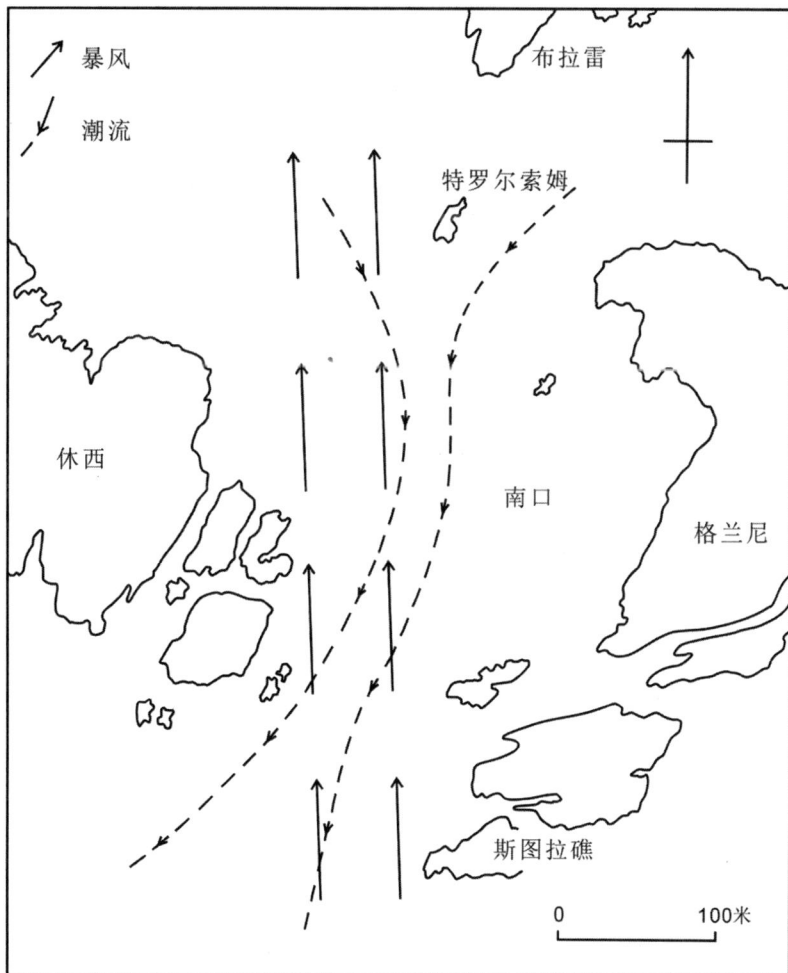

图 5.9
作用于"肯内默兰"号遗址上几种主要自然力的示意图

向。图中标出的潮汐自北向南流动，因为在潮汐 12 小时的循环周期中有 8 小时以上属于这个方向，而逆向潮汐则通常比较微弱，其流速很少超过 0.5 节，而正向潮汐的流速可能超过 3 节。前面已提到，在较深的水中这些潮汐处于支配地位，其主要流向可以说明斯图拉礁附近砖块和其他遗物的分布为什么呈西南走向。然而，对浅水中的沉积来说，逆向潮汐可能更为重要。这一遗址完全避开了各个方向的风力冲击，但南风除外，因而在图 5.9 只标出了南风的方向。此外，气象观察表明，来自南方的暴风（7 级或 7 级以上）占全部时间的 2.6%，这个比率绝非微不足道（据 1960—1969 年在莱威克观察时的记录，承蒙爱丁堡气象局允许采用）。鉴于以上的综合考察，该遗址的遗物分布可能已被"延展"呈南北走向，但实际上并未搅乱。浅海和深海的海流方向各自相反，也可能部分地说明了在遗物分布图上存在长 150 米空白区的原因。

在一些遗址上，这种沉积形成之后的重新排列已影响到沉积的整体，从而导致遗存物整个发生重新排列。位于外赫布里底群岛巴拉岛（Barra Outer Hebrides）西海岸附近的荷兰东印度公司的"阿德拉"号遗址图（图 5.10），就是其中显著的一例 [231]。该遗址完全暴露在大西洋涌浪的冲击之下，其石质海底上存在着裂隙，只有金属物遗存下来，而且其中大部分器物受到了严重磨蚀并发生变形。发掘经验表明，填塞在海底冲沟里的厚约 1 米的卵石层一直处于活动状态，只有埋置在活动卵石层下面的遗存物已经形成凝结物，才有保存下来的可能 [231 图 6]。

除了考察遗址的地层、普通潮汐以及波生流的运动之外，还可以通过其他的辅助观测方法了解另外一些可能发生的扰乱沉积物的材料，对于遗址上任何部位发生的局部海水运动，只要借助于海流计进行一定时间的测量，就可以加以记录；或者在发掘完成之后，将专门挑选的各种发掘器物的典型代表用人工撒布在遗址上面，定时进行测量、以观察遗物分布的变化过程。但这两种方法都不全面，因为即使进行了较长时间的测量和观察，也只能记录到该遗址的通常情况，而对海底的扰乱起着最为重要作用的却正是那种百年不遇的罕见风暴。除此之外，还有一种方法在某种程度上考虑了这些罕见的因素，即对遗址每一部位的植物区系和动物区系做出记录，特别注意那些只能在狭小范围内生存的、因而可以看作整个环境标示物的生物种类。在"肯内默兰"号遗址上，已经沿着深度纵剖面进行了这种观察，海洋生物学家列出了比较详细的世界各地"标示物"生物种类，然而海洋考古学家却对此深表怀疑。

　　除了海水运动之外，海洋生物活动也可能扰乱海底沉积。在前面已经提到过海蟹可能产生的影响。在地中海水域里，具有挖洞筑穴本能的章鱼属动物，可能会在适合的裂隙中（包括安弗拉瓶）造成陶片的堆积，这大概是南土耳其谢伊坦·德雷西遗址（Seytan Deresi）遗物呈奇怪分布的主要原因。目前还没有材料表明海洋蠕虫类可能会像蚯蚓对陆上遗址那样造成类似的结果[8]，也没有发现类似于鼹鼠和兔子那样的打洞海洋动物。

　　以上分析表明，地貌学研究对于解释所有沉船遗址是非常重要的，

图 5.10
位于外赫布里底群岛巴拉岛西海岸外的"阿德拉"号沉船遗址平面图

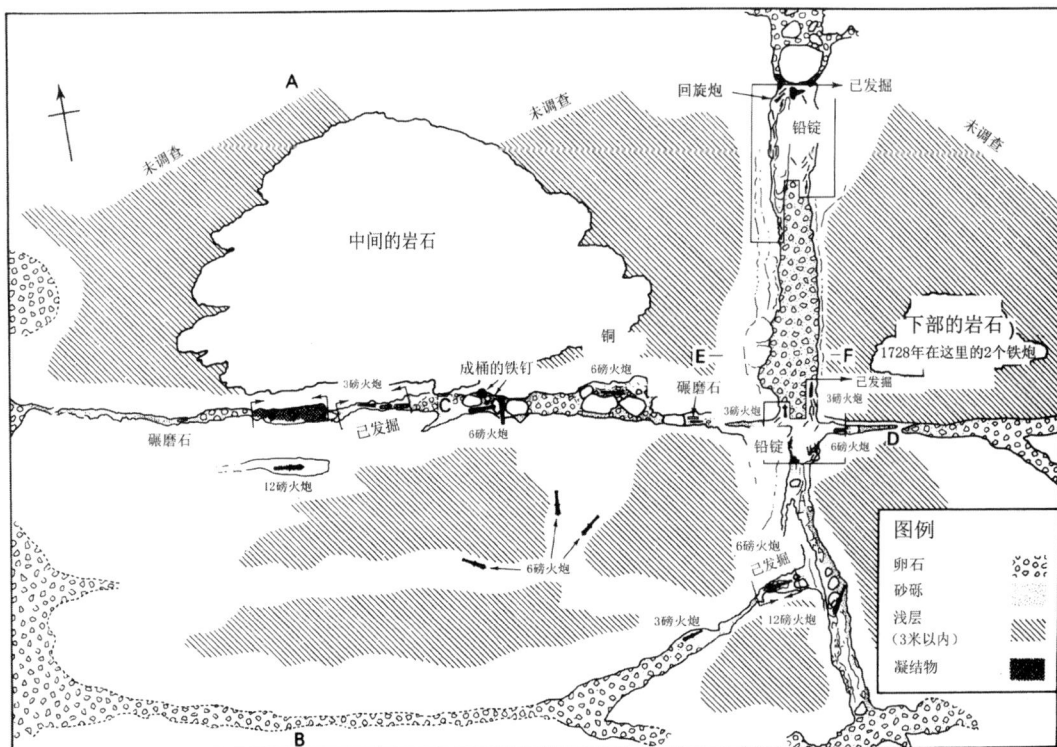

也说明了海洋遗址的变化过程与陆上遗址大相径庭。附带说一句，这些分析还说明水下遗址可能具有复杂的地层结构，因而正确地记录和分析地层结构对于了解这些过程是至关紧要的，正像在穆维克港（Movik）所进行的实验性工作可能证明的那样 [178]，这些记录和分析甚至可能具有年代学上的意义。分析海底遗物分布的进一步要求是，如果这种分布是通过自然过程形成的（这种过程与陆地遗址常见的人为过程完全不同），那么这里要采用的分析模式或许应该求助于有关研究自然环境的学科。

前面曾经提到，海洋地貌学家期待水下考古研究提供海底变化过程的资料，尤其是关于石质海底沉积物变化过程的资料。本书前面讨论的很大一部分内容都具有潜在的价值。其中最重要的价值是证明了某些地区的地层在若干世纪里具有稳定性。而在其他地区，任何局部扰乱所引起的总的地层变化也是非常微小的。另一项贡献可以用 1974 年在泰晤士河口南爱丁堡水道里发现的 1 艘 18 世纪晚期的沉船来说明。该水道的位置和形状经常发生变化，近年来开始移动，越过了该沉船遗址的位置，使船体暴露出来并开始风化解体。船体所保持的完好状态证明，在过去 200 多年里该水道从未移动到这一位置。这是沉积学家用其他任何方法都不可能得到的知识。与此类似，"玛丽·露丝"号遗址也说明了400 多年以来索伦特地区的地质变迁史和生物发展史 [216]。今后，这些学科之间还将不断发生思想和知识方面富有成效的交流。

在总结以上关于图 5.1 中各个过程的讨论时，还必须考虑在任何特定遗址上采用的发掘方法所引起的"滤波"和"加扰"作用，在第二章中曾探讨过产生这种情况的原因。这种因素发生于海底遗物发掘以前和发掘以后之间的一段时间里，对此必须给予重视。因此，考古学家的职责应是忠实地在报告中说明他所采用的发掘程序，达到的精确度标准以及所发掘的确切区域等等，使人们能够正确评价其中包含的内容。考虑了某一特定遗址上的这一因素以及沉船过程的所有其他方面之后，研究者才能开始考虑应当怎样解释海底所观察到的遗存物；以下两节就要讨论一些可能适合的分析方法。

5.6 海底分布分析（一）

——连续性遗址

本书关于沉船遗址分析模式的讨论拟分两部分进行。因为，一处完整遗址所出现的问题与遗存物比较分散的遗址大不相同，前者称为"连续性遗址"，其遗物的分布没有被所谓"空白区域"隔断，这些空白区域在所有分析中都必须予以考虑。而后一类遗址相应地被称为"非连续性遗址"。这种纯粹从研究方法角度划分遗址类的方法，与表 5.2 提出的分类方法之间毫无必然的联系。在本小节里把格里多尼亚角沉船作为不存在船体结构遗存的连续性遗址；而在下节中则把"肯内默兰"号遗址看作非连续性遗址的例子。

迄今为止，对于船体遗骸基本完整并提出了特殊器物定位分析的沉船遗址，考古研究所做的工作显然还很少。其中，发掘规模最大的无疑是打捞和保护"瓦萨"号沉船 [248]，但这里任何详细研究都受到了甲板之间堆积的淤泥以及打捞之后清除淤泥工作进度的限制。所以，这一考古计划中最为复杂的复原问题是，在附近海底寻找船体外部散落的雕塑和其他物件，经过保护性处理后重新安装到船体上。

在船体已经暴露并发生部分解体的环境中，问题更为复杂。地中海里包含有安弗拉瓶的大量沉船遗址即属于这种情况。对此，人们已经做出一些尝试性的解释。在许多情况下，人们主要关心的问题是船体的复原。因为通常有一部分船体已不复存在，并且船体本身也由于所在海底形状的不同发生了残损和变形。要成功地解决这一问题，自然应当因地制宜。凯里尼亚沉船 [174] [175] [298] 的左舷大部分尚存，但右舷只留下一小段并且已经与左舷分离（图 5.11），这些木材非常松软；船体结构是一块块打捞上来，然后在凯里尼亚城堡进行保护性处理以后再重新组装的。在组装过程中，大部分构件需要重新进行整形处理。在亚西阿达海域，一艘公元 4 世纪小船的复原工作则是在纸上完成的。因为沉船没有打捞起来加以保存；复原工作是按照相对位置非常精确的龙骨和 1 条肋板组成的基本框架进行的 [320 115]。亚西阿达海还有 1 艘 7 世纪沉船，残存的船壳表面很少，因而首先把船体的全部特征投影到船壳内表面的平面上，作二维尺度的复原，然后按照船体放置在岩石上的方式来确定船体的 4 个横剖面，从而复原船体的三维尺寸 [321 44]。

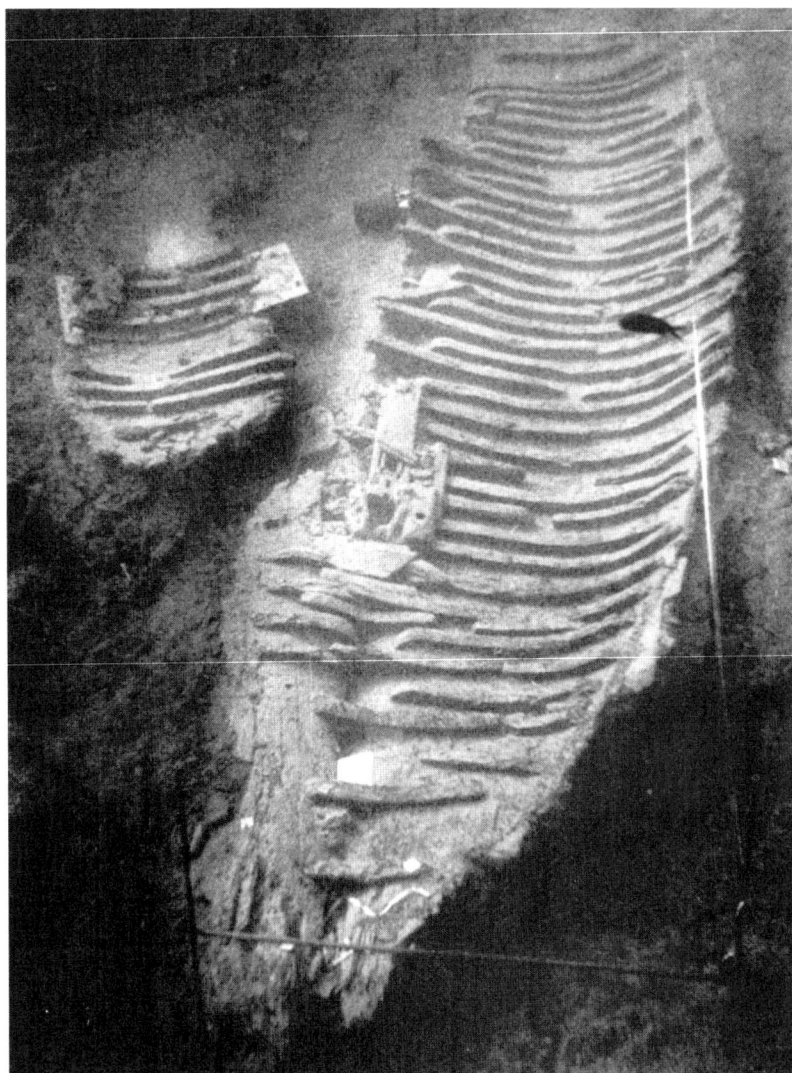

图 5.11
凯里尼亚 4 世纪希腊商船的船体

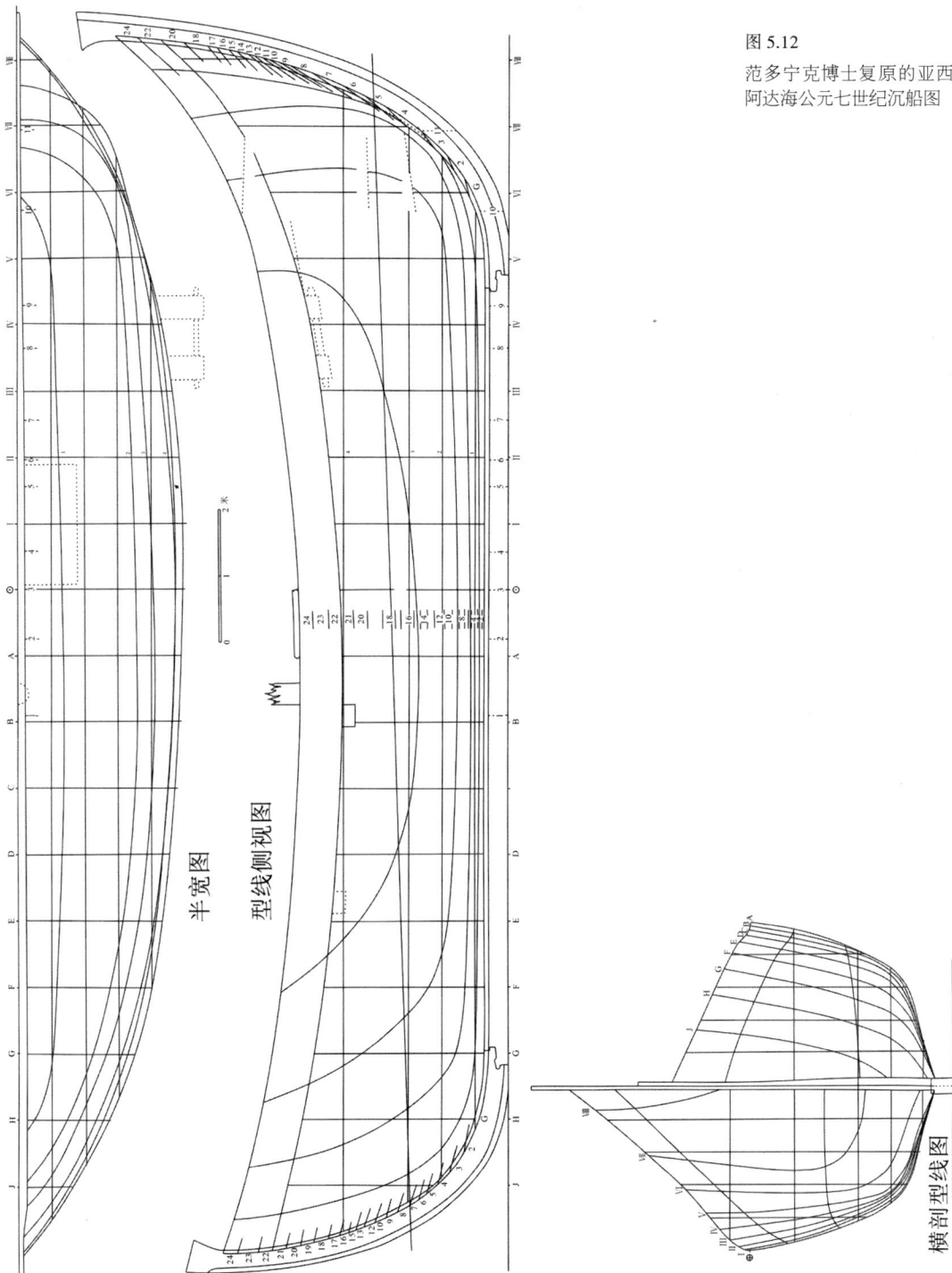

图 5.12

范多宁克博士复原的亚西阿达海公元七世纪沉船图

　　无论是水下或陆上遗址，如果仅残存零碎的船体遗存，都会遇到非常类似的问题。在潘塔诺·隆加里尼一条海底冲沟中曾发现一处沉船遗址，P. 斯罗克莫顿主要依靠船材上大小和形状各不相同的钉眼的相对位置，用变形严重的零碎船材做了第一步复原（做模型）[321 249]。在罗斯基勒海峡发现的维京船也存在着同样的困难，为了使船成为阻塞航道的障碍物，该船被石块坠沉，船体产生严重变形。在对船体构件采取保护措施后，也必须使用同样的复原方法。格拉芬尼沉船的复原则稍有不同，其船体前部约有三分之一已漂失无踪，而艉部左右舷两侧大部仍保存完好，尽管其中有些部位已被压平 [95] [97] [141 223]。

　　除了应根据各个遗址的不同环境采用适宜的方法之外，还要注意某些普遍的特点。其中最重要的一点是，在许多例子中，根据材料情况可以提出若干种复原方案，但只有一种最佳方案。任何时代的船只都必须遵循某些基本的造船原理，其中主要包括：船体横剖面必须保持对称，而且其型线必须构成一系列光顺的曲线 [213 252]。因此，无论采用什么复原方法，都必须经常检查其型线是否符合标准 [参考 F. 范多宁克（F.H.van Doorninck）博士复原亚西阿达海公元 4 世纪沉船的过程 [321 117]]。

　　另一种普遍采用的方法是制作模型，比例通常为 1:10。这是寻求正

图 5.13
亚西阿达海公元 4 世纪沉船遗迹平面图

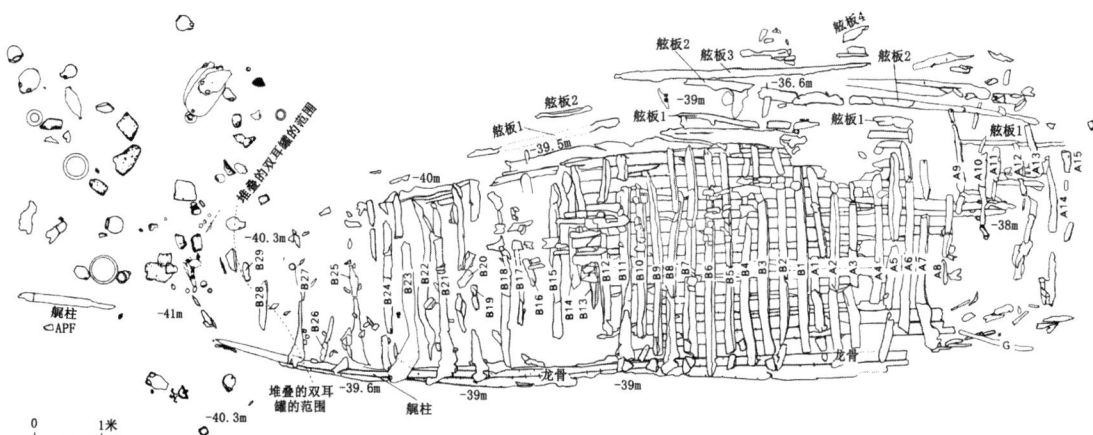

确答案的捷径，诸如潘塔诺·隆加里尼古船 [321 252–255]、格拉芬尼古船 [217]，以及残存了右舷后侧部分的"巴达维亚"号沉船 [11 154] 等。但这一工作总是要反复进行冗繁费力的试验。将来对各种假设复原方案的检验，很可能采用供造船用的计算机程序 [68]。今后另一个大有发展潜力的领域将是采用计算机的转换技术模拟海底的变化过程 [66 527]。

现在，我们重新讨论地中海载有安弗拉瓶的沉船。与复原同样重要的问题是，根据所了解的船体崩解方式来研究货物的分布。在许多情况下，上层的船货以及艏、艉端的货物容易部分散失，而下层的货物总是倾斜在船的一侧，仍保留在原来的位置。凯里尼亚沉船遗址的安弗拉瓶覆盖在兼作压舱物的砺石上面，在靠近船艏下部有一堆数量达 9000 多粒的杏仁 [298 342]。在船艏和船艉区域还分别集中堆积了萨摩斯岛制造的安弗拉瓶，它与船舯部装载的可能来自罗得斯岛（Rhodes）的安弗拉瓶不同 [68 341]。遗址上的粗陶和细陶器可能是船员的用具，它们集中在靠近艉部和艏部的两个区域，说明船员的贮藏室或生活间就设置在这两个地方 [66 344]。

近年对亚西阿达海公元 4 世纪沉船遗址所作的考古工作清楚表明，周密的海底遗物分布分析具有很大的发展潜力 [25]。在有关器物分布图上清晰地显示出该船的厨房设于船艉部。图中有阴影的器物可能是砌炉子用的石板（约有 20 多块）。安弗拉瓶堆积区只到肋骨 B29 为止，而且在 B29 前面的区域几乎找不到厨房用具，这些情况确定了厨房的区域界限。由于肋骨 B29 位于从船艇向前约 3 米处，因此这一厨房对于 1 艘只有 50 吨的船来说显得非常宽敞。范多宁克博士对亚西阿达海的 7 世纪沉船遗物做过类似的分析，该遗址的船艇向前 8 号肋骨有一明显的类似空白区。在这些区域后面发现一些烹饪用具、破瓦片、红土块和可能是炉子上的小铁条，以及少数安弗拉瓶的碎片 [321 107]。该船的厨房与 4 世纪的那艘沉船 [323 130] 同样盖有瓦顶，在船体崩解时瓦片滑落下来堆在左舷一侧。此外还可以得到更详细的推论，例如，硬币及其他珍贵物品的分布情况表明它们原被藏在 8 号肋骨隔舱壁上右舷一侧的壁橱里 [321 115–117]。对

表 5.5

"达特茅斯"号遗址 3 个发掘区域（见图 5.14）"标示物"器物一览表

A区（船艉）	
航海仪器	精美锡镴器皿
外科器具	精美陶器
燧发枪砝码	艉窗镶嵌的云母片
F区（船舯）	
船上属具仓	武器
船上索具	整箱的手榴弹
穿孔木滑轮	铅弹
滑车	高地火枪的枪托
散放的绳轮	
S区（右舷）	
铅质排水孔套筒	动物骨头
砖瓦	铅管（水管？）
煤和烧过的土块	船钟

　　法国南部圣拉斐尔附近的德拉蒙 D 号沉船遗址，也做过类似的分析。该遗址的陶器等器物的分布情况不同于船货的分布，说明在船艉有一间贮存食品、水、工具和其他物资的舱室。在前面的左舷一侧也有一间贮藏陶器的舱室[168] [169]。

　　正是由于遗物沉积以后没有发生大规模的重新排列，所以才能在以上例子中作出详尽的解释。如果将有关的遗物分布划分成若干区域，如亚西阿达海的 7 世纪沉船，其意义就一目了然，无须再作更为精细的分析。但如果遗物的分布稍微受到扰乱或原来的大部分遗物已经损失，情况就不同了。根据目前的经验，后一种情况大多发生在中世纪以后比较大而且复杂的沉船遗址。现在，以"达特茅斯"号沉船遗址为例做一些探讨。

　　沉船的方位已从两个不同方面的考古材料得到证实。首先，前面曾做过充分说明的船体结构遗存表明，船艉一定位于向东的方向，因为一根粗大的向后升高的艉呆木不可能位于该船前半部[230]。其次，某些可以作为艉、艏标示物的器物，分别集中在遗址的东西两端。表 5.5 列出了作为各个区域"标示物"的一些器物。另外，根据总的海底地貌，船

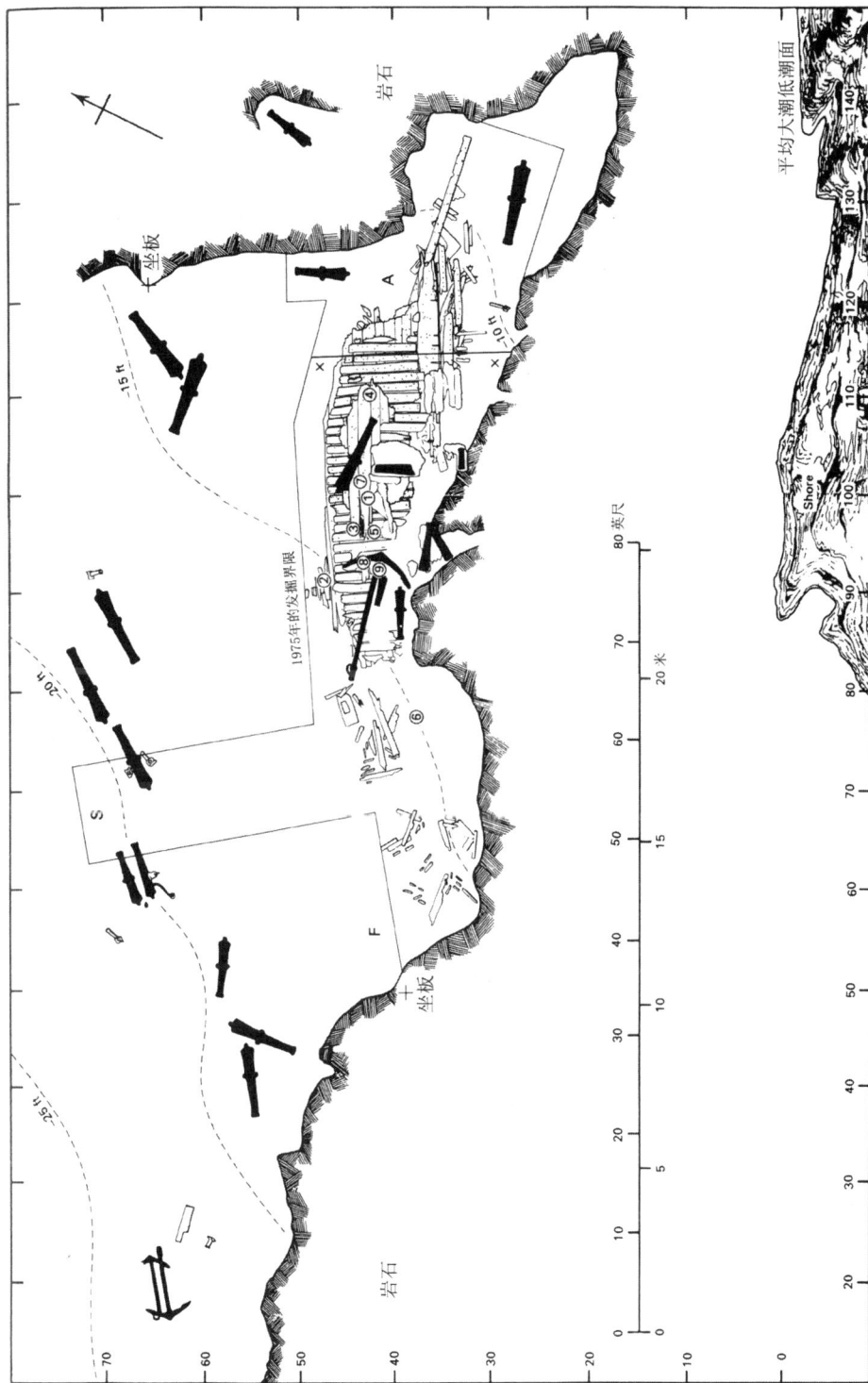

图 5.14

位于苏格兰格兰马尔海峡的"达特茅斯"号遗址平面图

体遗骸的倾斜度、火炮排列在沿遗址北部边缘以及船只向右舷侧倒的情形，亦可得到确凿的证据。火炮显然从该船的上层甲板上跌落下来。这一看法已为在同一区域（S 区）发现的各种器物所证实（图 5.14）。砖、瓦、动物骨骼等都可能来自大约设在上甲板艏楼之下的厨房，艏楼上面挂有船钟 [230][图 1]。横跨 F 区和 S 区（图 5.14）之间挖掘的探沟有一空白地带，这说明从上层甲板滚落到右舷一侧的器物与当时保留在船体下部、现在与沉船残骸并行排列的器物之间已明显地分开，后者包括诸如船上属具及武器之类。在这里虽然只保存了一小部分船体，但从考古材料中可以推导出该船在崩解时的布局以及由此而知该船原来组装的许多情况。

除了表 5.5 所列出的"标示物"器物之外，该遗址还存在大量的其他器物，但不甚清楚它们原来在船上的位置，在遗址上的分布图形也极不明显。为了便于比较这些器物的分布情况，它们的算术平均中心已经分别计算出来，并在图 5.14 中按主①～⑨类器物分别标出。这无疑是为了比较而采用的一种最简便的方法，这一方法适用于进行聚集分布分析（aggregation distribution）[250][156 207]。其计算过程是，在遗址平面图上设 x 轴、y 轴，然后对各种器物分别算出该类器物 x，y 坐标的平均值，得到的点（x，y）即是那种器物分布的算术平均中心（the arithmetic mean centre AMC）。这项研究采用的 9 类器物有：

①陶器，②玻璃器，③陶烟斗的斗，④航海仪器，⑤烹饪用具，⑥帆缆索具，⑦鞋靴类，⑧个人用品，⑨碎铅块。

第④类和第⑥类分别与艏、艉有关，它们是为了检验这种方法而列入的。至于把陶烟斗的斗单独列出，是为了消除算术平均中心向陶烟斗碎片最多区域的偏移。如果将烟斗柄及其碎片都计算在内的话，则很可能会发生这种偏移。

从图 5.14 所示的算术平均中心分布图立即可以看出，第④类和第⑥类位于船的两端，而其他各类则聚集于船舯部。如把每一点和离它最近的点相连接（图 5.15），这些算术平均中心所包含的各种趋势也许可以表现得更加清晰。其中的某些趋势可以根据情理而预料到，例如，人们可以推想第⑦类及第①类与居住在艉部的官员（而不是住在船前部的船员）有更密切的关系。其他一些结果也为进一步研究提供了材料，如玻璃器皿的分布具有集中于船前部上方的明显趋势，就引起人们对船上酒库位置的推测。进行这种分析尝试的主要目的，是想说明把这种方法用于已经知道船舶遗物分布的遗址时究竟能够达到什么效果。但要搞清有关该遗址的所有问题，还需要进行更为全面深入的考古发掘和研究，包括研究以上 9 类器物以外的其他器物，并对这些器物进行更为详细的分类。

　　作为对器物空间关系的一种初步研究，这种简单的聚集分布方法无论是在水下还是在陆上的考古研究中都应用极少。但它似乎具有很大的发展潜力。在连续性沉船遗址上，特别是当沉船方位不是一目了然，需要客观地估量其可能的趋向时，这种方法看来的确很有吸引力。应该指出，D.C. 内夫特（D.C.Neft）曾提出应把调和平均中心（the harmonic mean center）作为表现区域性分布的更可取的统计方法，他列举了许多理由，特别是因为它受极端坐标值的影响较少 [259 27]。然而，就在大多数考占工作中的应用而言，这种统计方法在计算方面需要花的功大似乎超过了其在理论上的优越性。

图 5.15
算术平均中心分布图

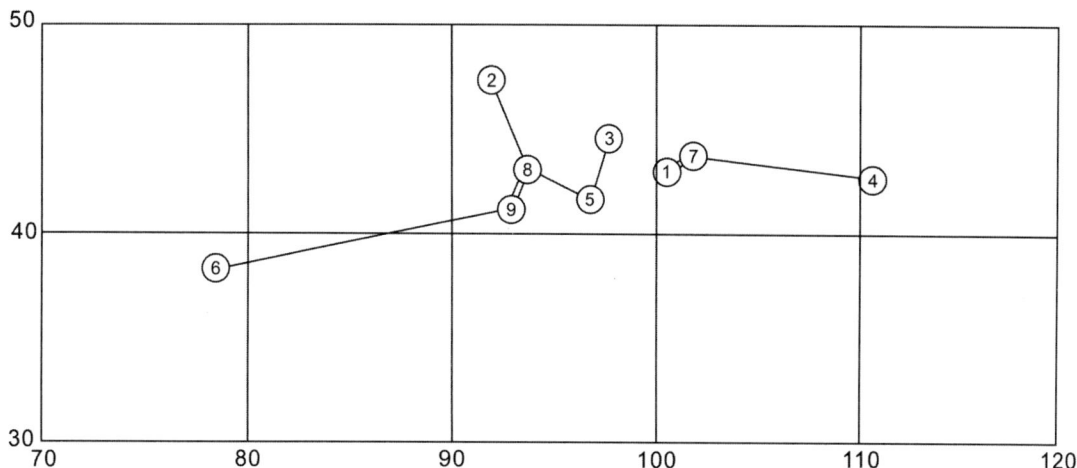

　　上面的讨论已涉及不存在完整沉船结构遗存的连续性遗址，现在我们可以通过两个例子做进一步探讨。一个是格里多尼亚角沉船遗址，该遗址全长不到 10 米，可能船体本身长度也差不多如此 [19 44]。该遗址的情况比较特殊，仅在船货铸锭周围形成的凝结物中残存了一些船体构件，而其他遗存物必定已被当地几乎是从未止息的海流席卷而去。但 G. 巴斯教授根据遗址上的遗物分布情况却能够得出一些结论：可能这艘船下滑到遗址的位置时，其龙骨被凸起的岩石撞断，艏、艉部分落在遗址的 G 区和 P 区。虽然艏、艉已有部分向坡下滑去，但两堆密集的铸锭仍然非常明显。人们发现，有大量堆成小堆的废弃青铜碎屑，它们原来是装在袋子或篮子里的，在一堆青铜碎屑里发现的一只残破柳条筐证实了这一看法。几乎所有的私人用品都是在 G 区或在 G 区北部的大卵石下发现的，可能是被海流冲到那里去的。根据这一点，人们认为 G 区可能是船的艉部。在这个如此紧凑、器物相对较少的遗址上，只要看一看其五种基本的器物分布图，就足以得到所有恰当的结论。

　　格里多尼亚角沉船至少在目前仍是一个特殊的遗址，其中的另一条理由是该遗址得到了全面的调查并发表了全部材料，因此可以利用所有的材料 [19]。而在本章里讨论的中世纪以后的"达特茅斯"号遗址，尽管其发掘工作属于最复杂之列，但边缘的有些地区并未做系统的发掘。在爱尔兰多尼戈尔县金纳哥湾对"特立尼达·巴伦西亚"号的发掘，最清楚地表现出未做全面发掘的遗址所出现的问题。在 1971 年该遗址进行的第一阶段发掘时所勘测的最早"标示物"，主要是在平坦的沙质海底上露出的几门火炮和炮车轮，以及许多金属探测器触点的痕迹。在以后 3 个阶段的工作中揭露了遗址的各区域，并出土了种类繁多的器物，但至今还没有发现存在连续性船体的任何迹象，因此要了解遗址器物分布十分困难。不过，发掘者们有一种强烈的感觉，即沉积物中心应该位于所发掘的 30.5×61.0 平方米区的中心区域。最初的遗物分布图对发掘者可能有某些启发，但简单的趋势面分析（the trend surface analysis）则能够更加清楚地指出其位置之所在。现在用这项技术来分析

图 5.16
发掘前勘测的"特立尼达·巴伦西亚"号遗址的平面图，西南角是已经挖掘的区域，用于趋势面分析

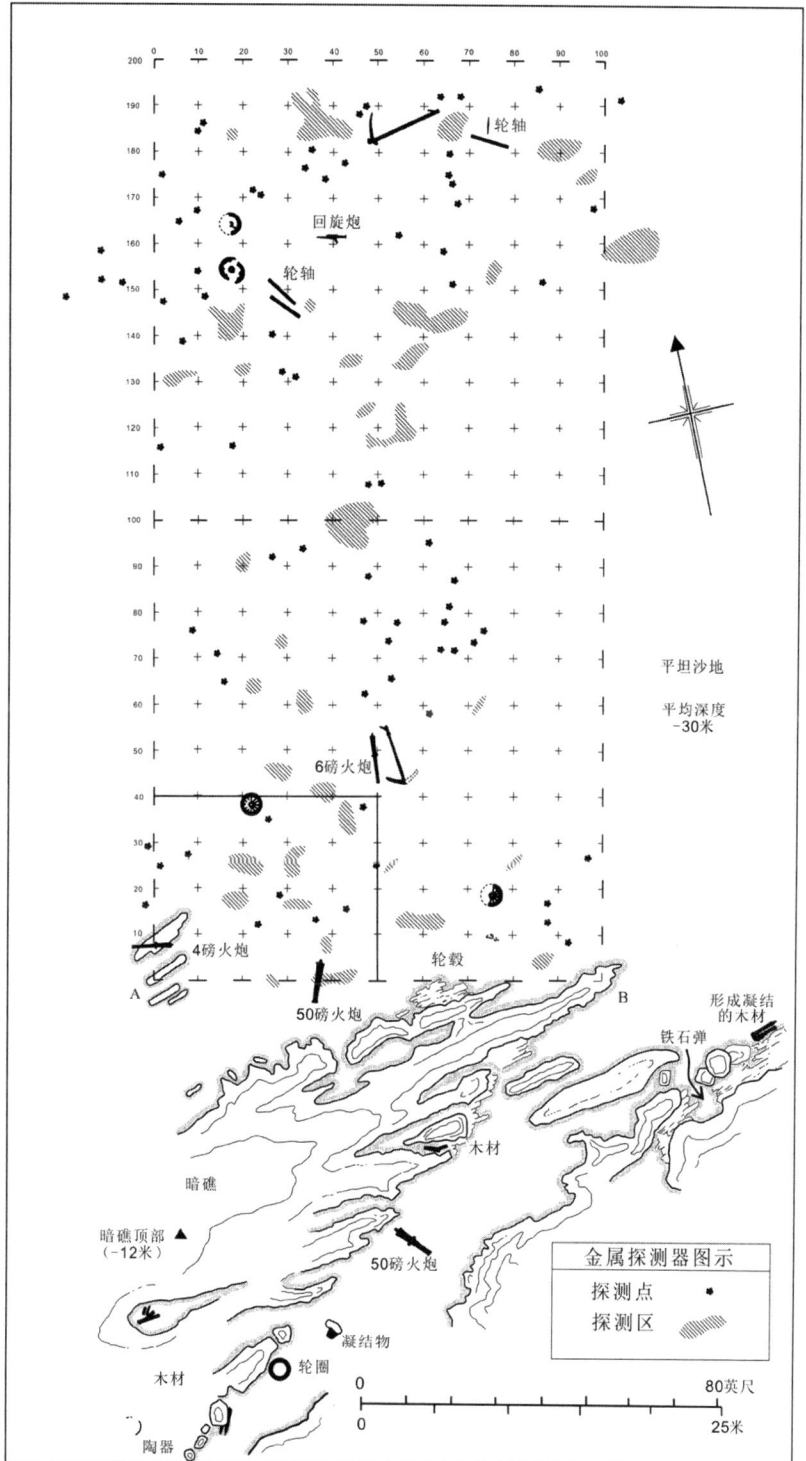

一下该遗址上的一个"窗口"，即 1974 年从基准点 A 开始发掘的一个区域（12.2×15.2 平方米）（图 5.16）。

这项趋势面分析的步骤是，在该遗址上做一幅网点图，相邻点之间的距离为 1.52 米，求出每一点周围 4 个正方形中器物数目的总和。考虑到这一区域内的器物密度，取 1.52 米作为最小的网点间距，这样使每一方格至少可包含一件器物。初步分析的结果见图 5.17，这是关于该项分析得很低水平的趋势面图。对每一格点换用边长 3.04 米的方格进行计算，重新分析的结果见图 5.18。在每一种情况下，其结果都画出等值线并打上斜纹线，使主要的趋势更加清晰。另外对靠近边缘的数值应作适当修正，以使它们与网格中心数值能做严格比较。尽管这只是一种比较简单的趋势面分析，但对本书来说已足以说明问题。如要了解关于这一课题的更多知识，可以参考本书列举的文献 [58] [69 375] [156 155]。

图 5.17 和图 5.18 的趋势面图都非常清楚地表明该遗址器物的主要分布趋势呈东北—西南方向。这在很大程度上暗示出沿东北方向的器物分布密度较大。这点确切地证实了人们在发掘时的感觉。对该遗址东北方向另一相邻区域的初步探测证明，那里也聚集了大量的遗物。而遗址南面区域的遗物尚待探查。图 5.17 清晰地显示出遗物有朝遗址西南角集中的趋势，这反映了在一只残破而带有大量凝结物的轮辋下面和附近所堆积的器物。这只轮辋似乎不仅保存了在其他环境下很难保存下来的某些易脆物品（尤其是皮革制品），而且把种类众多的、在任何环境中都能够保存下来的其他物品也吸附到自己身边。图 5.17 还反映出在车轮四周一带的器物比较贫乏，这和上面器物集中现象可谓互相补充。看来在某段时期内这些器物一直在这一区域随意移动，而那些为轮辋所吸附的器物则停止了运动。诚然，这仅仅是为了说明这种方法的可能性而作的一种初步尝试，但在局部观察的连续性分布遗址上，这种方法似乎能起到一些作用。

上面对最后一例的讨论在连续性遗址的范围内已经达到竭其所能的地步，按顺序下一步应该讨论已作局部勘察的非连续性分布的问题。这将在下一节进行讨论。但在结束连续性分布的讨论之前，还要强调几点。其中最重要的是，在各种类型的分析中，看来存在着采用统计学方法和数值分析方法以及利用现代计算机的广阔天地。这既可以用于分析研究船体遗骸，例如，可以用计算机最有效地模拟各种复原方案；也可以用于分析遗址的器物分布[241]。以上已提出并概述了后一类运用中的某些比较简单和较为明显的可能性，但还有许多其他内容尚未进行探讨。如建立在最邻近值方法（the nearest neighbour approach）基础之上的一系列技术，就一直未引起人们的重视（可以参考文献[156 38 204]）。最后，不管采用什么方法，有关船舶的结构和组织方面的详尽结论都充分证明，在所有遗址上使用艰苦、昂贵和费时的发掘方法及记录方法是完全应该的。

图 5.17
"特立尼达·巴伦西亚"
号沉船遗址西南角的
趋势面分析图（一）

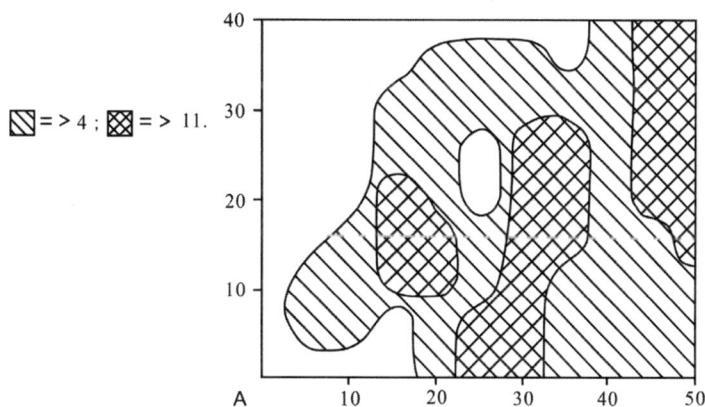

图 5.18
"特立尼达·巴伦西亚"
号沉船遗址西南角的
趋势面分析图（二）

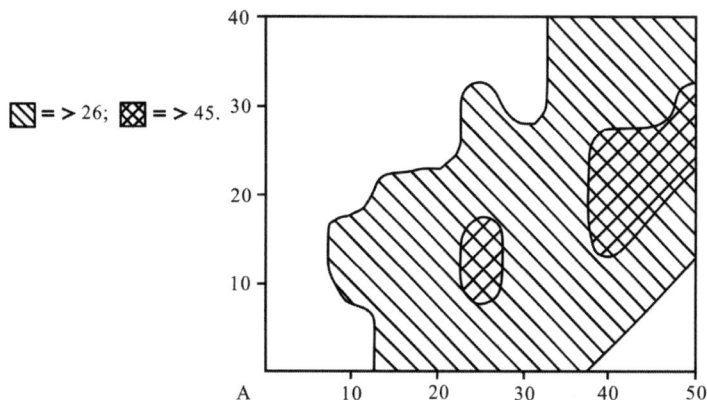

5.7　海底分布分析（二）

　　——非连续性遗址

　　随着海底遗物重新排列的程度加大，遗物分布的意义在直观上也不太明显，这时分析方法就变得更加复杂。在非连续性遗址上，不但遗物的重新排列程度相当大，而且也不存在研究遗物时起参照作用的任何确定的船舶结构。诸如亚西阿达海沉船遗址之类的遗物分布，可以与它们原来所在船舶的遗骸框架直接发生关系，甚至像"特立尼达·巴伦西亚"号那种甚为模糊不清的遗址，仍可以设想那些分散的器物和代表遗存船舶的某一核心区域有联系。但是，如果船舶的解体是发生在相当长的一段距离上，或者在沉船遗址区域内，海底的环境条件对保存遗物而言，变化颇大，情况就完全不同了。任何明确结构的荡然无存，使非连续性遗址与几乎所有的其他考古遗址都有很大的不同，陆上的贝冢遗址也许最接近于这种情况。

　　下面所介绍的一些合适的分析方法，仅仅涉及"肯内默兰"号沉船遗址，在该遗址上这种研究已被证明是特别有效的。正如前面所述，这些遗存物的整个分布清楚地反映了船舶崩解以及其中一些遗物与海底融为一体的过程，因而由此推测，在这些分布的细节里包含着同样程度的意义。在进行各种细致的分析之前，重要的一点在于，至少可以设想这种意义是存在的，因为应用任何统计学方法都不能从一塌糊涂的资料中得到有用的知识。相信可能存在着有意义的器物分布"图形"，当然不是保证它一定存在，更不用说一定可以发现这种"图形"。但这确实可以迫使考古学家去搜寻这些"图形"，并且适当地安排其发掘与记录程序，使其得到的资料有助于这种分布分析的研究。

　　在"肯内默兰"号遗址的南口区域，不连续性不仅与其遗存物的性质有关，而且还因为其发掘范围至今仍很有限。这些遗物仅集中于该遗址的一部分区域（虽然是中心区域），当正在下沉的船舶碰到击岸波

（surf line）时，在这里沉积了不少沉船物质。在这个地区里只有某些地方做了系统发掘（图 5.19）。这 7 个发掘区代表了该区域海底的主要类型，包括由卵石及巨砾石组成的开放性海域（A 区、C 区、G 区）和封闭的海底冲沟（B 区、D 区、E 区、F 区）。同时，它们还代表了若干种类的沉积，包括大块的铁质凝结物（C 区、E 区、F 区），和缠结杂乱的有机遗存物（F 区、G 区。见图 5.20）以及整齐的卵石沉积。根据这些材料得出的结论当然具有很大的暂定性。从头两个阶段的工作结束以来，人们一直在对这些材料的内容进行分析。

这既可以对所采用的发掘方法是否恰当进行检验，又可以为今后发掘工作需要解决的问题提供一些启示。关于某些研究，初步讨论已在别处发表 [241]。

甚至在发掘过程中，就发现海底遗物的分布存在一些显然很有意义的现象。其中一个突出的例子是集中于 F 区里一个部位的一些私人用品（珠宝，顶针，餐具和一堆硬币等）见图 5.20 的 P 附近。这些物品的数量作为个人使用而言则嫌过多。而作为公司贸易商品来说又嫌太少。它

图 5.19
"肯内默兰"号遗址的主要发掘区平面图

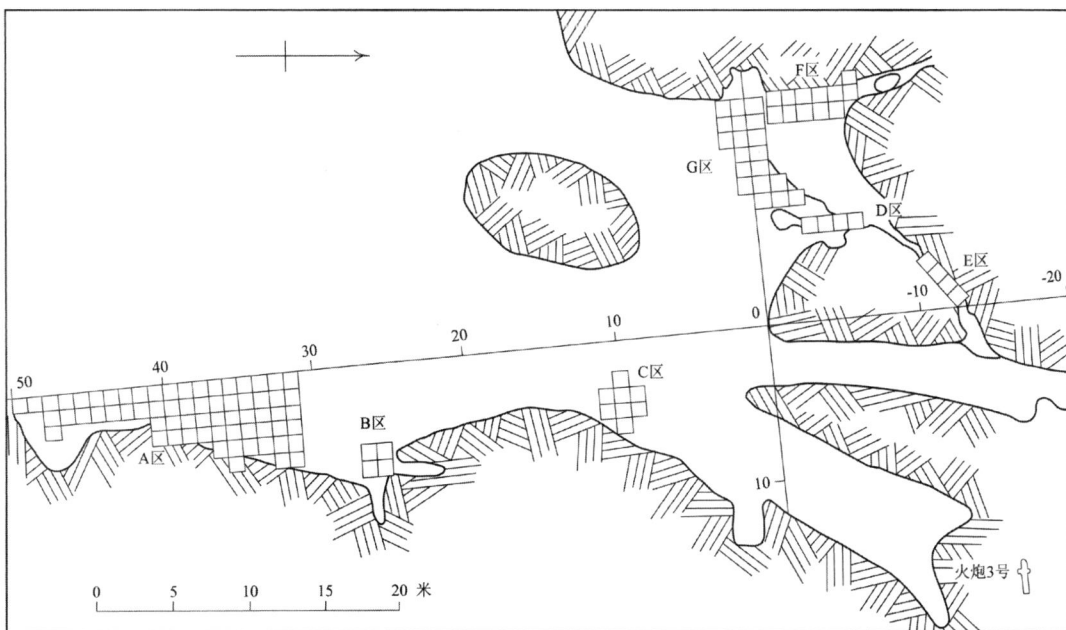

们可能是私人箱箧中少量非法的私人贸易物品[269 262]。实际上，在整个
F区和G区西部，这类物品集中的现象很突出，可能说明了它是在靠近
南口西部海岸区域沉落的船的一部分。在G区的东部，几乎没有发现
任何遗物，虽然在G区西半部以及更东面的D区遗物特别丰富，这一
点对于我们现在的讨论也具有同样重要的意义。因为D区东部的保存
环境特点显然与其他区域相同，而该区域缺乏遗物必定反映了某种可能
与沉船过程有关的其他因素。另一个很快引起人们重视的显著分布特点
是各种铅弹都集中于A区。然而除此以外，其他各种物品却似乎无规律
地散落在各发掘区，并没有呈现出一目了然的有规则的分布"图形"。

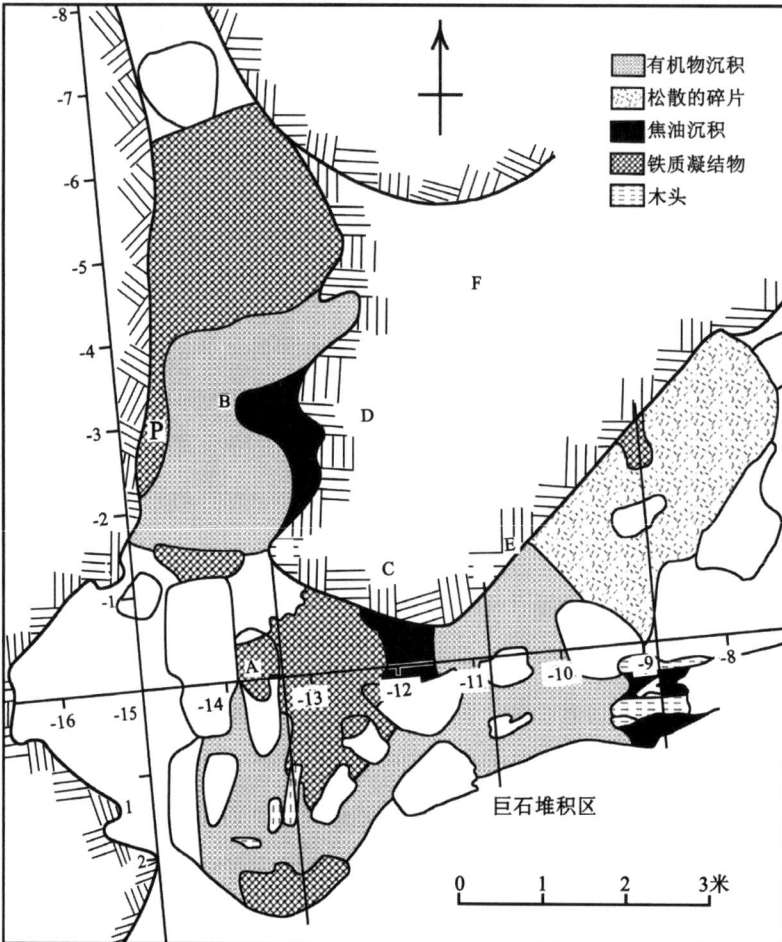

图 5.20
"肯内默兰"号遗址 F 区
和 G 区主要沉积特征的
平面图

作为分析的第一步，为了定量地描述各发掘区之间的遗物差异（这些差异在发掘期间人们就有所发觉），特将 7 个区域所发现的各类遗物的统计情况列表表示，每一栏列有某发掘区的某类物品总数、密度（即每平方米的器物数）和该区某类器物占整个遗址所发现的该类器物总数的百分比（表 5.6）。每类器物的计量单位都是可以分辨出的最小完整实体，这是因为任何其他计量方法都可能对各类器物的相对重要性作出不合理的假定。这样可以排除对某些遗物特别过于强调的做法，因为这种情况在科学研究中一般是不允许的 [262 109]。进行统计的各类遗物如下所列：

1. 粗陶器碎片，显然全部属于伯拉明罐（单位：片）；

2. 绿玻璃瓶碎片，属于方底玻璃瓶（单位：片）；

3. 锡镴合金瓶盖，属于绿玻璃瓶（第 2 类）（单位：片），一片锡镴可以代表一只盖；

4. 陶烟斗：再细分成 3 种——a. 柄的残片，b. 斗的残片，c. 其余碎片；

5. 直径大于 0.001 米的铅丸，即散射弹；

6. 私人物品（珠宝、顶针、餐具、服装等）；

7. 与船上武器装备有关的器物；

8. 青铜挡板的残片；

9. 青铜钉；

10. 碎铅片；

11. 骨头；

12. 绳索残段；

13. 釉陶残片（单位：片）。

以上 13 类共占该遗址发现物总数的 80% 以上。

在表 5.6 中，各类器物的数量随各发掘区不同而有相当大的差别，因而很难对其中所包含的各种因素进行比较，更不可能找出其中的规律性。对这种统计表进行分类研究的一种简单方法，就是按某种共同特征

表 5.6

"肯内默兰"号沉船遗址 7 个主要发掘区各类遗物统计表

Sites		A	B	C	D	E	F	G	总计
Areas (m2)		66	4	8	4	4	12	19	117
Class 1	n	185	31	16	33	55	319	313	952
	d	3	7.8	2	8.3	13.8	24.5	16.5	8.1
	p	19	3	2	3	6	34	33	100
Class 2	n	91	134	118	59	72	379	110	963
	d	1.4	33.5	14.8	14.7	18	31.5	5.8	8.2
	p	9	14	12	6	7	39	11	100
Class 3	n	9	5	11	4	7	41	3	80
	d	0.1	1.3	1.4	1	1.8	3.5	0.2	0.7
	p	11	6	14	5	9	51	4	100
Class 4a	n	21	20	8	18	25	117	167	376
	d	0.3	5	1	4.5	6.3	9.8	8.8	3.2
	p	6	5	2	5	7	31	44	100
Class 4b	n	2	8	1	1	5	25	39	81
	d	0.1	2	0.1	0.3	1.3	2	2.1	0.7
	p	2	10	1	1	6	31	48	100
Class 4c	n	23	28	9	19	30	142	206	457
	d	0.3	7	1.1	4.8	7.5	11.8	10.8	2.9
	p	5	6	2	4	7	31	45	100
Class 5	n	1594	0	0	2	1	46	1	1644
	d	24.8	0	0	0.5	0.3	3.8	0.1	14.1
	p	97	0	0	0.1	0.1	3	0.1	100
Class 6	n	13	2	3	10	4	157	25	214
	d	0.2	0.5	0.4	2.5	1	13	1.3	1.8
	p	6	1	1	5	2	73	12	100
Class 7	n	9	0	0	0	0	0	0	9
	d	0.1	0	0	0	0	0	0	0.1
	p	100	0	0	0	0	0	0	100
Class 8	n	92	0	0	4	0	0	1	97
	d	1.4	0	0	1	0	0	0.1	0.8
	p	95	0	0	4	0	0	1	100
Class 9	n	389	0	0	0	1	19	1	410
	d	5.9	0	0	0	0.3	1.6	0.3	3.5
	p	94.8	0	0	0	0.3	4.8	0.3	100
Class 10	n	7	0	5	2	0	6	0	21
	d	0.1	0	0.6	0.5	0	0.5	0	0.2
	p	33.3	0	23.8	9.5	0	28.6	4.8	100
Class 11	n	5	3	1	0	0	20	20	49
	d	0.1	0.8	0.1	0	0	1.7	1	0.4
	p	10	6	2	0	0	41	41	100
Class 12	n	0	0	7	0	0	8	6	21
	d	0	0	0.9	0	0	0.7	0.3	0.2
	p	0	0	33.4	0	0	38.1	28.6	100
Class 13	n	11	0	22	2	1	42	57	135
	d	0.2	0	2.8	0.5	0.3	3.5	3	1.2
	p	8	0	16	1	1	31	42	100

n——器物数；d——密度 即每平方米的器物数；p——各类器物占整个器物的百分比。

把某些单位归并在一起，以显示这种特征对于整体的影响。为了考察其中的一般趋势，表 5.7 分别汇总了全部开放性遗址（A 区、C 区、G 区）和全部封闭的冲沟遗址（即其余所有的发掘区）。人们在发掘时就意识到，封闭遗址遗物密度较大，这一归并已经证实了这一情况。此外，它还消除了另一种怀疑，即认为在开放性区域和封闭性区域之间，残存烟斗的柄（4a 类）和烟斗的斗，其相对数量也存在着差别。把各种不同类型沉积中的发现物归并在一起，作类似的归并分析，证明不存在任何明显的趋势。

为了消除因各发掘区面积不同而造成的差异，并能够对遗物分布作出精确的研究，一个合理的办法是将遗址划分成 1 米见方的方格（图 5.19）。这个尺度在水下记录实际达到的精确度范围内被证明是最小的尺度。每一区排列的方格总数必须与该区的总面积（按平方米计算）相等，同时又要保证每件器物都包含在一个方格内。这是由于卷尺只能松弛而不能伸长，所以用皮尺测量距离时只会多量而不会少量。第 7 类（武器）、第 10 类（碎铅片）、第 12 类（绳索碎段）由于数量太少，不会得到有意义的结果，所以做进一步探讨时，可略而不论。在 117 个方格中有 20 个没有发现任何可供研究的器物，也可不了考虑（在图 5.21 中这些方格用下面划线的序号来表示）。表 5.8 列出其余 97 个方格中各类器物的数目，依照图 5.21 的序号排列。

从表 5.8 看，在 97 个方格中，各类器物的分布存在明显的规律。计算出的各类器物的离差指数（an index of dispersion）[142 63] [156 34] 都特别高，其数值范围从 373.4（第 3 类）到 11224.3（第 5 类）。因此做进一步分析看来是很必要的。各方格的排列顺序显然是任意的，它们之间的距离也远近不一，所以寻求此项资料中的规律性"图形"实际上就是探求 12 类器物间的相互关系问题。在这类分析中，可以采用一系列数字分类方法（numerical taxonomy）[292]，其中一些拟在下面作一介绍。

解决此类问题的一种常用方法是将数据简化为每一方格中各类器物是否存在的一张表格。在表 5.8 中的各项，如数值不为 0 则计为存在，如数

表 5.7

"肯内默兰"号沉船遗址器物统计表，用以比较开放性遗址和封闭性遗址

遗　　址　　　　面积（平方米）		开放性遗址 93	封闭性遗址 24			开放性遗址 93	封闭性遗址 24
Class 1	n	514	438	Class 7	n	9	0
	d	5.5	18.3		d	0.1	0
	p	54	46		P	100	0
Class 2	n	319	644	Class 8	n	93	4
	d	3.4	26.8		d	1	0.2
	p	33	67		P	96	4
Class 3n	n	23	57	Class 9	n	390	20
	d	0.3	2.4		d	4.2	0.8
	p	29	71		p	95	5
Class 4a	n	196	180	Class 10	n	13	8
	d	2.1	7.5		d	0.1	0.3
	p	52	48		P	61.9	38.1
Class 4b	n	42	39	Class 11	n	26	23
	d	0.5	1.6		d	0.3	1
	p	52	48		P	53	47
Class 4c	n	238	219	Class 12	n	13	8
	d	2.6	9.1		d	0.1	0.3
	p	52	48		P	61.9	38.1
Class 5	n	1595	49	Class 13	n	90	45
	d	17.2	2		d	1	0.9
	p	97	3		P	67	33
Class 6	n	41	173				
	d	0.4	7.2				
	p	19	81				

值为 0 则计为不存在。然后在每两类器物之间，使二者与处于相同状态和相反状态的方格数目发生关系，这样就可以得到一个相关系数 [292 129] [156 201]。

以表 5.9 中 X 和 Y 两类器物为例，意味着把两类器物都存在（a）或都不存在（d）的方格数，与只存在着其中一类方格数（b、c）相联系。这种分析方法曾被用于处理第一批资料，但结果并不理想。因为把问题简化为是否存在两种状态，就大大缩小了在少数方格内大量集中出现的那些类别的器物的影响。除了考虑存在和不存在状态之外，如果再引入一种丰度状态（an abundance state），也还不能完全解决问题 [241 178]。研究结果清楚地表明，用简单匹配系数（the Simple Matching Coefficient）[按照公式（a+d）／（a+b+c-d）计算] 处理这种材料，结果同样很糟

图 5.21

"肯内默兰"号沉船遗址的
方格编号
（其具体位置参见图 5.19）

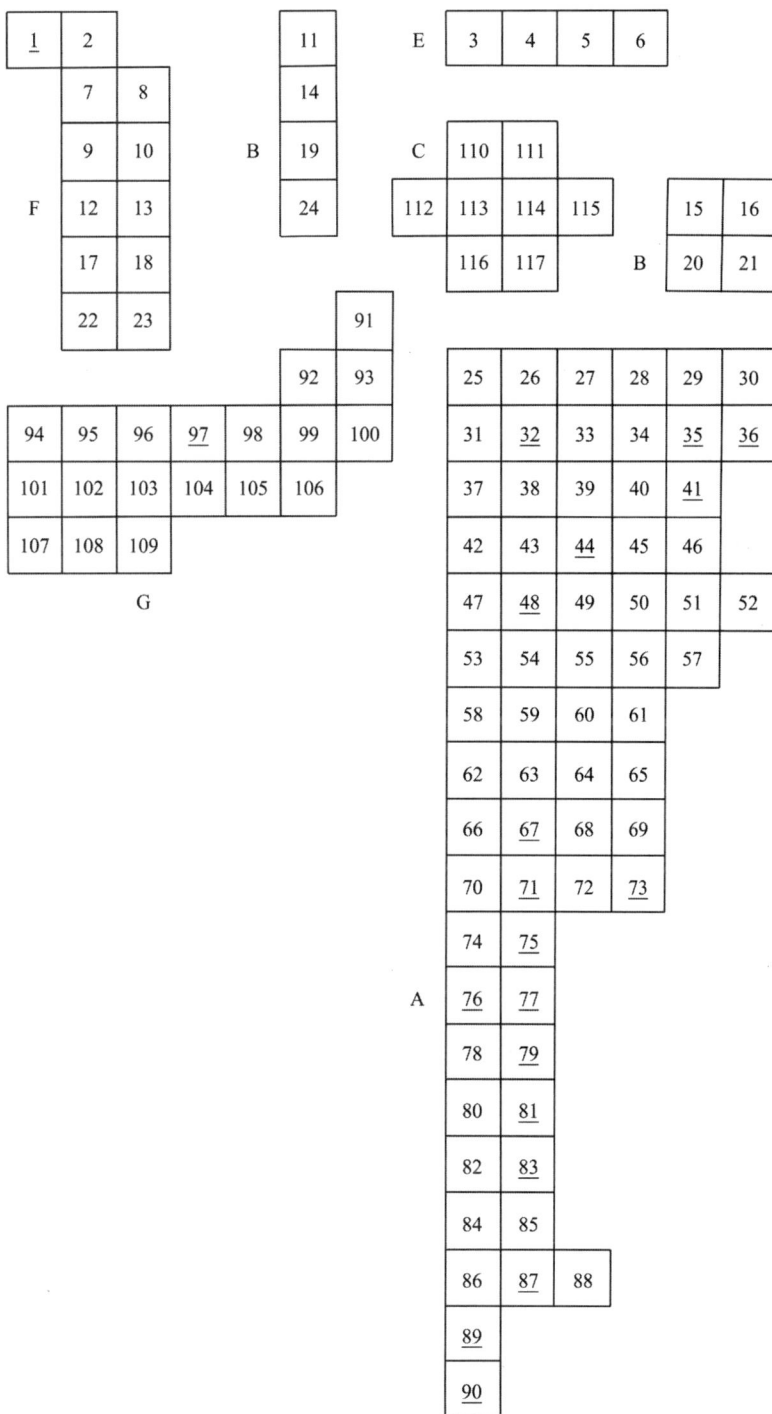

表 5.8

12 类器物在"肯内默兰"号遗址各发掘区每平方米方格内的数量（每类器物名称见正文；每方格位置见图 5.21）

类别	1	2	3	4a	4b	4c	5	6	8	9	11	13
2	13	70	2	17	2	19	0	3	1	1	0	0
3	13	18	1	6	1	7	0	0	0	0	0	1
4	14	18	2	6	1	7	0	2	0	0	0	0
5	14	18	2	6	2	8	1	2	0	1	0	0
6	14	18	2	7	1	8	0	0	0	0	0	0
7	100	91	10	14	9	23	0	3	0	0	0	3
8	22	0	5	0	0	0	0	0	0	0	0	0
9	1	10	8	0	0	0	1	6	0	0	2	4
10	1	4	2	0	0	0	0	2	0	0	0	0
11	8	14	1	4	0	4	6	2	1	6	6	0
12	50	57	10	20	9	30	21	11	0	0	0	7
13	4	10	1	6	0	5	0	1	0	0	0	2
14	8	15	1	4	0	5	0	2	1	0	0	0
15	8	33	1	5	2	7	0	0	0	0	1	0
16	8	34	2	5	2	7	0	2	0	1	0	0
17	87	46	2	22	5	27	25	100	0	9	4	14
18	3	10	1	1	0	1	0	0	0	0	0	4
19	8	15	1	5	1	5	1	3	1	0	0	1
20	7	33	1	5	2	7	0	0	0	0	0	0
21	8	34	1	5	2	7	0	2	0	1	0	0
22	34	67	0	31	0	31	0	29	0	9	14	5
23	4	14	0	6	0	6	0	2	0	0	0	3
24	9	15	1	5	0	5	1	3	1	0	0	1
25	2	0	0	0	0	0	0	0	0	0	0	0
26	0	4	0	0	0	0	0	0	0	0	0	0
27	0	5	0	1	0	1	0	0	0	0	0	0
28	0	0	1	0	0	0	1	0	0	0	0	0
29	0	4	4	0	0	0	0	10	2	0	0	0
30	2	0	0	0	0	0	0	0	0	0	0	0
31	4	0	0	0	0	0	0	0	0	0	0	0
33	6	2	0	0	0	0	0	0	0	0	0	0
34	0	7	0	0	0	0	10	1	3	6	6	0
37	7	7	0	1	0	1	0	0	0	0	0	0
38	0	5	0	0	0	0	1	0	0	0	0	0
39	0	0	0	5	0	5	1	0	2	6	6	0
40	0	0	1	4	0	4	12	1	1	0	0	0
42	3	6	0	2	0	2	1	0	2	0	0	0
43	3	5	0	0	0	0	0	1	0	0	0	1
45	0	1	0	0	0	0	0	0	0	0	0	0
46	0	0	0	0	0	0	23	0	1	3	0	6
47	7	5	0	2	0	2	7	6	6	3	0	3
49	3	0	0	0	0	0	0	0	0	0	0	0
50	15	6	1	3	0	3	71	0	0	0	3	0
51	17	4	0	0	0	0	41	0	4	95	0	1
52	6	0	0	0	0	0	0	0	0	0	0	0
53	0	1	0	0	0	0	0	0	0	0	0	0
54	10	1	0	1	0	1	54	0	5	4	0	0
55	4	0	0	0	0	0	142	0	25	0	1	1
56	1	0	0	0	0	0	120	0	3	1	0	0
57	0	0	0	0	0	0	218	0	0	0	0	0
58	6	1	0	0	0	0	30	0	1	0	0	0
59	7	1	0	0	0	0	100	0	2	5	0	1
60	5	3	0	0	0	0	67	0	0	13	0	0
61	0	3	0	0	0	0	28	0	9	11	0	0
62	7	2	1	0	0	0	0	0	2	2	0	0
63	6	0	0	0	0	0	6	0	0	2	1	0
64	30	0	0	0	0	0	83	0	1	18	0	0
65	2	0	0	0	0	0	30	0	0	0	0	0
66	6	3	0	0	2	2	30	0	10	28	0	0
68	1	0	0	0	0	0	6	0	0	8	0	0
69	0	0	0	0	0	0	60	0	0	0	0	0
70	12	3	0	0	0	0	6	0	4	0	0	1

续表

72	3	0	0	0	0	0	8	0	0	8	0	0
74	0	3	1	1	0	1	0	0	0	0	0	0
78	2	0	0	0	0	0	0	0	0	0	0	0
80	3	1	0	1	0	1	225	0	14	35	0	0
82	1	7	0	0	0	0	213	0	2	69	0	3
84	1	0	0	0	0	0	0	0	0	0	0	0
85	0	1	0	0	0	0	0	0	0	0	0	0
86	1	0	0	0	0	0	0	0	0	71	0	0
88	2	0	0	0	0	0	0	0	0	0	0	0
91	3	4	0	2	0	2	0	1	0	0	1	0
92	6	9	0	3	1	4	1	0	0	0	0	0
93	3	3	0	7	3	10	0	1	0	0	0	0
94	50	0	0	2	1	3	0	0	0	0	0	0
95	89	20	1	18	0	18	0	6	0	0	2	5
96	2	8	0	4	3	7	0	4	0	0	1	8
98	1	0	0	0	0	0	0	0	0	0	0	0
99	5	8	0	25	9	34	0	0	0	0	0	2
100	24	15	0	28	1	29	0	1	0	0	5	6
101	24	6	0	5	3	8	0	0	0	0	1	2
102	93	24	0	38	11	49	0	9	1	1	0	20
103	6	3	1	14	4	18	0	1	0	0	6	11
104	0	0	0	0	0	0	0	0	0	0	1	0
105	0	0	0	0	0	0	0	0	0	0	0	0
106	1	0	0	0	0	0	0	0	0	0	0	0
107	3	0	0	4	2	6	0	0	0	0	0	0
108	1	5	0	16	3	19	0	1	0	0	3	2
109	2	5	0	5	0	5	0	0	0	0	1	1
110	2	18	2	5	0	5	0	1	0	0	0	6
111	1	5	2	0	0	0	0	0	0	0	0	5
112	2	28	0	0	0	0	0	0	0	0	0	1
113	3	21	3	3	1	4	0	2	0	0	0	0
114	1	13	1	0	0	0	0	0	0	0	0	2
115	4	13	2	0	0	0	0	0	0	0	1	0
116	3	9	1	0	0	0	0	0	0	0	0	0
117	0	11	0	0	0	0	0	0	0	0	0	0

糕，因为它不合理地计入了数目稀少类别之间的高的相关系数数值，而这些稀少类别的唯一共同之处就在于它们在遗址的大部分方格内都不存在。但是，按照公式 a/（a+b+c−d）计算的杰卡德系数（the Coefficient jaccard），由于完全排除了 d（即两种类别都不存在）的影响，因而所得结果非常令人满意。因为存在有某些稀少和某些数量较多的器物类别，所以这一结果具有广泛的适用性。表 5.10 是依照杰卡德系数对表 5.8 作简化计算而得出的相似真值表。对此表作一般性观察就很容易发现，这里的大多数类别之间存在着不寻常的高数值趋势。

　　尽管这种"是否存在"的分析方法具有简单明了的优点，并且无须借助计算机即可运算（虽然很费工夫），但在应用中却不可避免地要丢掉大量信息；如果诸如表 5.8 所列的这类精确数据是可靠的，在其他条件也相同的情况下，这些数据应该予以利用。有人初步研究出一种简化

表 5.9

两类器物之间存在或不存在状态关系的说明

		X类	
		存在	不存在
Y类	存在	a	b
	不存在	c	d

表 5.10

对表 5.8 中"肯内默兰"号遗址分布材料进行"是否存在"的简化计算，用杰卡德系数得出的相似真值表

	1	2	3	4a	4b	4C	5	6	8	9	11	13
1	+											
2	0.64	+										
3	0.37	0.44	+									
4a	0.51	0.57	0.44	+								
4b	0.33	0.34	0.32	0.54	+							
4c	0.51	0.64	0.43	0.98	0.55	+						
5	0.30	0.28	0.15	0.19	0.11	0.21	+					
6	0.34	0.43	0.48	0.50	0.38	0.49	0.14	+				
8	0.21	0.23	0.11	0.17	0.06	0.18	0.48	0.17	+			
9	0.24	0.21	0.07	0.15	0.11	0.16	0.48	0.12	0.37	+		
11	0.23	0.23	0.20	0.27	0.25	0.27	0.10	0.28	0.02	0.08	+	
13	0.40	0.46	0.28	0.39	0.29	0.39	0.20	0.39	0.17	0.14	0.28	+

的数据系统，即罗宾逊—勃兰内德相似性指数（the Robison-Brainerd index of similarity），这种方法已在数值分析方面显示出巨大潜力。如果利用速度更快、功能更强的电子计算机，还能研究更为复杂的统计学方法，并且可以试验其他的可能方法。现在，利用克拉斯坦组合程序（CLUSTAN package）计算表 5.8 中的数据已经完成。为了抑制由于各种类别的数量不同而产生的影响，有必要把所有数值表示成每一类别占的百分比，然后使这些百分比标准化。

在这一研究中，首先需要求出 12 种类别类似于表 5.10 那样的相似性真值。为此已经试验了两种广泛应用的相关系数：欧氏距离值（a measure of Euclidean distance）和积矩相似性测度（the product-moment measure of similarity）。表 5.11 是按照前一种测度求出的真值，

表 5.11

"肯内默兰" 号资料分析：欧式距离值的相似真值表

	1	2	3	4a	4b	4c	5	6	8	9	11	13
1	+											
2	2.314	+										
3	3.103	2.508	+									
4a	2.087	1.442	2.137	+								
4b	2.054	1.814	2.290	1.135	+							
4c	1.941	1.599	2.092	0.301	0.831	+						
5	2.773	2.786	3.187	2.350	2.099	2.370	+					
6	2.295	1.912	1.697	1.487	1.132	1.410	1.699	+				
8	2.963	2.831	3.050	2.120	2.107	2.230	1.739	1.397	+			
9	2.763	2.865	3.294	2.206	2.135	2.338	1.417	1.670	1.523	+		
11	2.673	2.570	2.968	1.752	1.382	1.796	1.938	1.334	2.091	2.035	+	
13	2.575	2.064	2.629	1.578	1.523	1.877	2.054	1.162	2.014	2.046	1.564	+

表 5.12

"肯内默兰" 号资料分析：积矩相关系数的相似真值表

	1	2	3	4a	4b	4c	5	6	8	9	11	13
1	+											
2	-0.014	+										
3	-0.177	-0.034	+									
4a	-0.119	0.138	-0.068	+								
4b	-0.019	-0.024	-0.087	0.086	+							
4c	-0.043	0.029	-0.050	0.750	0.362	+						
5	-0.103	-0.236	-0.223	-0.381	-0.261	-0.376	+					
6	-0.181	-0.105	0.280	-0.311	-0.080	-0.192	-0.127	+				
8	-0.180	-0.256	-0.165	-0.250	-0.300	-0.298	0.180	0.046	+			
9	-0.097	-0.274	-0.267	-0.296	-0.294	-0.360	0.341	-0.123	0.275	+		
11	-0.123	-0.217	-0.208	-0.124	0.060	-0.127	0.003	-0.053	-0.114	-0.059	+	
13	-0.142	-0.012	-0.112	-0.075	-0.098	-0.269	-0.097	0.052	-0.108	-0.103	0.048	+

按后者求出的真值见表 5.12。从表中可以看出，二者区别甚小，无法判别其优劣。不过一般认为欧几里得距离测度更为适用，因为它可以在随后进行较大范围的聚类分析。在这一例子里，使用了根据克拉斯坦组合

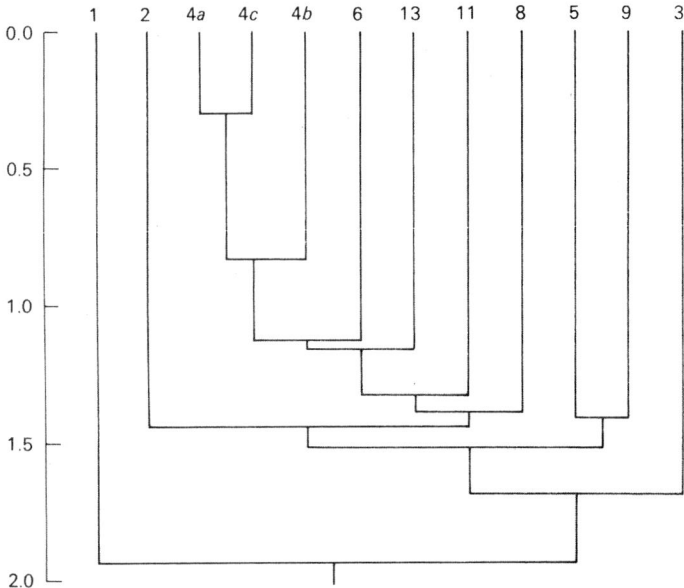

图 5.22
"肯内默兰"号资料分析；
应用距离相关和最邻近聚
类得到的枝状图（一）

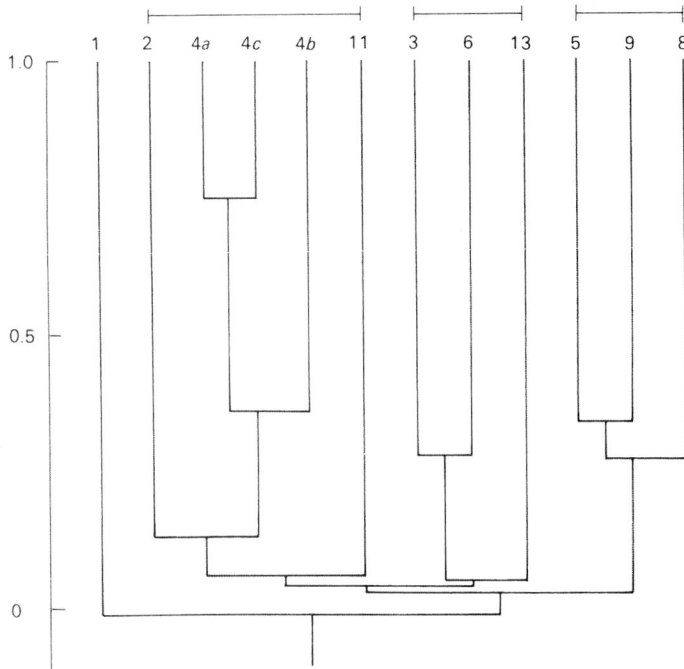

图 5.23
"肯内默兰"号资料分析；
应用积矩相关和最邻近聚
类得到的枝状图（二）

程序而来的 8 种聚类程序，其中只有前 4 种可以采用积矩相关方法所得的结果。由 5 种比较满意的聚类分析方法而得出的枝状图，见图 5.22—图 5.26。

检验某一分析方法是否产生了合乎要求的"图形"，其标准包括两个方面：其一，也是最基本的，它必须产生清晰而毫不含糊的"图形"。正是由于若干种分析方法确实产生了令人满意并且基本相同的结果，才增加了用这类方法显示出的一般趋势的可信程度。其二，必须显示出在类别 4a、4b、4c（即组成陶烟斗的不同部分）之间存在着密切的联系。因为，它们的关系原来就是很密切的。按照这一标准，某些方法得出的结果的确也令人满意，这一事实再次使人们对此方法产生了信心。还可

图 5.24
"肯内默兰"号资料的分析；
应用积矩相关和组群平均
聚类得到的枝状图（三）

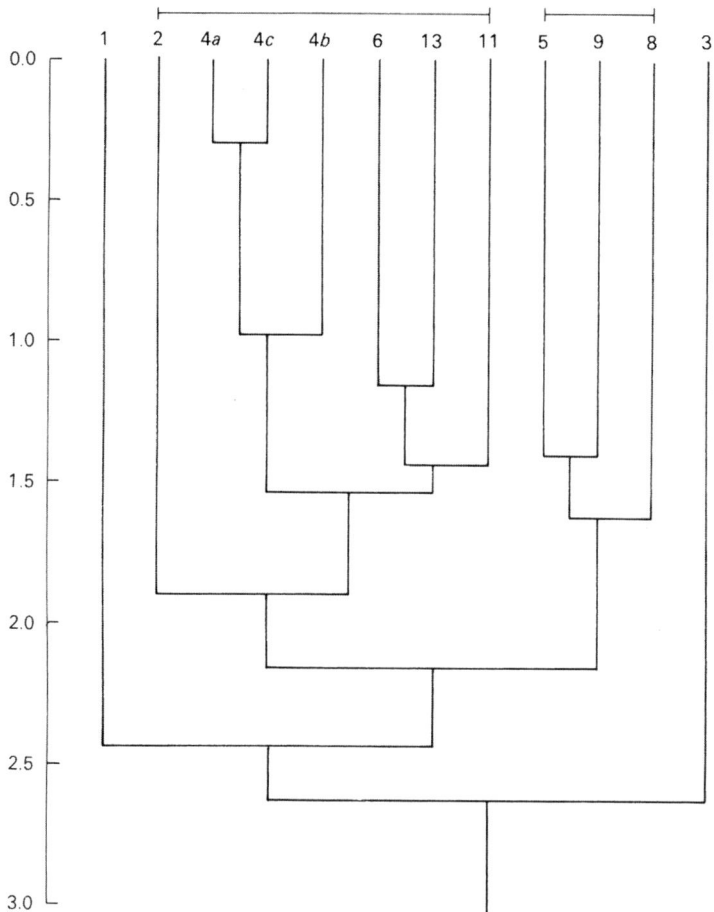

以提出第三条标准，即搜寻第二类和第三类物品（玻璃瓶和瓶盖）之间
密切的联系，但用各种方法都没有得到这种结果。由此，人们必然猜
测，影响这两类物品保存的不同因素已经使它们之间原来存在的任何相
互联系变得模糊不清了。

　　另一种一目了然的简单聚类方法就是将最近的邻值联系起来，实际
上，某些统计学家认为这是一种唯一完全有效的方法[86 176]。按照这种
方法采用欧氏距离值得出的枝状图，见图 5.22。使用积距相关系数得
出的枝状图，见图 5.23。前者由于受到由第 4a、4b、4c 类引起的中心
聚类的过分束缚而受到影响，这是该项方法的一个普遍的弱点。而后者
在图 5.23 上方形成三个分离聚类群，这种结果基本上令人满意。利用
一种有关的组群平均聚类方法（group average clustering）还得到两个同
样符合标准的枝状图。其中一个使用欧几里得距离真值（the Euclidean

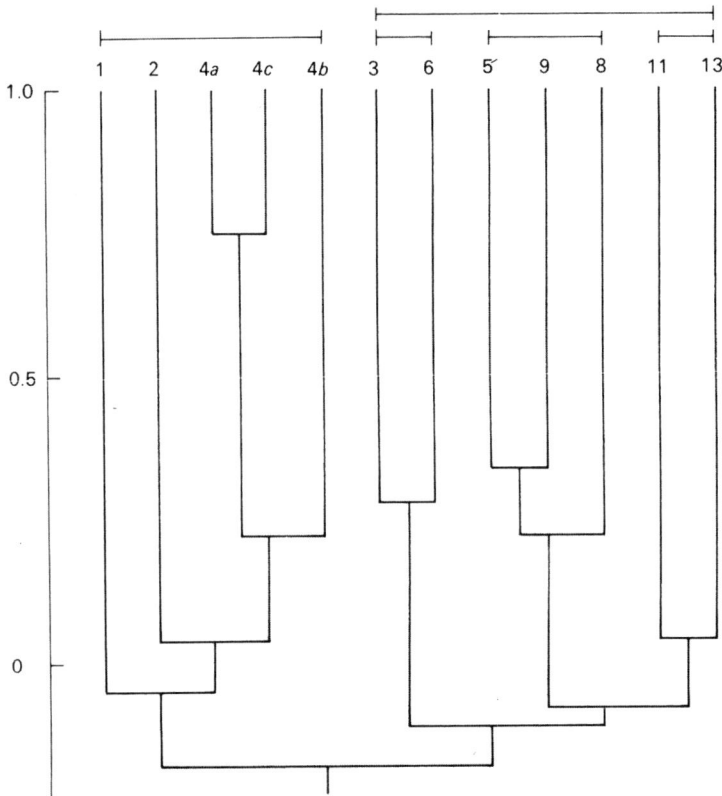

图 5.25
"肯内默兰"号资料的分析；
应用积矩相关和组群平均
聚类得到的枝状图（四）

distance Matrix）（图 5.24），另一个是使用积矩矩阵（the product-moment matrix）（图 5.25）。前者产生了一对清楚的聚类群，但仍带有受质心聚类束缚的某些痕迹；后者则显示出一组非常清晰的聚类群，分成两个不同的层次，如图 5.25 所示。正如在其他一些考古遗址上所观察到的那样，这一方法在许多方面已被证明是最佳的方法。然而使用这一方法时要遇到一系列数学上的障碍，不应完全依赖于它 [86 177]，有关的第三种方法是通过考虑较远的邻近值而进行聚类。如果采用欧几里得距离矩阵，其结果并不能把第 4 类的三组物品聚在一起；但使用积矩矩阵却产生了一个与图 5.25 几乎完全相同的枝状图。可以采用上述两种真值的最后一种方法是应用麦克奎蒂相关系数（MC Quitty's coefficient），由此得到的两种结果，实际上与组群平均聚类方法是一致的。

图 5.26
"肯内默兰"号资料的分析；
应用积矩相关和组群平均
聚类得到的枝状图（五）

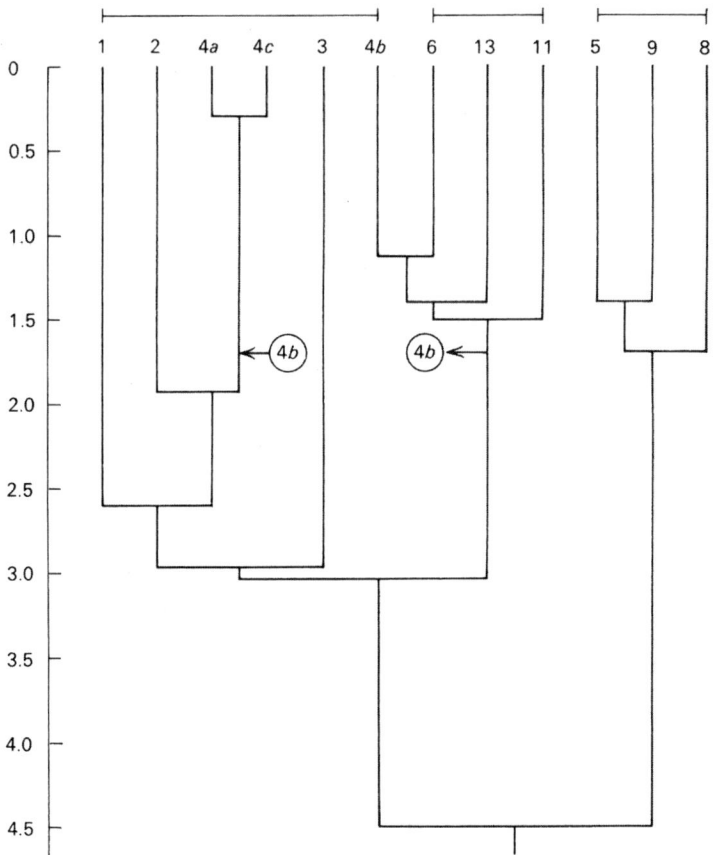

　　此外，还试验过其他 4 种方法，但它们只能采用欧几里得距离真值。其中的一种方法要应用兰斯—威廉相关系数（Lance–Williams coefficient）[185]，其结果不符合前面提出的第二条标准。其他两种方法要应用有关质心聚类（centroid clustering）和中值聚类（median clustering）的概念，但结果表现出与图 5.22 相似的受束缚特征，这一特征是不合要求的。最后一种方法称为沃德法（Ward's Method）[328]，其"图形"（图 5.26）非常令人满意，虽然这只是在若干不同层次上使用了一种再定位方法，因而使 4b 类的聚类发生了迁移。这种结果最接近于取得第 2 类和第 3 类物品间的联系，而且它依靠的是一种人们普遍认为特别完美的方法 [341]。

　　如果仅仅考虑前 4 种方法，那么用积矩相关方法得到的资料的用途确实一直比较大，而且其结果受到的不合要求的束缚要少得多。同样，这使人们特别相信应用组群平均方法得到的结果，尤其因为它们与应用麦克奎蒂系数取得的结果相一致，而这种方法却没有数学上的类似障碍。不过，图 5.26 所示的良好结果表明，不应完全抛弃距离测度，尤其当它与一个特别适合于它的聚类方法相联系的时候。下面讨论上述结果的考古学意义，为简略起见，现在集中分析图 5.25（积矩系数加组群平均聚类）和图 5.26（欧几里得距离测度加华德法）。

　　在这两个图中，第 5、第 8、第 9 类（铅丸、青铜挡板和青铜钉）存在着明显的联系，这表明它们可能都来源于船舶前部，很可能属具仓和武器库即设于此处（参见前面讨论的"达特茅斯"号类情况）。在图 5.26 中第 11、第 13 和第 6 类（骨头、陶器和私人用品）也存在类似的密切联系，这说明它们属于船上人们在航行时使用的物品，如咸肉、陶器和私人珍贵物品及用具等。其中有趣之处在于，如果没有这些分析结果，陶器也同样可以认为是船货。最后，在第 4 类（陶烟斗）、第 1 类（陶器）、第 2 类（玻璃瓶）（图 5.26 还有第 3 类瓶盖）之间有一个虽然比较松散但一直存在着的聚类，这几类可看作船货的指示物。这一结果对陶烟斗来说也特别有意思。因为否则它们可能一直被看作航行中使用的最常见物品。粗陶器和玻璃瓶本身不是船货，而应是装有白兰地、葡萄酒和其他液体货物的容器。图 5.25 中所示的更高层次的聚类还暗示了航行中所使用的各种物品与长时期装在舱内的托运物资之间的初步区分，虽然这一区分在图 5.26 及其他枝状图上没有这样清晰。简要概括这一研究可能得出的考古学意义，虽然不是详尽无遗，但已显示出这种研究具有一定的发展潜力。

尽管现在的成果比较令人满意，也必须注意任何一种探方分析技术都存在着内在的缺点，即探方的定位、尺度及形状都能使结果产生很大的偏差 [156 36 240]。在这种情况下，采用比较"各区间均方值"（mean square between blocks）[142 85][156 34] 的方法，对不同探方尺寸所得结果进行比较试验表明，采用较大尺寸的探方并不能提高分辨力。与之相反，最好的方法是采用尺寸尽可能小的探方。另外，因为非连续性遗址在做分布分析时不允许使用取决于器物间实际距离的任何测度，因而探方分析方法很少有其他的选择余地。另一种可能有用的方法是"兰斯检验法"（Runs Test）[156]，它只考虑来自两个组合中物品的相对顺序而不管其精确的距离，并尽力否定这两组组合物可能来自同一总体的无效假说。然而，它也许不能有效地利用代表这些组合之间相互联系详细测度的数据，因此似乎比探方方法用途更小。

上面讨论的各种统计学方法，其应用实际上一直处于一种描述性水平，人们企图用此来对大量的资料进行概括和分析，以便从这些材料中得到具有考古学意义的规律。但还有一些更为有效的实用方法，在使用这些方法的过程中，人们还可以知道所观察的"图形"是怎样开始产生的，从而具有一种解释性的潜力。例如，采用从传染学研究（study of epidemics）发展出的一些方法，人们已了解到关于新石器时代农民开拓新土地各个过程的有益知识。在没有适用的相似程序时，有一种可能有用的方法，即用计算机模拟在任何特殊环境条件中的沉船过程，对照观察到的"图形"进行"拟合优度"（goodness of fit）的验定。在使用这种技术的早期阶段，其结果无疑会是混乱而令人失望的。但很有希望搞清其中的一些关键因素，从而填补现有知识中的一些重要空白。根据前面提到"肯内默兰"号的有利特点，这种遗址似乎特别适合于采用以上这种分析方法。但必要的时候应该提出以沉船共同特征为基础的更有概括性的解释模型，而且把这些模型用以解释那些材料贫乏，尤其是在最初了解得很不透彻的遗址。这一方法可以使本章所讨论的全部内容最终归结为一个整体，包括图 5.1 所示的关于沉船系统的解释以及最大限度从海底遗物分布中所获得的知识。时间将回答这种希望是否能够全部实现。

第六章　船舶的考古学

6.1　导论

在上一章的开始，所谓沉船分析的模式是按照从完整的船舶发展到最后的发掘物这样一个过程提出的。本章试图把这个顺序颠倒过来，以便检验从纯粹考古学材料中获得原船知识所能达到的限度。对沉船过程的研究具有某些内在的意义，其重要性在于它提供了联系被调查遗存物和原船之间的中间环节。通过考古手段了解原船的潜力及局限性最终限定了整个海洋考古学的范围，这一点将在第七章讨论。

尽管在所有沉船遗址的发掘报告中，探讨已经掌握的有关船舶的各方面情况，总是其主要内容，但本书在讨论船舶考古学时，这方面的内容却谈得较少，这是因为有关的概括性研究极少的缘故。在上编中介绍各个沉船遗址的研究成果时，已对这一课题的主要内容做了说明，但有些问题仍必须在本章再做进一步阐述。

就某一特定沉船遗址而言，考古材料和其他来源的材料相比较，最重要的一点就在于，它比任何其他材料更具有直接的性质。考古材料的优越性亦在于此。虽然考古材料不免要受到考古学家所作解释的影响，但文献或图画等其他材料也要受到当时的记录者和现在的解释者两方面的影响。归根结底，海底遗存物表现的是实际存在的东西，而不是在人们头脑里想象存在的或应该存在的东西。而且，某一船舶的遗骸之所以得以保存下来，完全是一种偶然的非人为现象，没有任何人愿意使其航行以船舶沉没而告终。在"肯内默兰"号遗址上曾发现一种比较原始的早期反向高度仪。其使用时间比当时作家的记载要往后延续几十年，这一材料自然胜过文献一筹。当然，考古材料也具有自己内在的弱点，主要是不能表明人们的动机和思想。所以一般来说，不同的学科应看作是互为补充或同等重要的，而不应看作是相互抵触或有高下之分。这种情况通过本章后面对各种沉船的介绍将会更为清楚。

近年来，沉船发现的本身，促进了对海洋研究其他领域的进一步探索，如，P. 斯罗克莫顿对爱琴海一带古典时期沉船的调查，引起了人们对该地区至今尚存的极少数古老船型的注意 [311]。西班牙"无敌舰队"沉船的发现，也促使研究这一事件的历史学家再一次注意对舰船上的武器装备和其他贮藏物品的研究（3.6 节）。从某种程度上来讲，这一情况仅仅像 1.1 节描述的那样，是两个不同学科之间富有成效的相互促进；但在许多场合下，它的感情成分多于科学成分。物质遗存能够很快地激起人们的兴趣，这种兴趣尽管在开始时并不具备学术上的正当理由，却往往能够导致真正的进步。虽然它不属于严格的科学方法，但忽视这种因素的作用也是不正确的。

本章的内容包括对于三方面情况的探讨，概括起来是：

(1) 船舶是一种利用某种动力源作为交通工具的"机器"；

(2) 船舶是军事或经济体系中的一个成分，这一成分提供了其基本的"存在理由"（raison d'être）；

(3) 船舶是一个具有独特等级制度及风俗习惯的封闭"社会"。我们将逐一讨论这三方面的内容，尤其注意探讨考古材料的长处与弱点，以及它与其他材料的关系。

6.2 船舶是一种"机器"

首先，船舶是一种运载客货的交通工具，因而其主要特征必然受到这种要求的制约。这里有两项基本要求：一是船舶必须能够在它可能遇到的各种环境中漂浮在水面上；二是它必须能够在人的操纵下有效地运行。根据第二项要求，船舶必须能够利用合适的动力源。在本书里，这种动力是指划桨所用的人力或作用于篷帆的风力。在任何情况下，要了解原船的设计和建造，都必须对达到上述要求的方法有所认识。正如在5.6 节中所表明的那样，考古学家根据这些特征，利用海底零散的遗存物恢复原船的船体。从这一特定意义上说，研究船舶正是船舶考古学应该关心的问题，这一点已经在 1.1 节中论及。

在第三章中，曾经按照这种方法讨论了许多船只，从公元前 4 世纪凯里尼亚沉船到罗斯基勒的维京船，从公元 16 世纪的"玛丽·露丝"号到 17 世纪后期的"达特茅斯"号。这种研究在初期就取得了实质性的进展，因为海洋环境能为前工业化时代的主要造船材料——木材提供特别有利的保存条件。另一个有利因素是由于船体结构主要决定丁龙骨、艏柱和艉柱，在较小程度上取决于其下部的肋骨构架，而这些构件最容易被掩埋并保存于海底。一般来说，考古遗物所反映的是当时实际建造的船体，因而它提供了比许多船舶设计资料或图样都更为直接的材料。这些特征已经详细讨论过，它们形成了船舶考古学的主要优势。

不可否认，这种直接材料也存在着某些严重的缺陷。其中最主要的是，尽管在船体下部的构件能提供不少材料，但是通常与探讨上层建筑的内容，尤其是有关船舶操纵（是否利用桨或帆作动力）、船员及乘客居住舱室等细节问题相去甚远，因为这方面遗留下来的材料很少。实际上，如 3.1 节和 3.5 节所提出的，这一缺陷可能并非总是关键性的，因为正是在这些问题上，船舶设计资料和图样恰恰最能说明问题。

一般来说，考古材料的一个主要优点是它具有地点十分确定的内容，它与过去人类在具有适合环境特征的确定地点所进行的活动有关，根据这些特征可以对其本来面目作出评估。然而，除了在 5.2 节里讨论的有限例证以外，海洋遗址已经完全丧失了这种特点，因为沉船遗址只可能在偶然情况下形成。L. 巴希（L.Basch）认为这是海洋考古学存在的最严重的缺陷。他尤其提到，根据沉船遗物无法知道船舶的始发港，更不用说其建造地了 [14 50]。根据船货常常可以推测某些事情，如格里多尼亚角的沉船就很可能来自腓尼基，亦可能在塞浦路斯停靠过，但没有充分可靠的证据。至于这艘船的建造地点，则毫无线索可循，而这个问题对于探讨造船技术是非常重要的。康沃尔玛里昂中世纪以后时期的沉船就属于这种情况。从该船装运的货物推测，可能是 1 艘 17 世纪中叶的荷兰船，但从文献资料中得知，这是一艘 1667 年的西班牙船 [210] [189]。

我们已经谈了海洋考古学材料的优越性和缺点，那么它与其他来源的材料又是什么关系呢？以上提到，船图与考古资料一样，除了能提供船体材料外，还能对船舶上层建筑作出补充。"达特茅斯"号的例子就非常清楚地说明了这一点。小范德尔给它画了一张精美的草图（图 6.1），其中许多细节在遗址本身可能永远寻觅不到，因为遗址上仅残存龙骨和一些构件 [230]。然而，即便对 17 世纪的船舶而言，要获得

图 6.1
小范德尔为 17 世纪末"达特茅斯"号所绘制的草图

某船的一张草图也是很难得的事情。因此，与此类似的船舶实物资料便成为不可多得的图画材料。在解释遗址时存在的部分问题是，必须要辨别沉船与所参考的类似船舶资料之间的差别。在用潘塔诺·隆加里尼沉船与莫斯特拉·奥古斯提的嵌镶画做比较研究时，就出现了这种情况。

得到某一艘沉船的图画资料是很难得的，要获得详细的文献资料就更为罕见了。即使是中世纪以后的船只，通常所能利用的最好材料也只是有关船舶建造的文献记载和其他类似材料，但有时可以从这些材料中了解大量的情况，如"达特茅斯"号沉船[230]。因而分析沉船遗存的主要工作仍然是将这类资料与所研究的沉船联系起来。在研究当时更普遍的造船技术时也会遇到这种问题，关于造船技术材料的理论性可能较强，很少涉及造船工艺的细节及木工技术等，这一方面的材料应该由沉船遗存提供。与此同时，文字资料也可能有助于解释某些特征，否则，这些特征的意义就会被忽略或仅仅停留在猜测的阶段。

6.3　船舶是军事或经济体系中的一种因素

虽然船舶作为一种"机器"所要满足的条件已限定了其一般的特征与设计，但其基本用途是在某个军事或经济体系中发挥作用，这一点在海底遗存物中反映出来。对于这一因素的评估并没有研究船体遗骸那么复杂，正如 5.3 节所指出的，说到底船上货物的复原工作只不过是分析研究各种抽虑因素的影响，然后再把它们相加起来。在极特殊的情况下，这些滤波因素的作用达到百分之百，即能够表明船舶原来用途的所有物品荡然无存，例如，那些在废弃或随葬之前就已经拆除了一切东西的船舶。但在一般沉船遗址上，船货和沉重装备（如武器）最有可能保存下来，因为它们一般位于船的最低部位。实际情况可能是这样的：不存在这方面材料的遗址极少，而不存在其他方面的有意义遗物的遗址却很多。对于沉船的两个主要方面，即军事和经济作用的研究，显然排除了其中一小部分（例如，游艇和仪仗船之类）沉船，但这些船一般可能易于了解，在解释中存在的问题也极少。这里也不可能探讨渔船及其经济作用的研究潜力，因为现在还没有发现过这类沉船遗址，可能是因为其船货的特殊性质确实妨碍了它们的保存。

在第三章的一些小节中附带讨论了船舶装载的货物及武器装备，但并没有突出强调某一船只的船货，因为要全面探讨古典时期（3.2 节）或中世纪以后时期的海上贸易（3.3 节），必须依靠总体的数字，不能过分依赖其中任何一次航行。G. 巴斯教授在讨论格里多尼亚角沉船的重要意义时，曾明确指出了这种危险性[19 165]。尽管如此，在任何一艘沉船的报告中，该船在沉没时的装载物也与该遗址的其他方面的遗物同样重要，虽然必须对每一遗址在多人程度上能代表该船的通常运载物作出估价。1588 年被编入西班牙"无敌舰队"并被改装成为战舰的"特立尼达·巴伦西亚"号商船，就是这类不具代表性船只中一个极特殊的例子。

无论是战舰还是商船，其遗址本身所提供材料的主要优点在于，它表明了（虽然是不全面的）该船实际运载的东西，可以与文献里的记载相互对照。从军事系统方面来说，对"无敌舰队"供给中队的旗舰"大格里丰"号武器装备的研究，清楚地证明了这种对照的重要性（参见 3.6 节并文献[227]）。已经知道其货物清单的商船遗址也属于类似情况，如发现实际遗存物与文献记载不符的现象，一定是由于当时漏记了船员的小宗货物或走私货物的缘故。例如有人提出，荷兰东印度公司的许多商船（包括"肯内默兰"号）遗址上的某些货物，应属于船员的走私物品（参见第五章）。

在遗址保存较好的条件下，即使缺乏可利用的文献资料也能了解某一商船经济作用的许多情况。在马德拉克格德吉昂发现的罗马时期的大型货船，就是一个典型的例子。该船体保存得相当完整，可以很有把握地估算其载重量为 400 吨[304]。它可能分 4 层装载了约 8000 个盛满油或葡萄酒的安弗拉瓶，实际上只发现了 3 层货物的考古材料，人们根据这些材料推测出船上还有一层货舱，其中装载了松子、颜料钵和粗陶器。在许多情况下，很有必要根据已知船货推算该船的理论装载量，而且对于中世纪以后的船舶来说，还可以利用其他的文献资料，从而就能更准确地推算出船的吨位。只有通过对这类航海实物的研究，才能理解诸如有偿压舱物之类物品的重要性，例如，在若干荷兰东印度公司船上发现的建筑用砖和铸锭（参见 3.7 节）。

虽然有关某一沉船结构的考古材料具有很重要的意义，但在这种遗址上发现的货物或武器却不大可能单独说明问题。如果是一艘战舰，要联系当时的军事形势才能说明其装载物的意义。如缺乏一些当时的文献材料，就不可能正确地认识。如果所研究的商船上的货物有文献资料可资参考，或者能与海洋及陆地上的其他考古发现发生联系，就可以成为说明整个经济体系的材料，否则这些货物的经济意义就不可能揭示出来。在关于任何沉船的最终报告中，应该大力探讨这一方面的内容。

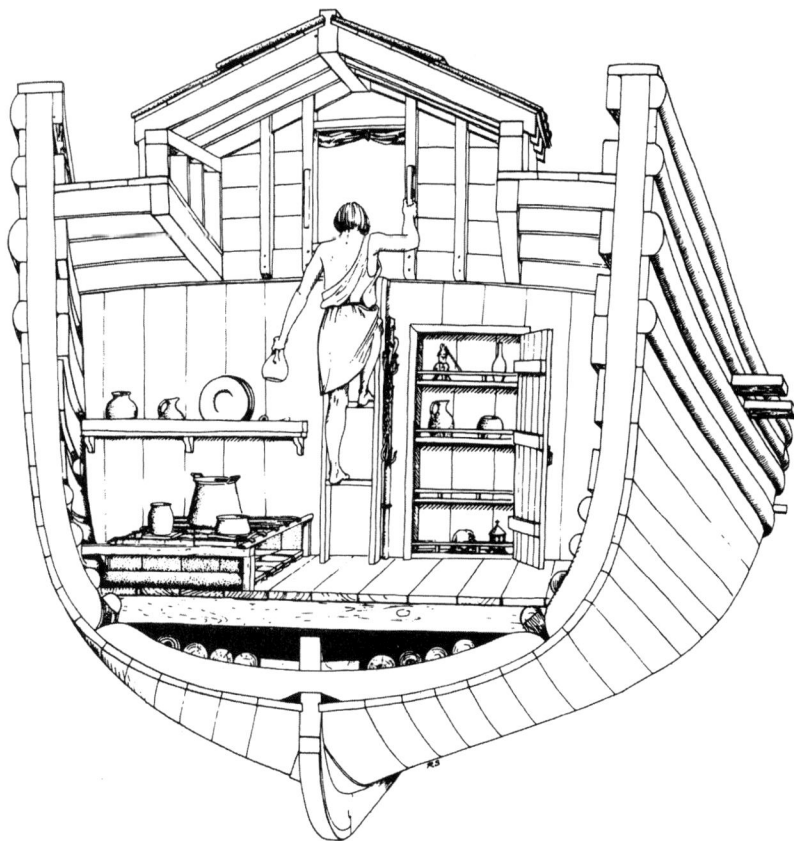

图 6.2
范多宁克博士复原的亚西阿达海公元 17 世纪海船艉部的厨房，可以看出它的舒适与宽敞

6.4　船舶是一个封闭的"社会"

在沉船遗址上，除了船体构件，工属具及货物的遗存物外，还可能存在与船员或乘客有关系的，能够反映出其所在环境及生活方式的某些遗物。在解释这些材料时，参考船上"社会"的若干特点可以得到很大帮助。自古以来，船上就存在着严格的等级制度：只有一人承担主要责任并具有最高权威；在发号施令的官员和服从命令的船员之间也存在着明显的界限，这一界限通常表现为两个等级的报酬悬殊，这从沉船遗址有关遗物的数量、质量上亦可显示出来。此外，除极个别例外，船员全部属于男性，这也是船上的一条惯例。

尽管这是一个大有希望的研究领域，但这方面的研究工作做得极少，本书仅在第三章和第四章中的部分小节里肤浅地提了一下。许多沉船报告中也没有着重介绍有关船上人们生活方式的考古材料，因此有必要对这一问题的研究情况作一简要概括。首先看最早的格里多尼亚角遗址上的沉船。虽然这艘船已经残破不堪，但仍能反映出船上的一些生活情况 [19]。某些有机物遗存表明了船上的食物。但没有发现炊具的踪迹。也许在这条只有 10 米长的小船上发现炊具反倒是一桩怪事。从亚西阿达海域较晚时期的沉船，特别是一艘 7 世纪的沉船上可以了解到有关船员用具的更多情况 [321] [322] [20]。后来，复原了这条船的一间设备齐全的厨房，它位于船艉的下部，厨房的瓦顶高出上甲板约 80 厘米。为了防止火灾，烧饭的火炉箱特意埋置在黏土中。厨房里配备了各式炊具，最令人惊讶的是，船上还有一套可供三桌人使用的精美餐具。对一艘只有 40 吨左右的小船来说，这些用具的数量相当可观。或许当时独立经营的船主（the naukleroi）具有较高的社会地位，他们绝不亚于附近类似大小的 4 世纪海船的船主 [321]。目前还不知道低级船员是否可以使用这些用具，在这样的小船上也许有这种可能。

至于年代更晚、尺度更大的船舶，虽然也了解到一些这方面的情况，但所做的解释却很不清楚。对军舰来说，要区分生活用具和货物非常容易，这项研究还可以进一步深入。例如，在 3.6 节已经指出，"特立尼达·巴伦西亚"号上发现了一些中国明代瓷器，证明船上的官员们确实过着相当奢侈的生活。同样，在"达特茅斯"号上发现的遗存物也提供了 17 世纪晚期英国皇家海军的一些有趣的材料：各种进口陶器及其他用具说明官员们的生活比人们预料的还要舒适；来自不同制作地点的大量陶烟斗证实了人们的看法，即普通的船员也过着舒服的生活；1 把用于测量琵琶桶中液体的量尺，使人们想象出船员们按照配给量取饮朗姆酒的情景；1 只精美的浅酒杯（quaich）（图 6.3）表明官员们并不放弃品尝当地烈性酒（aquatitae）的机会。船上生活不甚光彩的一面也可以从几个锡镴注射器上得到证明，这些注射器可能是医生用品，而且显然是用来治疗性病的。

　　在商船遗址的普通货物中，要分离出这类生活用具就比较困难了，虽然"肯内默兰"号的材料证明有些遗物可能主要是船上的用具（见 5.3 节）。其中有些物品直接反映出在该船上进行的一些活动，如图 6.4 中的骰子。像"阿姆斯特丹"号这样完整的荷兰东印度公司商船的材料 [222]，就比较容易解释了。在最初调查该船时曾发现一些材料，其中有几件衣服及皮革制品可能属于船员的私人物品。另外在若干荷兰东印度公司船上，发现了大量同一规格的锡镴纽扣，它们无疑是用于早期简陋的公

图 6.3
在"达特茅斯"号沉船遗址上发现的一只精美的浅酒杯。
图上标尺刻度为英寸

O　　　　　3

司制服上的。至于高级官员和地位显赫的旅客生活，可以从中国瓷茶杯和托盘等种类繁多的精美陶瓷器及玻璃器皿上窥见一斑。其中特别引人注目的乃是已知搭乘该船的 3 位女士的物品，据说其中有两位"非常漂亮"。她们的遗物包括 1 只高跟鞋、带蝴蝶结的丝绸衣服碎片和 1 把精美的象牙骨扇。由于目前对这一课题缺乏系统的研究，在上述例子中，只能简要介绍一下现有的材料，但这已足以表明在这一方面船舶考古学所研究的范围。

迄今为止，考古材料仅仅用来描述各类船舶上人们的生活。但从长远来看，很有希望进行更加广泛深入的研究，从而根据沉船上的物质文化材料努力复原这一独立"社会"的各个方面。这一研究普遍存在的问题，也是整个考古学领域里存在的关键问题，即实际上它们仅仅限于直接研究过去某一种社会的物质片段。其中一些基本的问题已由 D. 克拉克（D.Clarke）博士等做了讨论 [66 119]。有人认为，实际上有些问题在海洋考古学中可能没有在其他考古学分支中那么严重，因为对于沉船本身的技术要求来说，船上生活的各个方面属于次要地位，而且这些方面可以通过物质材料进行直接观察。正是这一点以及诸如严格的等级系统、清一色的男性集团等其他重要特点，使这样的社会成为特别值得研究的对象。不过从相反的一面来说，与船员及乘客有关的物质遗存却很可

图 6.4
在"肯内默兰"号遗址上发现的骰子
图中标尺刻度为厘米

能在最不容易大量保存的船舶上部。

　　记载一艘船最后一次航行时船上生活的文献资料，保存下来的机会十分罕见。即使对于年代很近的船只，一般能够预料得到的大多数材料是正式的航海日记，而这些材料不可能特别详细记载船上生活的情况。即使某位军官或乘客记有日记，它也不可能记载船上每个人的情况。尤其不可能大量记载生活在艉楼上普通海员们的生活情况。其他同时代海上生活的记载常常适合进行比较，而且可能有助于解释所发现的已不复存在的物品的用途。虽然如此，在这一领域中要比较各种资料的价值，如同船舶考古学中其他各种研究一样，一定要依靠从沉船中发掘出的、直接反映这一独立和封闭社会各方面情况的考古材料。

第七章 海洋文化的考古学

7.1 导论

在下编中分 3 个不同的层次对海洋考古学的理论结构作了尝试性的分析和探讨。对研究直接对象——沉船的探讨属于最低一级层次，这已在第五章中做了讨论。对沉船材料的直接来源——原船的探讨属于中间的层次，这在第六章讨论过。现在需要超脱这个统一实体所包括的个别的和特殊的事件，来考察作为这些事件背景的海洋文化。考古学作为一门科学的学科，不仅要对过去孤立有趣的事件做系统的研究，而且还必须尽可能地了解由这些事件所证实的跨越不同时代和地区的社会发展历史。本章所要讨论的是在研究一系列有关船舶和沉船遗址时所存在的问题和发展潜力，以及这些研究成果与研究过去海洋活动其他学科材料之间的相互关系。

概括是一切学术研究的重要手段。在自然科学中，没有两次实验或两个样品是完全相同的。科学家必须聚精会神地注意那些对他的研究课题可能甚为重要的类同之处，如颜色、化学成分、尺度和形状等等，而忽略掉那些明显的不同之处，他所得到的结果表现为假说、定理和定律。研究历史也是一样，E.卡尔曾经写道："历史学家并非对特殊的东西感兴趣，而是对特殊中的一般饶有兴趣 [50 63]。"因此，他试图解答如 16 世纪欧洲战争的性质和 19 世纪英国劳苦大众的生活状况等问题。如果没有这类相应层次的概括，海洋考古学就会变成一种纯粹的古董嗜好或一种引人入迷又无害的闲暇活动，而不是一种严肃而有益的、需要有相当多的专门知识和复杂设备以及公共基金支持的学术研究。第一章已经阐明，过去的海洋活动为这项研究提供了非常宽广的领域。现在将论述的是，通过考古手段在获得这些活动的新知识方面所取得的真正进展。

判断海洋文化考古学发展潜力的困难之一，乃是目前缺乏可资利用的这种分析层次的研究成果。这一点毫不奇怪。因为经过系统调查而又可以用于探讨的沉船遗址的数量仍然非常有限，而且这一整个学科仅仅只有几十年的历史。做出很大努力并且取得这一层次的某些综合成果的著作大概首推乔治·巴斯教授主编的《基于水下考古学的航海史》[21]，尽管其中有些文章仅仅讨论了一些特定遗址，而极少注意整个的发展趋势。在某些方面，本书第二章和第四章各小节试图进一步找出这一领域最近提出的概括性论点，在下面的详细讨论中将引用其中的适合的内容。

图 7.1 所示的二维图代表了现代对于古代社会的认识，它分隔成许多小空间。首先观察该三维结构的顶部，古代社会是按两个方面加以划分的。一方面，按从左到右顺序表示社会生活的各个不同方面，冠以任意排列的 5 个标题。它们类似于 D. 克拉克博士在《分析考古学》一书中所探讨的一个社会的子系统（sub-system）[66 101]。另一方面，按从前至后顺序表示在一个复杂社会中的一些亚文化。它们共同使该社会发挥作用并得以生存下去。在每一种亚文化中，又分为经济、政治和社会组织等各个特殊的方面，但并不同于其他亚文化中的特殊方面。虽然它们之间存在相互的联系。例如，在社会子系统方面，城市里的高贵阶层完全能够变成海洋社会的官僚阶层，虽然对每一种社会地位所要求的技能以及行使的权力迥然不同。1.1 节所定义的海洋文化包括了船舶和航海的各个方面（但不包括海岸上的社团），它被置于三维结构的前面一排。

　　然而，现代对古代社会的认识还可以进一步划分为不同的研究学科，它们用二维结构的垂直坐标来表示，按字母顺序考古学被排在顶部。本书讨论的海洋考古学的范围排列在顶部前排打斜线的小空间内，而考古学的其他分支学科包含在顶部一层的后面若干排小空间里。按照所研究的亚文化对考古学进行的这种划分，不像从左到右划分成社会子系统（如经济史前史考古学、产业考古学等）那样完善，虽然这种划分在历史学中司空见惯，如农业史、军事史或海洋史。在英国考古界，这种划分方法开始于近年来出现的探讨城市考古学[32 95-98]和乡村考古学[109]的著作中。海洋考古学也应该在此占有一席之地。

　　这一结构显然还可以增添许多代表其他社会划分方法的维数（如果可能作图的话），如广泛采用按时间单位划分（旧石器时代、新石器时代、中世纪等）或者按地区划分的方法。图 7.1 所表示的特定看法显然带有随意性，这是为了说明目前这一讨论中的某些重要因素。这种看法还强调指出，按照这一方法对任何社会的划分在实质上都是人为的，而

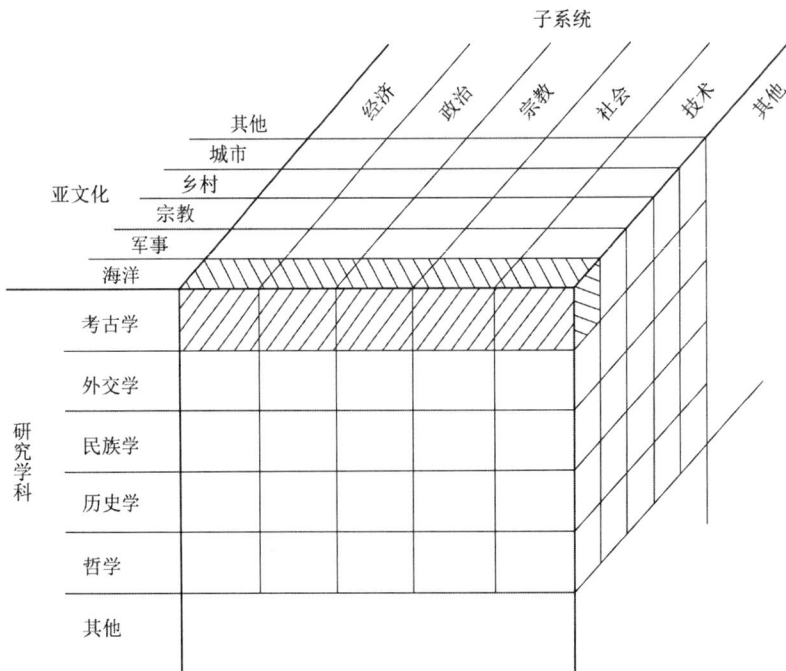

图 7.1
代表现代对古代社会认识的二维图

且具有潜在的危险性，因为它容易忽略社会的基本统一性。正如 D. 克拉克博士所指出的："（社会）作为一个整体的行为远远比只是把它表达成各组成部分'行为'的相加要复杂。"[66 102] 虽然如此，要想做更进一步的了解，这种划分方法还是必不可少的。

海洋考古学与过去海洋活动的关系，同考古学分支与过去社会其他方面的关系非常相似，但海洋考古学具有某些内在的优越性。其中最主要的一点是，发掘材料的来源——船舶与产生船舶的社会之间的关系已为人们熟知并且可以辨认出来。这是一种带有已知特征、自身独立完整，只代表某些方面而不代表其他方面的例证。在一般研究中利用这种情况的精确程度是以下各节要详细讨论的主要内容之一。而在考古学其他分支里，这方面的情况则很不理想，因为在得以长期保存下来的例证与提供例证的整个物质文化之间的关系方面，还存在着相当大的疑问。例如，落在一间小屋地板上，从而可能被掩埋而残存下来的一些器物，难道能够代表在小屋住人期间所使用的全部器物吗？这个问题永远也无法解答。

与此有关的海洋考古学的第二条优越性是，物质遗存的内容很丰富，很少受到人类的干扰，在第五章已对此做了简要介绍。G. 西夫金博士曾经概括指出："考察乱七八糟，污秽不堪或垃圾遍地的短期居住遗址会得到最大的收获。如果在考古材料中开始出现有条有理而且非常整洁的状态，就总会有可能作出庞培城那样的发现，使在离当时最近的年代里发生的事件得以清楚地区分出来[289]。"正如在公元 79 年突然袭击庞培城的灾难一样，船舶沉没是一种吞噬一切的意外事件，它毫不理会当时社会的井然秩序或其他状态。对于来自比较晚近时期的遗存物，这一点具有头等重要性，因为所有物品都保留在原地的这类遗址极为罕见。此外，在来自组织更加完善和复杂社会的沉船遗址中获得的知识还有另外的意义，即为那一些很少在原来环境下发现从而无法准确断代的各种遗物提供断代依据。这是海洋考古学独有的、不可忽视的、与海洋无关的优越性，这一点将在 7.5 节做进一步讨论。

第三项，也是最后一项优越性，与较近期的特别是可以利用某些文献资料的沉船遗址有关。正像加利福尼亚的 L. 怀特教授强调的那样："只依靠文献资料去研究尚未普及读写水平社会中人类活动的历史学家，不可避免地会对过去发生的事件作出片面的和歪曲的描述。因为他不可能把那些没有留下文字记录的人们考虑进去。"他还指出，"直到不久以前，人类的大多数仍然生活在一种'亚历史'（sub-history）当中，这种'亚历史'乃是史前史的继续。"[337 7] 与研究史前时代一样，可用于研究这种"亚历史"的唯一材料，也是考古材料。如果说有一点区别的话，那就是海洋社会中的这种"亚历史"比别的社会延续得更为长久，因为直到机械化到来之前，实际办事人员、造船工人和普通海员很少会使用文字。只有在海战中，以及在某种程度上对海上贸易的控制中，才有一些可用于研究帆船时代的文献；即便如此，对大多数欧洲国家而言，这些文献也仅限于 16 世纪以后。对于 16 世纪以前的海洋社会和 19 世纪以前海洋社会的其他方面，则仍然处于"亚历史"阶段，因此考古资料具有头等的重要性。

第三项优越性的讨论提出了考古研究结果与其他学科结果之间的相互关系问题。在 1.1 节里已经分析了在进行最后分析时应该区分开各种研究方法的原因，因为不这样做，则研究某一门学科的人将会受到另一门学科材料的制约和限制，从而得出非常错误的结果。尤其重要的是，不能简单地将考古资料纳入根据现有文献资料所建立的框架中去，否则研究者只会将注意力集中在这两种学科的相同之处，而避开那些可以利用新材料，因而也具有更大意义的问题。对各门学科的材料同样应分别予以估价，而且只有在已经估价了各自全部内在结果之后才能相互进行比较。关于综合这些不同研究结果时所出现的各种特殊问题，是下面将要详细讨论的另一项主要内容。

海洋文化的主要内容可分为 3 个课题，每一个课题分别来自 6.2—6.4 节讨论的关于船舶的 3 个研究领域，即：（1）造船技术；（2）海战与海上贸易；（3）船上的社会。

每一项课题的讨论顺序都是相同的：现有材料的范围、该课题的研究状况、现有的考古材料与其他学科材料的关系以及对未来发展的展望。

7.2　造船技术

本书第一章一开始就提出船舶是工业化社会所产生的最庞大、最复杂的"机器"，并举出了一些实例加以证明。因此，研究历史上的船舶制造—可以说是当时社会技术发展的"顶峰"—乃是对这些社会的技术能力和组织能力水平的一种探讨，它吸引了许多学者的注意。但是，只是最近，人们才意识到考古材料在这一领域中所具有的潜力，其中的原因已在 1.2 节里简述。同时，根据来自各学科的材料，综合论述各个时期造船技术的有 B. 兰斯特龙 [186] 和 R.C. 安德森等人的著作。在研究小船及其他渡水工具方面，英国 J. 霍内尔的《水上交通》[159] 是这一代人中最有权威性的著作 [158]，但这本书近年来已为 B. 格林希尔的《船舶考古学》（1976 年）[141] 所取代。格林希尔的书也许是首先考虑考古材料的具有系统性和权威性的第一部著作；而且正像作者自己承认的，从可资利用的资料迅速膨胀的趋势来看，它或许也是能够囊括整个研究领域的最后一本专著。

本书上编讨论的一些课题，有许多就属于这一研究领域。在第三章中，有关于地中海古典时期造船（3.1 节）、北欧维京船（3.4 节）和中世纪以后造船的研究（3.5 节）。第四章里所介绍的具有很大发展潜力的研究课题，包括史前的船舶（4.1 节）、中世纪的造船（4.2 节）、亚洲的造船（4.3 节）以及内河船舶（4.4 节）。另外，航海仪器（3.9 节）实质上也与船舶作为一种"机器"的运行有关，它主要用来控制船舶的方向；关于锚的某些方面的研究同样也属于这种情况（4.6 节）。

在上述章节里所探讨的主要论题说明了这种研究的优越性和缺点。从好的一面来看，这种研究已经取得了一些重大进展，这主要依靠考古材料具有显示出当时实际制造情况这一极大的优越性。25 年来，这项研究最重要的一项成果，无疑是阐明了一种在古典时期流行得十分复杂的"壳体式造船技术"以及其用于整个地中海许多船舶类型上所取得的卓越的北欧水域各种类型和尺度的维京船。同时，有希望在今后几十年的研究工作中进一步加深对这些领域的了解。对中世纪以后造船技术的研究也取得了同样的成就，海洋考古学家们用考古材料描述了众所周知的造船传统中所发生的重大技术变革，这些材料包括来自"玛丽·露丝"号（1545 年）[216]、"玛丽亚·罗莎"号（1588 年）[228]、"巴达维亚"号（1629 年）[127] 和"达特茅斯"号（1690 年）[230] 沉船的材料。

从另一方面来看，有人认为在某些方面海洋考古的原始材料很不充足，O. 哈斯洛夫（O.Hasslof）就提出了特别尖锐的反对意见[150]。他认为：沉船并不是所有船舶的典型代表，因为这些船一般比较陈旧、脆弱，属于当时船型不大成功的代表。在某些例证中的确难以否定这一事实。例如"瓦萨"号就具有设计上的明显缺陷[248]。然而，这些特殊情况很容易发现，而且在任何一种一般性研究中也是允许的。大多数沉船是由于自然或人为灾祸所造成的。在这种灾祸中，所有船舶都容易受到损坏，而且必然有一定数量的船只葬身海底。看来在危急关头决定船舶命运的最重要可变因素应是船员的素质。而优秀的船员与高质量的船舶之间似乎并没有必然的联系；反之亦然。

在现已调查的物质遗存中确实存在着一种倾向：商船多被货物压沉到海底并受到货物的保护，因而它们残存下来的可能性比战船更大。这种倾向在地中海古典时期表现得尤为明显。除了在西西里莫蒂亚附近发现的著名迦太基沉船以外，在整个地中海极少发现战船。因为战船非常轻巧，不大结实，一般难以保存下来。但同样确定的是，在任何历史时期战舰都非常重视速度，因此战舰的设计和商船迥然不同。这一规律显然不适用于中世纪以后的船舶。这时战船的压舱物很重，而且其结构一般和商船相差不大，尤其是商船也常常配备武器。最后一点，海洋考古学也常带有整个考古学研究的局限性，即只能通过物质来探索过去，不能直接说明诸如信念、动机、意愿之类难以捉摸的思维。

上面介绍了这一学科的优点和缺点，下面要探讨的问题是它与研究造船技术的其他学科之间的关系。其中主要的学科当然是通过文献资料进行的历史学研究，其发展历史比考古学悠久得多。的确，由于古典时期的现有文献资料非常有限，使该时期的历史研究趋于停滞不前的状态（见 3.1 节）。历史学与考古学的关系是一个复杂而有争议的问题 [326][66][90]，在这里不可能详述其所有的细节，只能集中探讨一下有关船舶结构研究中的一些主要问题，虽然图片资料常常对于研究个别船只十分有用，但文献资料对于研究总的趋势更为重要。利用这些文献的困难之一，是其作者往往不是造船行家，他们容易过分简化、甚至完全误解他们所描写的造船技术。如前所述，直到不久以前，造船的木工一般还不需要看书写字，只有技术水平很高的人才希望或能够将他们的技艺秘密地流传下来。另外，确实想讨论这些技术问题的作者，也常常怀有尽力发表某种新发明或新产品的宣传目的，因此对于造船技术的现状可能任意做出带有偏见的论断。

研究过去造船技术著作的另一个困难是，如果没有掌握含有有关特征的实例，往往不能确切地知道其所用术语的意义，因为这些术语仅限于在特定场合下使用。显而易见，对于古代语言来说，这 问题更为严重，甚至对于 17—18 世纪文献中所使用的现已废弃的一些术语也会出现这种问题。这方面有一个有趣的例子，在《奥德赛》一书中，描写这位英雄为了逃离卡里普索岛，亲自造了一只筏子，而在格里多尼亚角发现的沉船清楚说明了他所用的航行工具的种种特征 [19][54 217]。不少技术名词只有通过研究考古材料才能理解，更为直接地说明这种情况的一个例证是，在西西里迦太基沉船的预制构件上，有一些书写的词和字母，其确切含义是通过分析古船材料才得以阐明的 [123]。最后，除了这些特殊问题之外，所有文献资料还有一种通病，即这些文献往往把注意力集中于那些不寻常和独特的事物上，无形之中忽视了那些当时读者和作者认为是不言而喻的情况。值得注意的是，无论是写给外行看的手册或论著之类的说明性文献，还是并非用于大众阅读或传之后人的船厂和海军部的内部账本以及备忘录，都具有这种通病。

当然，在许多地方文献资料具有不可估量的价值。如果没有这些文献资料，考古材料的意义将大大减小。一种关于造船技术原理的文献，可以比大量个别的船体更清楚地表达出造船者和设计者的思想方法。对于不同地区和不同传统之间的相互影响，从遗存物中只能得到一些暗示，而通过文献记载，则可以得到清楚的说明。根据文献记载，"达特茅斯"号的设计师年轻时曾在敦刻尔克和丹麦工作过，这件事可对发掘遗存物的一些特征作出解释[230]，而根据发掘物本身却永远不可能令人信服地推导出这些情况。在研究这些非物质因素的过程中，文献资料可以补充考古资料的不足之处。

与海洋历史学并行的另一门重要学科是研究过去遗留下来的传统、风俗习惯的海洋民族学。在船舶考古学中，特别流行用海洋民族学材料来进行技术上比较和解释的方法，尤其是文献资料荡然无存或极为缺乏的时期和地区更是如此。在英国，这类研究从霍内尔[159]和 T.C. 莱思布里奇[90]开始一直延续到现在。而在斯堪的纳维亚地区，这种研究尤其与哈斯洛夫及其同事的工作密切相关[150][152]。人们的注意力首先集中在两方面的问题上：第一，辨别不同的造船方法，如兽皮船、树皮船和木板船的建造以及"船壳式"或"骨架式"造船法。第二，探讨船舶的

图 7.2
位于设得兰群岛费尔岛的小船"多尔弗因"号及其船员（1900 年）

操纵方法。在这两方面，如同在考古学中应用人类学所有的类推方法一样，必须遵循一条原则，即某社会采用的某些方法并不能证明在另一社会也采用过。如果试图做这种类推，这两种社会的经济、政治等情况必须非常相近。

研究其他民族学材料也非常有助于使研究者摆脱其本身技术传统概念的局限，因为古代的造船者在实践中经常无意识地采用一些符合现代造船观念的方式 [151]。由于建造技术和材料是造船的最基本问题，因而根据考古学和民族学材料可以分别得出关于船舶结构和建船技术的相同结论。但是，在探讨可能有其他因素起作用的船舶操纵问题时，情况就稍有不同，因为考古材料存在着较多解释的可能性。例如，萨顿·胡古船，它既可能有风帆，也可能没有风帆 [46 420]。在这一方面，当古代社会和现代社会之间能够显示出某种直接联系时，民族学材料起的作用无疑要大得多。例如，设得兰群岛一带现代船工的实践经验在很大程度上反映了 1000 年前维京船员的技术水平 [60 278]。

研究造船及操纵问题的另一种方法是实验考古，这种方法实际上是人工制造出适应于一组特定环境条件的类似于民族学材料的物品。它的优点是能保证原物与仿制品的物质形式完全一致，而缺点在于缺少真正的技术传统所具有的真实性。实际上，无论是在工具和技术方面，还

图 7.3
英国格林尼治国家海事博物馆工作人员用仿制的"戈克斯塔"小船试航

是在操作过程中，要完全消除现代的影响也很困难 [214][141 232] [70]。尽管如此，这种试验至少在证明可能性方面似乎很有价值，例如，人们成功地复制了一艘在斯堪的纳维亚青铜时代假定存在的敞口船（hide-boat），而且作了圆满的试航，这就确实表明这种船是很有可能存在过的 [186 81] [226]。对维京船所作的这类试验已成了人们最爱谈论的话题。最早的试验是在 1893 年复制了一艘戈克斯塔维京船，并在北大西洋试航成功，使某些学者对维京船航行性能的疑虑涣然冰释。不久以前进行的内容更为丰富的试验有，丹麦童子军复制和试验拉德比古船（Ladby boat）（见 3.4 节），英国国家海事博物馆工作人员复制和实验"戈克斯塔"小船（the Gokstad faering）（图 7.3）[214]。虽然这些试验绝不能证明过去以某种特定方式存在的各种事物，但至少可以证明或排除掉某些可能性，并取得与涉及各种解释有关的船舶性能及附属条件特征的资料，其中有些特征可以用考古材料加以检验。

有一种更为精密地检验各种假说的研究方法很有发展前途，即用现代造船实践中的思想和技术进行计算机模拟试验。它既可用于检验根据残存的船舶零碎构件而提出的各种复原方案 [68]，又可用于研究历史上船舶各种可能的合理用途 [133][213]。这种方法的优点在于能够正确估价多种可能性，远远超过实物复原所能达到的限度，而且相对来说，其费用也比较低廉。不过在许多情况下，最妥当的方法还是二者的结合——即用计算机对各种选择方案进行测试挑选，然后按最佳方案复原制造船舶并进行试航。但所有这类人工复制物总是缺乏实际航行船舶所具有的最重要的可信性特征。

正如在本节中所探讨的，对于航海造船技术所作的超越于特定船舶之上的概括性研究，可以分成几个层次。最低层次的研究对象可能是在某一特定地区几十年时间内的造船技术。较高层次的研究则试图辨识出在整个大陆范围内持续了数千年的船舶所具有的某些特征，例如，造船者的保守主义传统或者造船技术对促进经济和技术进步所起的作用。但是，各种层次的研究，都具有下列一些相同因素：在直接反映当时实际建造的船舶方面，考古材料具有很重要的作用；与此同时，在根据特定的例证进行一般概括时，考古材料同所有其他学科的材料一样，都同样受到限制。海洋考古学只有二十多年的历史。这一事实意味着在进行综合概括时所存在的问题是特别突出的。不过作者希望，随着沉船遗址和古船发现的增多，较高层次研究的范围将会不断扩大，船舶考古学的材料也将会像其他学科一样丰富。

7.3　海战与海上贸易

在 6.3 节的结论里曾经提出，在个别遗址上反映出的军事或经济意义，比其反映的技术和社会意义更难单独成立，因为后者本身是自成一体的，而前者只有在更宽广的体系中，才能为人们所理解。本节拟探讨海洋考古学在扩大对这些体系的理解方面所起的作用。因为军事和经济这两个体系的情况大不相同，需要分别予以讨论。

先从军事方面谈起。第三章曾讨论了西班牙无敌舰队（3.6 节）和欧洲对东方及新大陆进行的海外扩张问题（3.7 节和 3.8 节），除此以外，很少专门探讨海战方面的问题。由于缺乏沉没的战船资料，早期海战的研究受到很大的限制，这一特点在将来大概也不会有显著的改变。而对于以后几个世纪的海战，虽然战争活动得到广泛报道并引起了一个特殊官僚阶层的注意，但这种研究的可能性仍然受到同样程度的限制。16—17 世纪早期有关欧洲海战的文献资料内容是不平衡的，其中的技术术语也难以理解。1588 年，"特立尼达·巴伦西亚"号运载的武器种类和其他军需物资的组成引起了人们极大的兴趣；但一个世纪之后的英国"达特茅斯"号船上的运载物就仅仅具有说明的意义了，因为文献详细记载了该船的运载货物 [208]。另外，虽然各个时期海战中的沉船沉积物都可能揭示交战过程的一些情况，但考古研究却根本无法阐明战争的政治、外交和军事背景。因此，指望在遥远的将来发现一艘反映史前期的、古典时代的或中世纪早期海战情况的沉没战舰虽然激动人心，但目前考古学在这一特定领域的研究仍然希望甚微。

然而，利用考古手段去研究海上贸易的前景却比较可观。这一研究已引起不少人的重视。第三章在讨论古典时代的贸易（3.2 节）、港口（3.3 节）、欧洲向东方的扩张（3.7 节）和对新大陆的并吞（3.8 节）这些小节中，海上贸易是主要论题。第四章的 4.5 节也讨论了海上贸易其他一些方面的问题，而关于锚和锚地（4.6 节）一节的主要论题之一也是海上贸易。在前面讨论各个课题时，对整个贸易体系的阐述没有特别强调某一船舶的装载物，这一点显然是很重要的。因为船货是短时间内集中起来的一批物品，很可能完全没有代表性。但是，涉及某一经常性贸易航线的遗址，即使数量很少，也可能具有统计学的意义，而且有助于描绘出海上贸易实际情况的全貌。另外，如果将某一遗址与以前没有研究过的其他材料结合起来进行探讨，也可能具有很大的意义。因此，如果就格里多尼亚角沉船遗址本身的条件范围进行研究，其结果可能有很大的局限性，但如结合有关器物的分布情况加以考虑，就可以对爱琴海青铜时代晚期的贸易进行全面的重新评价 [19 185 272]。同样，在莫尔比昂的伯勒岛沉船遗址上，发现了在法国北部从未见过的一种公元前一世纪的安弗拉瓶（Dressel IA 型），只有对这种安弗拉瓶在英国南部同时代遗址上的分布状况加以考虑，才能充分评估该遗址的重要意义 [260]。

以上这几个沉船实例提出了一个很有希望的新研究领域。除了对地中海的安弗拉瓶货物所做的有限的工作外 [258]，这个领域尚未进行过探索，即将传统的关于贸易和贸易网的考古研究与海洋考古材料结合起来进行探讨。正如 4.5 节所提到的，距欧洲海岸不远的英伦三岛已成为进行这种研究的优良试验场地，因为欧洲大陆与英国之间的所有物资交流必须通过航运。即使没有发现沉船遗址，也有大量关于各时期船舶尺度、航行次数以及英国与西欧沿岸各地区经济联系等方面的材料，可以做比较研究。图 7.4 所示是通过肯特郡斯托纳（Stonar）遗址出土的输入陶器中所反映的中世纪贸易关系的一个例子 [89]。然而，在试图将陆地遗址与沉船遗址的发现物相联系时，特别是涉及数量问题时必须谨慎从事。以罗马时期以后一段时间直接输入到英国西部的陶器为例，其中陆上发现的陶罐数量大概只能勉强装满一只很小的商船货舱[306]。而在一个沉船遗址上就可能发现 2 倍或 4 倍于这一数量的陶器。难道这艘船上的材料因而就比所有陆上的发现更为重要吗？当然不是这样。在这类研究中，有必要将水下发现物与陆地发现物区别开来，因为遗址得以保存下来的因素在陆地和水下是迥然不同的。

该领域可能富有收获的另一项课题，是通过研究沉船数目的变化来定量地确定贸易量随时代而发生的变化。如果各时期在灾难中沉没船只所占的比例相同，那么在沉船数量与贸易数量之间就应存在一定程度的直接关联。如同陆地考古研究一样，有关地区调查发掘工作程度一定的变化不应该是一条重要因素，因为在任何特殊地点和各个时期发生沉船的可能性假定是相等的。这一研究看来具有很大的发展潜力，不过应考虑以下两个重要问题：第一，实际上某一时期发生沉船的可能性或许比另一时期更大，产生这种不均衡状况的因素可能包括长时期的海战、局部地区的海盗掠夺和造船技术内在的弱点。第二，在海底某一时期的沉船货物可能比另一时期的更容易被发现。例如，以安弗拉瓶作为常规船

图 7.4
在肯特郡斯托纳发现的中世纪陶器的产地及其由此表现的贸易路线

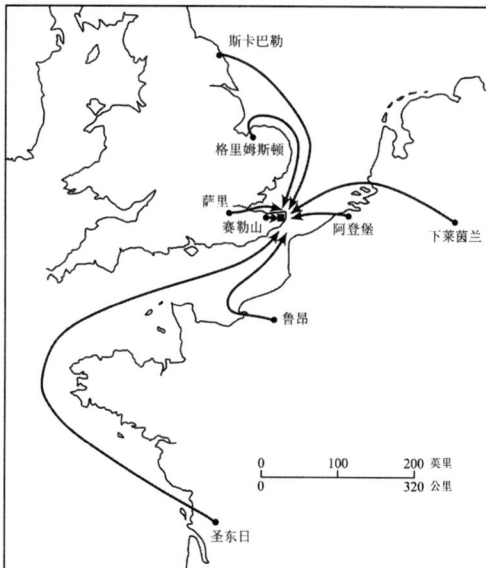

载容器的时期，就很可能比运载木琵琶桶的时期更容易引起人们的密切注意。目前，只有地中海地区的很多考古发现说明了这一趋势，这里的沉船遗址年代明显集中于公元前 2—前 1 世纪，虽然这种情况是否具有任何经济上的意义至今还不清楚 [52]。

上述可行的研究途径适用于实际上不存在文献资料的时期。但对于有文献可参考的最近几个世纪，情况就不同了。如果有船上运载物品的记录清单，就可能比海底保存的遗物获得更多的知识，因为清单的记录可能更为完整，并且可能标明了货物价格及供应者等方面的情况。因此，根据大量史料可以把荷兰对马来群岛贸易的基本经济情况研究得一清二楚 [128][42]，而大多数发掘材料仅仅具有说明的价值。但即使在这里，一些海底发现物对于揭示文献未做记载的某些情况仍然具有价值，例如违反公司章程的走私物品。此外，迟至 18 世纪，甚至还有大量的经常性贸易（如沿岸贸易）几乎完全没有文献记载，对此海底遗存物往往能够提供唯一的材料。

尽管海洋考古对于海战研究的贡献确实有限，但它在研究海上贸易方面却很有希望。近年来，在考古学中，经济问题已占据了首要地位，它取代了以前人们所关心的民族迁徙及虚假政治解说等问题 [65]。海洋考古学通过集中研究长途货物运输的详细过程，有可能在今后的进一步发展中发挥重要作用。即使是比较晚的时期，仍然存在着文献记载比较少的研究领域。随着调查的沉船遗址日益增多，这一领域的研究将会不断取得进展。在过去的 25 年里，海洋考古注意最多的无疑是造船技术问题，今后的 25 年则可能转为着重研究经济方面的问题。

7.4　船上的社会

某一处沉船遗址可以提供在该船上人们生活的一些材料，而研究某一特定时期和地区的若干遗址中累积起来的材料，同样可能描绘出当时海洋社会的全貌。正如 6.4 节所指出的，诸如严格的等级制度和清一色的男性集团等特征，在许多地区持续过很长时间。另外一些特征则比较特殊，应该把它们看作是原来社会习惯风俗产生的各种变种，这些特征包括特殊的礼仪或宗教仪式，专用的服装或用具，以及独特的等级制度。这些特征必然反映出整个社会中的海洋活动。例如，公元 7 世纪亚西阿达海沉船的海员们所具有的社交礼节，反映了当时海上商业对康士坦丁堡经济的重要性[322 139]。在大多数反映社会历史的著作中，也许是因为缺乏文献材料，航海社团常常被人们所忽略。海洋考古学这方面的研究将会有助于改变这种局面。

在已有的研究船上社会历史的论著中，所用的文献材料偏重 18、19 两个世纪的军舰方面，如 C. 劳埃德[191] 和 P. 肯普[180] 的著作就是如此。而且，即使在这些书中，也主要描写那些受官方重视的、记录在报告和信件等材料里的事情，如人员的配备，训练问题等等。至于船员的实际生活情况，他们对自己命运的想法以及他们原来的经历等问题，在 19 世纪早期以前的文献中就很少记载了。当然，航海家爱德华·巴洛于 1670—1703 年在荷兰和英国东印度公司船上航行和生活时所写的极为生动形象的著名日记则是一个例外[202]。至于更早的时期，除了参考一些当时的义学作品之外则一无所获，如莎士比亚的剧本[96] 和《新约全书》中《使徒行传》关于使徒保罗航行去罗马的记载。另外，从图片资料中还可以搜集到其他一些关于古代海员物质生活环境的细节[88]。

海洋民族学的研究可以提供更为丰富的比较材料，虽然这些材料的整个适用范围有限得令人失望。这一学科中有关海洋的研究用 O. 哈斯洛夫的话说，是"民族学的丑小鸭"，因为"早期乡土文化已在文学和博物馆材料中占有显著的地位[151 15]"。此外，在斯堪的纳维亚以外的地区，即使达到哈斯洛夫博士及其同事那种记录水平也非常难得，而且这种局势正在迅速向难以挽回的方向发展，因为现在能够回忆起帆船时代最后一段时期情况的老海员的人数正在急剧减少。无法记录航海社团成员的口头传说和回忆，实际上就是失去了大量有关他们生活方式的重要材料。瑞典民族学家 H. 亨宁森曾写道："令人失望的是，连海洋博物馆所反映出的船上生活情况通常也很稀少[154 135]。"最后，如同研究造船技术一样，在采用民族学材料作类推时也必须保持与其他考古研究一样的谨慎态度。特别是有关 19 世纪的情况在多大程度上能反映出较早时期的船上生活，这是很成问题的。正是由于海洋民族学目前存在着这些弱点，海洋考古学有关社会研究方面的研究范围今后仍将进一步扩大。

7.5　对一般考古学的其他贡献

在总结本章对于海洋考古学材料所作的多层次探讨之前，有必要提及海洋考古学对考古学其他方面的一些贡献。虽然严格说来，这已不属于海洋考古学的范畴，但它们仍然具有一定的意义，并且可以增加整个这一分支学科的重要性。

沉船遗址可以为不同时代的器物提供年代明确和理解透彻的标准尺度，因为船上的社会具有秩序井然、整齐划一的性质。当然，这一结论也受到以下两种条件的限制：沉船被认为是一个封闭的组合物（见 2.3 节）；沉积物的年代并不一定能反映其制作的年代。但即使不能断定一艘沉船的确切年代，船上所有器物在相对意义上属于同一时代，也可能具有相当大的意义。例如，关于安弗拉瓶制作和使用的新知识，对于简单地断代和反映一定范围内的经济活动显然非常有用（见 3.2 节）。在英国罗马时期考古学中，B. 哈特利关于公元 2 世纪希腊萨摩斯岛陶器的研究著作也同样是用一组沉船的材料确定了整个这类陶器的年代，其中布丁潘罗克沉船上的器物组合是用以断代的标准器物之一，虽然其断定的年代并不十分精确[148]。

然而，如上所述，这一方法最初应用于研究中世纪以后的器物。乍看起来，这是一种非常奇怪的现象。因为年代越近，可以利用的考古和文献材料似乎应该越多。但实际上，一般很难将器物与史料联系在一起，绝大部分物质材料出自充满垃圾的沉积层和其他难以断代的环境之中。为了克服这些困难，过去在相当大的程度上是依靠器型学的研究；

图 7.5
在"肯内默兰"号（1664
年）遗址上发现的伯拉明
陶罐

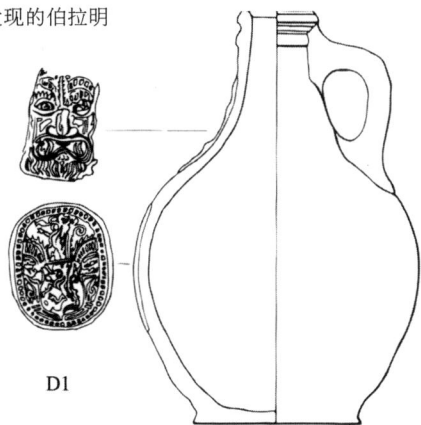

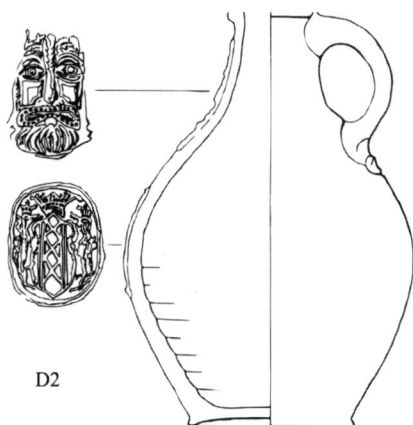

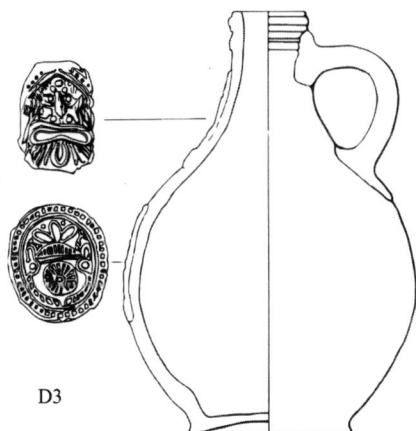

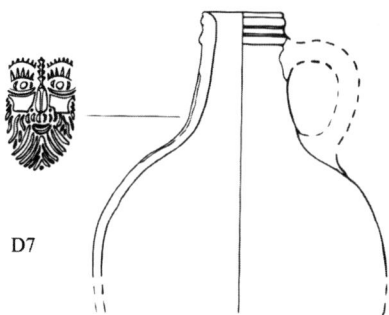

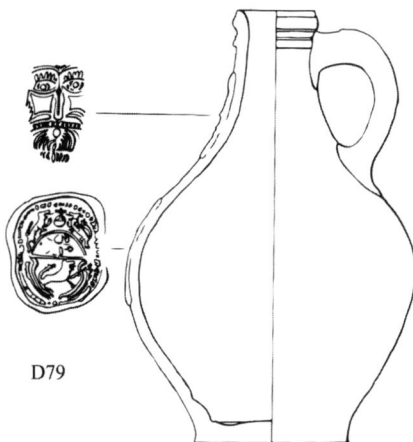

D1

D2

D3

D4

D7

D79

0   5   10   15   20 厘米

但由于这种研究一般需要有种类繁多的大量器物，人们已发现采用器型学方法处理晚近时期的遗物不如处理较早时期的材料那样有效。一种称为伯拉明罐的粗陶容器可以说明这种情况。它们于 15 世纪晚期在莱茵兰的弗雷兴一带制造，后来又在其他地方制造。1951 年发表了这种陶罐的研究报告，其中追溯了这种容器自 16 世纪中叶到 17 世纪末期的演变过程，并且以 20 年以内的精确度提出了每一类型的年代[157]。这一结论现在已被沉船遗址的发现特别是经常在荷兰东印度公司沉船遗址上大量发现的这种容器所彻底推翻。最初的反证出自西澳大利亚的"费居尔德·德拉克"号遗址[135 281]。在"肯内默兰"号（1644 年）等遗址上又发现了其他材料（图 7.5）。按照 1951 年的研究报告，在"肯内默兰"号遗址发现的这组陶罐的年代绝不会是 1600—1690 年，而实际上这些器物在 1664 年已经在使用，并且当时几乎还是新的呢！

图 7.6
在"肯内默兰"号（1664年）沉船遗址上发现的鞋子和靴子
（图中标尺单位为厘米）

沉船遗址还为研究中世纪以后另一种常见物品——陶烟斗提供了同样重要的新材料。过去研究这种器物的困难也在于缺乏断代的标准器，因此近年在水下发现的若干批遗物就发挥了相当大的作用。一个很好的例子是在"达特茅斯"号（1690年）沉船上发现的各种类型的烟斗，它们大都是苏格兰产地的产品，其中有些烟斗的年代过去曾认为不会在1640—1720年之间[232]。

海洋考古学对其他考古学分支的贡献，除了器物断代外，还有几点。正如菲利普·巴克所预言的，将来水下气力提升机技术和陆地真空吸尘器之间可能存在着某种关系[13]。海洋遗址上所花费的人力比较节省，从而使人们在各发掘阶段之间有更多的时间进行研究和商讨，这一点一定会对制定发掘策略有所帮助。现在，水下调查迫使组织者努力使自己制定的发掘程序和标准更为精确，这一方面是因为要节省经费；另一方面也由于参与此事的许多航海、造船和潜水等专业人员没有受过考古训练。

为沉船遗址而设计的分析技术对陆上遗址工作究竟有多大的帮助，目前还难以确定。正如第五章明确指出的那样，尽管现在这些技术主要是依靠考古学本身的各种成熟的研究方法，但它们在探力分布方面已经超出了以往的常规情况。重要的问题在于，在许多沉船遗址上，遗物分布图形并非一目了然，因为这里不存在非常明确的地层结构。在陆地上这种遗址大概并非这样普遍，但它确实存在，对于这种遗址就可以采用同样的分析技术。另外，按照图5.1所示的系统详细解释某一海底遗址的发展过程，在一般考古学中至今还不是普遍的现象，因而海洋考古学所用的工作方法可以促进其他考古学分支中的类似研究。至于更高层次的解释，海洋考古的研究可能也位于其他分支学科的前列，它将考古研究与相近的历史学或民族学研究紧密地联系起来，这种方法已成为船舶考古学研究的一个主要特征[141]。只要这种综合研究包括不同学科之间思想与理论的自由交流，它就值得赞扬和鼓励，虽然还必须经常注意不要将不同种类的研究合并或混淆起来。

7.6　结论

在探索海洋考古学这一新分支学科的理论框架时，本章的讨论是通过不同层次的研究来进行的。通过这种方法可以充分估价出各个沉船遗址的意义，而且还能够勾勒出这一分支学科的整个范围。这种分析层次与大卫·克拉克博士在《分析考古学》[66] 中提出的分析层次非常相近，但只是近似而不是直接照搬。因为它采用那种更为周密的分析方法是为了从器物和器物组合等方面获取大量的知识，因而很少论及遗址及其形成过程。本书的这种三层分析方法可以运用于考古学的其他分支，但它尤其适合于海洋考古学，因为在这里可以把这三个层次相互联系起来。船舶与沉船遗址之间的联系可见图 5.1，船舶各方面的内在特性已在 6.1节论及，至于船舶与它所在的海洋文化之间的必然联系，正如 7.1 节所描述的那样，比一般考古学更直接地与第二层次和第三层次的研究阶段联系在一起。

从某些方面来看，将本书分成上下两编未免有些武断和不合情理。因为下编讨论的概念与思想，与上编中讨论的那些更为特殊的技术性更强的内容，都同样是这一学科的组成部分。例如，海洋考古的优点，按理说应该作为其内在优势的一部分包括在 2.3 节中。尽管如此，从以下两点来看这种划分也有一定道理。其一，在过去人们往往片面认为海洋考古学费用高、难度大，并且很少有重大发现，而本书对这一分支学科的理论部分单独予以探讨，就可以强调上述现象实际上都是细枝末节。其二，不少人怀疑海洋考古学能否成为一种科学研究，其中有一部分原因是一般人的主观想象。而单独详细探讨这门分支学科理论上的优越性，就可以证明人们的怀疑是没有根据的，并且能恰当地总结过去的工作，展望未来的发展。

那么，海洋考古学的前景究竟如何呢？无疑将来会发现更多的水下遗址。而且，其中大多数遗址很可能按照定向研究的方法进行发掘。在技术方面，应该强调要使潜水人员摆脱烦琐的日常事务，以便使人们把尽可能多的时间用于仔细分析物质遗存的工作。但最重要的是，发掘之后的研究工作必须有实质上的进展，只有这样才能大大改进对沉船遗址的解释与分析工作，从而完善这门学科的整个理论框架。沉船过程中的因素必须由内行的专家认真予以研究。这一条再加上采用更为精确的海底遗址分析模式，将使基础解释工作更加富有成效。随着世界各地系统研究沉船遗址工作的逐渐增多，必须更多地注意进行本章所讨论的高层次的分析。只有通过这种工作，才能期望人们付出的全部努力和费用能够结出丰硕成果。同时，也必然会改进整个学科的地位和研究水平。这些设想究竟能在多大程度上变成现实，主要取决于世界上各种团体支持这种工作的决心，仅靠海洋考古工作者个人的热情和专长是不够的。如果能够得到社会各方面的全力赞助，海洋考古工作者就会在增长知识和认识历史方面取得有价值的成就。

第八章　理论与实践

　　在《水下考古学》这部重要著作中，乔治·巴斯教授写道："水下考古学当然只应该叫作'考古学'。我们并没有把在土耳其尼姆鲁达·达弗山顶进行考古工作的人称为高山考古者。所有这些人都在努力解答有关人类历史的疑问，都有能力发掘和解释古代建筑、墓葬以至整个城址及其中的各种器物。难道研究古船及其货物或者考察倒坍的港口岸壁就另有所不同吗 [18 15]？"当然，在巴斯确认的海洋考古学的定义范围内，这一观点是正确的。但这样却使这一学科除了基本技术之外缺乏任何内在的一致性。巴斯在这本书的后面也承认："因此，水下考古学的著作必须主要考虑技术问题，就像关于航空勘测考古、用于考古的物理技术以及考古保护技术的著作一样"。挪威考古学家凯勒（Christian Keller）对水下考古遗址曾做过比较系统的探讨，但也未能提出一个超越于实用操作之上的理论框架 [179]。本书提出的理论概括、分析方法和现场技术都是相互关联的；一门学科如果没有理论概括和分析方法，则无论怎样努力也不可能单独在现场技术方面取得成就。将海洋考古学定义为"对于人类及其海上活动物质遗存的科学研究"，就有可能将古船、货物以及倒坍的港口岸壁所具有的不同性质单独离析出来，从而使这一新的考古学分支具有明确的内容。

　　为了强调说明海洋考古学各个方面的内在联系。必须重新讨论有关遗址调查的基本技术问题。这里一些重要内容来自前面提出的理论框架。流程图 8.1 表示在海洋考古学中一次完整调查过程的各个阶段。这一过程开始于流程图顶部，最后结果在图的底部。每一中间阶段不仅是进行下一项工作之前要完成的独立单位，同时更是根据后面的工作需要还可能重复整个研究过程的一个方面。后面的分析研究阶段也可能要求修改前面阶段的工作程序，这一点在一般考古学理论中已得

图 8.1
一处新的沉船遗址为海洋考古学研究积累新知识的过程

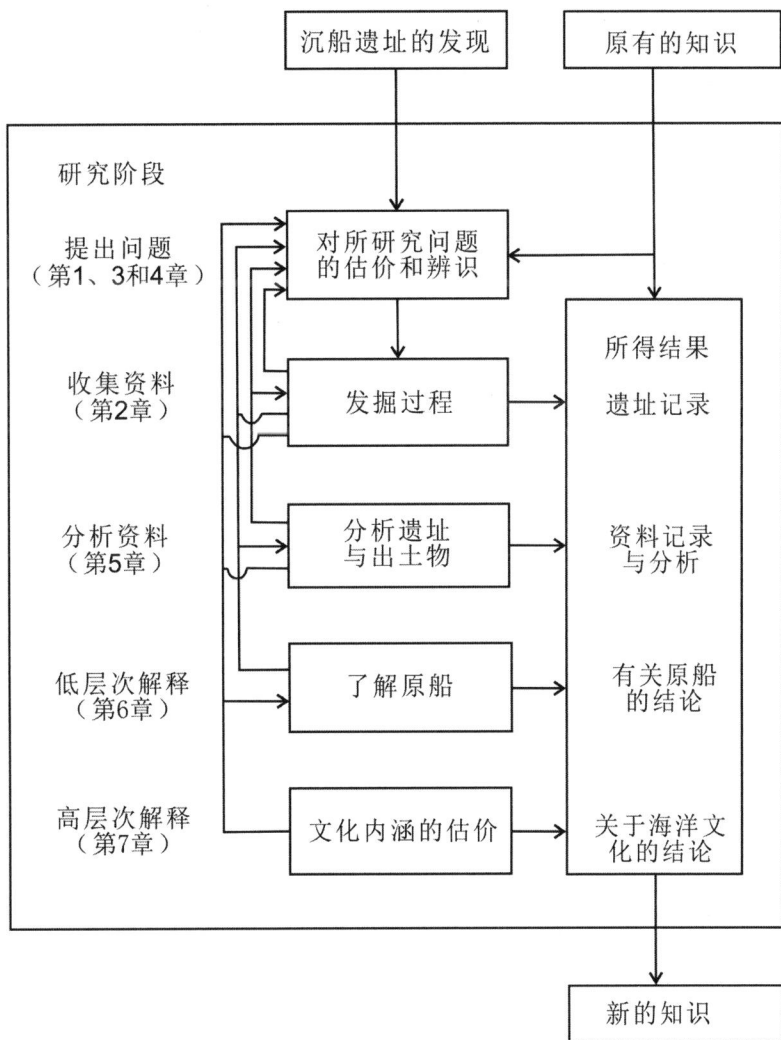

到普遍承认，如 L. 宾福德教授就主张必须按照连续性分析程序并且针对尽可能多的问题进行发掘[53 159]"。在本书 2.3 节里曾经提出，水下调查的缓慢进度可以更为经常地修正工作方法，以便使调查工作更加精确而富有成效。这一点在图 8.1 中的反映就是指那些反馈通道起作用的时间可能比较多。

图中的许多实际内容已在本书前面各章、节中做了论述，现在做一总结。例如，根据表 5.2 有关遗址类型的初步结论，可能要更改勘查技术；而要通过分布分析方法得出结果，也可能需要重新考虑特定遗址所要求的精确度标准[241 173]。这里还要指出工作过程中的一个重要问题，即在得到最终结果的证实之前，必须设想遗址具有极其重要的价值和意义，而不能一开始就认为遗址毫无可取之处，从而为自己不负责任的工作方法开脱责任。如果在发掘过程中不做适当的记录，就不可能知道遗址上究竟遗漏了哪些东西；虽然发掘以后档案中的详细记录也是必要的，但这些记载对以后的检验并没有多少意义。当然，要求"绝对精确"是不现实的，因为根本不存在"绝对精确"这种东西。"适当的精确"即可，而这种"适当的精确"也只有在发掘者了解该遗址所涉及的全部细节之后才能达到。

这种"反馈"作用的另一重要因素涉及是否首先进行现场工作。正像在 1.1 节解释的那样，只有"定向"的发掘才是真正的考古发掘。但在一开始就要断定某一遗址可能会有助于解决哪些问题，这几乎是不可能的。作者前面提出的理论框架介绍了某一遗址可能在三个方面提供有价值的考古资料。在任何特定沉船遗址上，发掘者都应该从这三个方面来研究自己的工作。如果要考虑问题的轻重缓急，情况会更加复杂，解决办法也就不那么简单了。水下考古的费用无疑很高昂，但随着海底开发活动的日益增多，必然要加快发现新遗址的速度。

在海洋考古上，资金问题是很复杂的，也是普遍存在的。实质上，这个问题应由整个社会而不可能由该学科内部来解决。但现在能够做到的是，使公众对这一研究领域产生较大的兴趣：即要让公众知道海洋考古既能提供关于过去社会的富于吸引力的新知识，又可以提供适于展览的各种实物。从前面七章来看，有一点十分清楚，如果资金的获得仅仅取决于所发现器物的商业价值，那么发掘的首要宗旨绝不可能得到令人满意的解决，更不用说要取得研究工作的实质进展了。正如皮特—里弗斯将军（Pitt-Rivers）在其考古报告中所说的：被视为研究材料的遗物价值，可以说与它们本身的商业价值成反比。虽然救捞活动也可能提供一星半点的有趣材料，但只要资金的提供取决于拍卖行的需要，就根本不可能进行任何连贯而完整的研究。

另一个有关的问题是对于海洋遗址的法律控制。由于任何一条具体规定都与各个国家的法律体系密切相关。所以对这一问题做更进一步的讨论已不属于本书范围。但这里可以提出一些具有普遍意义的问题。很明显，法律的条款应当鼓励人们对海洋遗址进行认真负责的研究。此外，在考古工作者对遗址学术价值作出判断之前，应该用法律阻止其他人对遗物的打捞。要约束人们的贪财欲望，看来只要将所有海底历史遗物规定为公共的财富，并制止对商业性和非考古性的捞宝活动进行投资才能有效地保护海底遗址。这一方法现在已为大多数国家采用。对于许多埋藏较深、保存较好的海底遗址来说，如果在水面没有庞大的机械设备是无法进行发掘的。虽然如此，总会有一些分布范围较大的遗址要受到捞宝者的觊觎。因此，一旦发现这类遗址，即使并不具备优先发掘的资格，也应马上进行发掘。这种常规的"抢救"措施适用于一切考古学分支学科。对于公海中的遗址，也必须采取类似的措施，尽管其中涉及一些法律和政治问题，这些问题可能要拖延到许多重要遗址遭到破坏之后才能取得一致的意见。

下面谈谈对海洋考古学研究组织工作方面的几点看法，虽然各国的详细规定都必然取决于该国学术研究工作的常规条令。从前面谈到的情况来看，必须使所有参加海洋考古的人员接受考古学训练，这是自不待言的。然而，根据图 8.1 的内容及其中包含的理论概括，为了能够正确评价研究过程中的每一因素，并使所有的"反馈"通道都能有效地发挥作用，一位海洋考古的领导者（可能的话还包括他的副手及监督者）应该参加这一学科的全部学术研究工作。参加海洋遗址发掘的主要成员应出自大学或同等水平的研究单位（例如，附属于一个海洋博物馆）。至于其他有关的工作人员，鉴于 2.2 节提到的管理问题。其能力与经验水平应高于陆地上的一般发掘者。同时应该指出，海洋考古是水下所有研究学科中最费力的工作，因而无论在搜寻活动中，还是在系统性的发掘工作中，在某种程度上还要经常依靠热心于此而且经验丰富的业余爱好者的支持。最后，海洋考古还要依靠其他许多学科专家的帮助，如照相师、制图师、潜水专家和文物保护专家，等等，所有这些专家必须组成一支专门解决考古问题的队伍。D.G. 克拉克教授已经概括出一个合格的考古学家所必须具备的学术知识和管理才能 [62, 17]。而一位起码水平的海洋考古领导者除此之外，还需要具备其他许多条件！

最后一点是撰写遗址报告问题。这里毋需重复，"出版是一种责

图 8.2
本书的作者正在发掘"达特茅斯"号沉船遗址，旁边有绘图板和卷尺

任"，"发掘之后而没有一份发掘报告，遗址实际上就像被推土机推掉那样，成了一种毁坏或残缺的东西"等等。人们往往认为，报告应当直截了当地罗列所记录的材料，尽可能少加评论，因为这是唯一完全客观的方法。但是，如果在报告里适当而深思熟虑地介绍发掘工作的各个阶段，如图 8.1 所示，那么人们就会从这些"事实"里面了解到关于发掘者所要解决的问题、发掘采用的技术以及发掘后所作的分析等许多情况。因此，详尽描述工作中所有的阶段非常重要。这样可以使读者了解这些结果的来龙去脉。

尽管以上几点是从过去工作中所得出的最重要的实际内容，但如果不提个人在这种工作中所得到的许多乐趣，也不免失之偏颇。考古学所有分支学科的工作都不同程度地需要体力劳动和脑力劳动的结合，以及图书馆研究和户外活动之间的相互交替。但对海洋考古学而言，这一特点还包括人们在陌生环境中工作所受到的生理和心理上的挑战。此外，海上的所有活动都有许多快乐和引人入胜之处，需要考古学家具有一定的航海技能，使他与他研究的遇难古代船员之间建立一种密切的联系。最重要的是，作为一个考古学家，我受到一种智力上的鞭策，促使我把所有这些头绪归纳为一个统一体系，从而产生了这本书。我认为，今后几十年内一项最有发展潜力的课题，无疑是对海底进行系统的开发，这将为关心水下文化遗产的人们提供众多的实践机会，并赋予他们沉重的使命。因此，作者希望今后将有更多具备考古技术的人献身到海洋考古学研究中去！

参考文献

　　杂志名称的缩写规则一般依照英国考古学会 (the Council for British Archaeology) 出版《年度考古文献目录》或其他类似的规则。两种最常见的刊名缩写如下：

C.A.S　Cahicrs d'Archéologie Subaquatique (《水下考古》)

I.J.N.A.　International Journal of Nautical Archaeology and Underwater Exploration (《国际船舶考古与水下探险》)

[1] Adnams,J.R.(1974). The Dartmouth, a British frigate wrecked off Mull,1690. I.J.N.A.,3,269-74.

[2] Anderson,R.&R.C(1926).The sailing ship,six thousand years of history. Harrap, London.

[3] Anderson,R.G.W.(1972).the mariner's astrolabe. Royal Scottish Museum, Edinburgh .

[4] Anon(1977). A thirteenth or fourteenth century A.D. ship wreck near Mokpo. I.J.N.A., 6,257.

[5] Arnold,B.(1974). La barque gallo-romaine de la baie de Bevaix. C.A.S.,3,133-50.

[6] (1975).The gello-roman boat from the Bay of Bevaix,Lake Neuch Tel, Switzerland.I.J.N.A., 4,123-6.

[7] Arnold,J.B. & Clausen,C.J. (1975). A magnetometer survey with electronic positioning control and calculator-plotter system.I.J.N.A., 4, 353-66.

[8] Atkinson, R. J. c.(1957).Worms and weathering.Antiquity, 31, 219-33

[9] AUSAC (Aston University Sub-Aqua Club)(1974).The wreck of the 'Kennemerland'. Aston University, Birmingham.

[10] Baddeley,A.D.(1966).The influence of depth on the manual de exterity of free divers. J.Applied Psychol.50(1), 81-5.

[11] Baker,P.E. & Green,J.N.(1976). Recording techniques used during the excavation of the Batavia.I.J.N.A.,5,143-58.

[12] Barber,V.(1977).The Sapphire, a British frigate sunk in action in Bay Bulls. Newfoundland,in 1696.I.J.N.A., 6,305-13.

[13] Baker,P.(1977).Techniques of archaeological excavation.Batsford,London.

[14] Basch,L.(1972).Ancient wrecks and archaeology of ships.I.J.N.A., 1,1-58.

[15] Basch,L. & Frost,H.(1975).Another punic wreck in Sicily:its ram. I.J.N.A.,4,201-28.

[16] Bascom,W.(1972).A tool for deep-water archaeology.I.J.N.A.,1,180-4.

[17] Bascom,W. (1976). Deep water, ancient ships.David and Charles, Newton Abbot.

[18] Bass,G.F.(1966). Archaeology under water.Thames and Hudson, London.

[19] Bass,G.F. (1967).Cape Gelidonya; a Bronze Age shipwreck.Trans.American Philosoph.Soc.,57(8).Philadelphia.

[20] Bass,G.F. (1971).A Byzantine trading venture.Scientific American,225, 23-33.

[21] Bass,G.F. (ed), (1972a). A history of seafaring based on underwater archaeology. Thames and Husdon, london.

[22] Bass,G.F. (1972b).The earliest seafares in the Mediterranean and the Near East. In Bass,G.F.(ed.),A history of seafaring,based on underwater archaeology,pp.11-36.Thames and Hudson,London.

[23] Bass,G.F. (1976).Sheytan Deresi; preliminary report.I.J.N.A.,5,293-303.

[24] Bass,G.F.& Katzev,M.L(1968).New tools for underwater archaeology.Archaeology,21,165-73.

[25] Bass,G.F. & van Doorninck,F.H.(1971).A fourth-century shipwreck at Yassi Ada, American J.Archaeol.,75,27-37.

[26] Baume,D. & Godden,D.(1975).Don't forget the diver. New Scientist, 6868(978), 574-7.

[27] Bax,A. & Martin,C.J.M.(1974).De Liefde, a Dutch East Indiaman Lost on the Out Skerries, Shetland,in 1711. I.J.N.A., 3,81-90.

[28] Bengtsson,S.(1975).The sails of the Wasa: unfolding, identification and preservation.I.J.N.A., 4, 27-41.

[29] Benoit,F.(1961). L'EPAVE DU GRAND CONGLOUÉ À MARSEILLE, Fouilles Sous-Marines, Gallia suppl. XIV, Centre National de la Recherche Scientifique, Paris, 1961.

[30] Benoit, F.(1972).Nouvelles epaves de Provence III. Gallia,20,147-76.

[31] Benoit, F.(1965).Mediterranean trade .In Taylor, J. du Plat Taylor Ed. for C.M.A.S. (World underwater federation). Marine archaeology: developments during sixty years in the Mediterranean. Pp3, London: Hutchinson. 1965.

[32] Biddle,M.(1974).The future of the urban past. In Rahtz,P.A.(ed.). Rescue Archaeology, pp95-112. Penguin,London.

[33] Binford Lewis Roberts(1975).An Archaeological Perspective, Seminar Press,New York and London.

[34] Birk,D.A.(1975)Recent underwater recoveries at Fort Charlotte.I.J.N.A., 4, 73-84.

[35] Blackman, D.J.(ed.)(1973a).Marine archaeology. Colston Papers No.23, But-
     terworths, London.

[36] Blackman, D.J. (1973b),The harbours of Phaselis.I.J.N.A.2,355-64.

[37] BIundell, Rev.O.(1909).The crannog of Eilean Muireach. Proc Soc Antiq Scot
     Vol. 43 159-64 .

[38] BIundell,Rev.O.(1910) Further Examination of artificial island Pror Soc Artiq
     Scot Vol.44,12-33.

[39] Boon,G.C.(1976) A Graeco-Roman anchor-stock from North Wales. Achaeo-
     logia Alantica.1， 195-9.

[40] Boon,G.C.（1977）. The Porth Felen anchor-stock， I.J.N.A 6， 239-42.

[41] Bowen,E,G.(1972). Britain and the western seaways. Thames and Hudson,
     London.

[42] Boxer,C.R.(1965).Dutch Seahorne Empire,1600 - 1800.History of Human So-
     ciety, Hutchinson,London.

[43] Brand,Rev.J.(1701). A brief description of Orkney, Zetland,Pightland Firth
     and Caithness. Edinburgh.

[44] Brogger， A.W. & Shetelig， H.（1951）.The Viking Ships, Their Ancestry
     and Evolution,Katharine John C Hurst & Co, London

[45] Bruce, R.S. (1907). Some old-time Shetlandic wrecks,part 9. Old Lore Mis-
     cellany, I(1), 123-8.

[46] Bruce-Mitford.R.(1975).The Sutton Hoo shipburial, Vol. I. British Museum
     Publications, London.

[47] Bushe-Fox, J.P, (1915), Excavations at Hengistbury Head,Hampshire, in
     1911-12. Report of the Research Committee of the Society of Antiquaries, 3,
     London.

[48] Butland,W.E. & Stubbs, J.M. (1976). Survey and excavation of the sloop
     Lovely. Maritime Wales, 1,51-62.

[49] Callender, M,H.(1965).Roman amphorae,with index of stamps. University of Durham Publications, London.

[50] Carr,E.H, (1961).What is History? Macmillan, London.

[51] Carrazé, F. (1972).Le gisement A'de la Jeanne-garde.C.A.S.1.75-87.

[52] Carrazé, F. (1975), 'L'épave 'Grand Ribaud A',C.A.S.4,11-58.

[53] Casson.L, (1959).The Ancient Mariners: Seafarers and Sea Fighters of the Mediterranean in Ancient Times. Victor Gullanez, London.

[54] Casson.L, (1971).Ships and seamanship in the ancient world, Princeton University Press,Princeton, New Jersey.

[55] Cederlund,C.O.(1977).Preliminary report on recording methods used for the investigation of merchant shipwrecks at Jutholmer and Älvsnabben in 1973-74.I.J.N.A.,6,87-99.

[56] Cederlund,C.O. & Ingelman-Sundberg,C(1973).The excavation of the Jutholmen wreck， 1970-71, I.J.N.A.,2， 301-27.

[57] Chapman,F.H.(1768),Architecrura Navalis Mercatoria, Stockholm.

[58] Chozley,R.J. & Haggett.P.(1965).Trend-surface mapping in geographical research.Institute of British Geographers, Publications, No.37.

[59] Christensen,A.E.(1972).Scandinavian ships to the Vikings.In Bass,G.F,(ed.),A history cf seafaring based on underwarer archaeology,PP-160-80.Thames and Hudson, London.

[60] Christensen， A.E. & Morrison， I.A.(1976),Experimental archaeology and boats,I.J.N.A.,5, 275-84.

[61] Cipolla,C.M.(1965).Guns and sails in the early phase of European expansion,1400 - 1700.Collins, London.

[62] Clark,J.G.D,(1939).Archaeology and society, Methuen, London.

[63] Clark,J.G.D,(1952). Prehistoric Europe, the economic basis. Methuen, London.

[64] Clark,J.G.D,(1954).Excavations at Star Carr.Cambridge University Press, London.

[65] Clark,J.G.D,(1966).The invasion hypothesis in British archaeology. Antiquity, 40,172-89.

[66] Clarke,D,L(1968).Analytical archaeology.Methuen, London.

[67] Clausen, C.J. & Arnold,J.B.(1976).The megnetometer and underwater archaeology.I.J.N.A.,5.159-69.

[68] Coates, J.F,(1977).Hypothetical reconstructions and the naval architect, in McGrail,S.(ed.),Sources and techniques(in boat archaeology.pp.2l5-216.British Archaeological Reports Supplementar Series No.29.Oxford.

[69] Cole, J.P. & King,C.A.M.(1968).Quantitative geography. Wiley, London.

[70] Coles, J.M.(1977),Experimental archaeology,theory and principles.In McGrail,S.(ed.).Sources and techniques(in boat archaeology.pp.233-43.British Archaeological Reports Supplementar Series No.29.Oxford.

[71] Coles, J.M. Orme,B.J. Hibbert,F.A. & Wainwright,G.J.(1975).Somerset Levels Papers No.1.Privtely published.

[72] Condamin, J.,Formenti,F.,Metais,M.O., Michcl, M. & Blond, P.(1976).The application of gas chromatography to the tracing of oil in ancient amphorae,Archaeometry,18(2), 195-201.

[73] Coombs, D.(1976).The Dover harbour bronze find - a Bronze Age wreck? Archaeologia Atlantica,1, 193 -5.

[74] Cowan,R.,Cawan,Z., & Marsden, P.(1975).The Dutch East Indiaman Hollandia wrecked on the lsles of Scilly in 1973.I.J.N.A.,4,257-300.

[75] Crumlin-Pederen,O.(1970).The Viking ships of Roskilde.National Maritime Museum Maritime Monographs and Reports,1,7-23.

[76] Crumlin-Pederen,O. (1972).Viking and Hanseatic merchants:900-1450,In Bass, G.F(ei.),A history cf seafaring based on underwater archaeology, PP.182-204.Thames and Hudson, London.

[77] Cunliffe,B.W.(1974).Iron age communities in Britain.Routledge and Kegan Paul, London.

[78] Cunnington.E.(1884).On a board of bronze,iron,and other objects found in Bulbury Camp,Dorset. Archaeologia,48,115-20.

[79] Daniel,G. (1967).The origin and growth of archaeology.Penguin, London.

[80] Davis,R.H.(1955).Deep diving and submarine operations。(6ith edn).Siebe Gorman, London.

[81] Destombes,M.(1969).Un astrolabe nautique de la Casa de Contratación. (Seville,l563).Revue d'Histoire des Sciences 22 (1):33-64.Presses Universitarres de Fance, Paris.

[82] de Weerd, M. & Haalebos,J.K.(1973).Schepen voor het Opscheppen Spiegel Hisioriael(Bussum).8.386-97.

[83] Dickes,G.(1957).The dress of the British sailor.National Maritime Museum,HMSO, London.

[84] Dimitrov,B.(1976).Stone anchors from Sozopol Bay(Bulgaria).I.J.N.A. 5,81-3.

[85] Dimitrov,B.(1977). Anchors from the ancient ports of Sozopol, I.J.N.A., 6, 156 - 63.

[86] Doran,J.E. & Hodsen, F.R.(1975).Mathematics and computers in archaeology. Edinburgh University Press, Edinburgh.

[87] Dumas,F. (1962).Deep-water archaeology.Routledge and Kegan Paul, London.

[88] Dumas,F. (1972). Ancient wrecks. In UNESCO,Underwater archaeology, a nascent discipline,pp.27 - 34.UNESCO, Paris.

[89] Dunning, G.C.(1968). The trade in medieval pottery around the North Sea.In Renaud, J.G.(ed.).Rortterdam Papers: a contribution to medieval archaeology, pp.35 - 58. Rotterdam.

[90] Dymond,D.P.(1974).Archaeology and history, a plea for reconciliation. Thames and Hudson, London.

[91] Ehrenber,V.(1967).From Solon to Socrates, Methuen, London.

[92] Ellmers,D.(1973).The earliest report on an excavated ship in Europe.I.J.N.A.,
    2,177-9.

[93] Ericsson,C.H.(1970a).The Instruments from Her Imperial Majesty's frigate
    Nicholas. I.J.N.A., 4,65-71.

[94] Ericsson,C.H.(1975b).An eighteenth century diving-suit from Erahestad in
    Finland, I.J.N.A., 4, 130-4.

[95] Evans,A.C. & Fenwick, V.H.(1971),The Graveney boat,Antiquity,45,89-96.

[96] Falconer.A.F.(1961).Shakespeare and the sea.Constable, London.

[97] Fenwick,V.H.(1972).The Graveney boat.A pre-conquest discovery in Kent.
    I.J.N.A., 1,119-29.

[98] Finley,M.I.(1971).Archaeology and history.Daedalus,100(1),16: 86.

[99] Fiorri,P.(1974).Le Millage antigue du Cap Gros. I.J.N.A., 3, 81-102.

[100] Fiori,P. & Joncheray, J.P.(1973).Mobiliers metalliques(outils,pieces de green-
    ment,armes)provenant de fouiles sois-marines. C,A.S.,2,73-94.

[101] Fiori,P. & Joncheray, J.P. (1975).L'epave de la tradeliere. C.A.S.,4,59 -70.

[102] Flemming,N.C.(1965).Apollonia.In Taylor,J.du P.(ed.), Marine archaeology.,
    pp.168-78.Hutchınson, London.

[103] Flemming,N.C.(1969).Archaeological evidence for eustatic change of sea
    level and earth movements in the western Mediterranean during the last 2000
    years,Geolog.Soc.America.,Special paper No.109.

[104] Flemming,N.C. (1972).Cities in the sea,New English Library, London.

[105] Flerming,N.C.,Czartoryska,N.M.G. & Hunter,P.M. （1973).Sea level changes
    in the south Aegean.In Blackman,D.J.(ed.),Marine archaeology,pp.1-66,But-
    terworth, London.

[106] Flemmimg,N.C. & Miles,D.L.(1974).Underwater Association code of prac-
    tice for scientific diving(2nd edn),Natural Environmet Research Council,
    London.

[107] Flinder,A.(1977).The island of Jezirat Fara`un.I.J.N.A., 6, 127-39.

[108] Forster,W.A.& Higgs,K.B.(1973).The Kennemerland,1971;an interim report.
I.J.N.A.,3, 201-300.

[109] Fowler,P.J.(ed.)(1975).Recent wok in rural archaeology.Moonraker Press,
London.

[110] Frank,T.(1933-40).(ed.),An economic survey of ancient Rome(6 vols.).The
Johns Hopkins Press, Baltimore.

[111] Franzen,A.(1966),The warship 'Wasa'. Norstedts, Stockholm.

[112] Frey,D.(1972).Sub- bottom profile of Porto Longo harbour,I.J.N.A.,1,170-5.

[113] Frondeville,G.de (1965).Mahdia.In Taylor,J.du P.(ed.).Marine archaeology,
pp.39-52. Hutchinson, London.

[114] Frost,H.(1962).Submarine archaeology and Mediteranean wreck formations.
Mariner's Mirror,48,82-9.

[115] Frost,H. (1963a). Under the Mediterranean. Routledge and Kegan Paul, Lon-
don.

[116] Frost,H. (1963b).From rope to chain, Mariner's Mirror,49,1-20.

[117] Frost,H. (1972a).The discovery of a Punic ship.I.J.N.A.,1,l13-17.

[118] Frost,H. (1972b).Ancient harbours and anchorages in the eastern Mediterra-
nean.In UNESCO,Underwater archaeology, a nascent discipline pp.95-114.
UNESCO, Paris.

[119] Frost,H. (1973a).First season of excavation on the Punic wreck in Sicily.
I.J.N.A.,2,33-49.

[120] Frost,H. (1973b).The offshore harbour at Sidon and other Phoenician sites.
I.J.N.A.,2,75-94.

[121] Frost,H.(1973).Anchors,the potsherds of marine archaeology.In Blackman,D.
J.(ed.),Marine archaeology. pp.397-409. Butterworth, London.

[122] Frost,H. (1975).The pharos site, Alexandria,Egypt. I.J.N.A.,4.126-30.

[123] Frost,H.,Culican,W. & Curtis,J.E.(1974).The Punic wreck.I.J.N.A.,3, 35-54.

[124] Fryer,J.(173).The harbour 1nstalations of Roman Britain.In Blackman,D. J.(ed.).Marine archaeology.pp.261-75. Butterworth, London.

[125] Geikie,J.(1879).Discovery of an ancient canoe in the old alluvium of the Tay at Perth, Scottish Naturalist 5, 1–7. [126]Gelsinger,B.E.(1970).Lodestone and sunstone in medieval Iceland. Mariner's Mirror,56,219-26.

[127] Gianfrotta,P.A.(1977).First elemens for the dating of stone anchor stock,I. J.N.A.,6,285-92.

[128] Glamann.K.(1958).Duteh-Asiatic trade.Danish Science Press, Copenhagen.

[129] Glob,P.V. (1969) The bog peaple:iron-age man preserved.Transl.Bruce- Mitford, R. Faber and Faber, London.

[130] Godden, D.(1975).Cold,wet,and hostile,New Behaviour,1,422-5.

[131] Godden, D. (1977). Paper presented to Symposium of Underwater Association.18-19 March 1977.

[132] Godden,D.R. & Baddeley,A.D.(1975).Context-dependent memory in two natural environments: on land and underwater, Brit. J. Psychol., 66,325-31.

[133] Graham.J.M. (1977). Quantitative methods and boat archaeology. In McGrad.S.(ed.).Sources and techniques in boat and archaeology.pp.137-55. British Arhacological Reports, Supplementary Series. No.29,Oxford.

[134] Graham,W.(1972). The Spanish Armadas.Collins, London.

[135] Green,J.N.(1973a). The wreck of the Dutch East Indiaman the Vergulde Draeck, 1656. I.J.N.A., 2.2, 267–89.

[136] Green,J.N. (1973b).Underwater archaeological survery at Cape Andreas,1969-70. In Blackman,D.J.(ed.).Marine archaeology,pp. 141-79.Butterworth, London.

[137] Green,J.N. (1975). The VOC ship Batavia wrecked in 1629 on the Houtman Abrolhos,Western Australia. I.J.N.A.,4,43-63.

[138] Green,J.N. (1977). Australia's oldest wreck,the loss of the 'Trial',1622. British Arhaeological Reports,Supplemeatary Series,No.27, Oxford.

[139] Green.J.N. & Hendeson,G.(1977). Maritime archaeology and legislation in Western Australia. I.J.N.A.,4., 6, 215-8.

[140] Green,W.S.(1906).The wrecks of the Spanish Armada on the coast of Ireland. Geographical J., 27,129-51.

[141] Greenhil,B.(1976). The archaeology of the boat, A & C Black Publishers Ltd, London.

[142] Greig Smith,P1961). Quantitative plant ecology, Methuen, Black,London.

[143] Guilcher,A.(1959), Coastal and submarine morphology,Transl. Sparks,B.W. & Kneese,R.H.W. Methuen, London.

[144] GuilmartinJr.J.F.(1974).Gunpowder and Galleys: Changing Technology and Mediterranean Warfare at Sea in the Sixteenth Century, Cambridge University Press, London.

[145] Hall,TE.I.(1972).Wreck prospecting hy magnetometer,In UNESCO,underwater archaeology: a nascent discipline.pp.285 UNESCO, Paris.

[146] Hampton,D.L.(1976).The conservation of metal objects from underwater site: a study in methods,Texas Memorial Museum,Miscellaneous papers No.4, and Texas Antiquities Committee. Publication No.1. Austin,Texas.

[147] Hardie,R.P.(1912). The Tobermory argosy. Oliver & Boyd, Edinburgh.

[148] Harley, B.R.(1972). The Roman Occupations of Scotland : The Evidence of Samian Ware. Britannia,3,1 -55.

[149] Hartley,K.F.(1973).The distribution of tiles, mortaria and other products of the brickyards of Italy .C.A.S.,2. 19-60 .

[150] Hasslöf,O.(1963),Wrecks,anchives,and living traditions,Mariner's Mirror,49,162 -76.

[151] Hasslöf,O. (1972).Maritime ethnology and its associated descipline， In Hasslöf,O.,Henningsen,H. & Chritstensen,A.E.(eds.)Ships and shipyards, sailors and fishermen， pp.9-19， Copenhagen University press.Copenhagen.

[152] Hasslöf,O.,Henningsen,H. & Chritstensen,A.E.(eds.)Ships and shipyards, sailors and fishermen: an introduction to maritime ethnology. Transl. Knight,M and Young,H. Copenhagen University press.Copenhagen.

[153] Henderson,G.(1976). James Matthews excavation, summer 1974. Interim report, I.J.N.A.,5.245-51.

[154] Henningsen,H.(1972).The life of the sailor.In Hasslöf,O.,Henningsen,H. & Chritstensen,A.E.(eds.)Ships and shipyards, sailors and fishermen,pp.123-50,Copenhagen University press.Copenhagen.

[155] Hiscock,K.(1974). Ecological surveys of sublitoral rocky areas,Underwater Association 8th annual report,pp.16-65.

[156] Hodder,I. & Orton,C.(1975). Spatial analysis in archaeology. Cambridge University Press.London.

[157] Holmes,M.R.(1951).'The so-called "Bellarmine" mask on imported Rhenish stoneware', Antiq. J. 31, 172-9.

[158] Hornell,J.(1938). British Coracles and Irish Curraghs: with a Note on the Quffah of Iraq. Society for Nautical Research,Longdon.

[159] Hornell,J. (1946). Water Transport.Cambridge University Press, London.

[160] Hurst,H.(1975). Excavations at Carthage,1974:first interim report.Antiq. J.55,11-40.

[161] Hurst,H. (1976). Excavations at Carthage,1975: second interim report.Antiq. J.56,177-97.

[162] Ingelman-Sundberg,C.(1977).The VOC ship Zeevijk lost off the Western Australian coast in 1727.I.J.N.A.,6,225-31.

[163] 1serlin,B.S.J.(1971).New light on the'cothon'at Motya. Antiquilty.45,178-86.

[164] Jameson,M.H.(1973).Halteos at Porto cheli. In Blackman,D.J.(ed.).Marine archaeology,pp.219-31,Butterworth, London.

[165] Jarman,H.N.,Legge,A.J. & Charles,J.A.(1972).The retrieval of plant remains from archaeological sites by from flotation. In Higgs,E.S.(ed.).Papers in economic prehistory,pp.49-58. Cambridge University Press,London.

[166] Johnstone,P.(1974).The archaeology of ships.Bodley Head,London。

[167] Jolliffe,I. P.& Wallace,H.(1973).The role of seaweed in beach supply and in shingle transport below low tide level.In Flemming,N.C.(ed.).Science diving international.pp. 189- 96 British Sub Aqua Club,London.

[168] Joncheray, J.-P.(1973).'Contribution a l'étude de l'épave Dramont D, dite «des pelvis» ',C.A.S.,2,9-48.

[169] Joncheray, J.-P. (1974).Etude det'épave Dramont D, dite «des peivis» . C.A.S.3,21-48.

[170] Joncheray, J.-P. (1975).Etude de d'epave Dramont D,les objets metallique. C.A.S.,4,5-18.

[171] Joncheray, J.-P. (1976a).1974 excavations at the wreck of Bataiguier.I. J.N.A.,5,87-8.

[172] Joncheray, J.-P. (1976b).Le Roche Fouras.I.J.N.A.,5,107-14.

[173] Jondet,G.(1916).Les ports submergés de l'ancienne île de Pharos,Cairo.

[174] Katzev,M.L.(1970).Kynnia,1969: a Greek ship is missed.Expedition,1Z(4),6-14.

[175] Katzev,M.L. (1974).Last harbor for the oldest ship.National Geographic,146,618-25.

[176] Katzev,M.L. & van Doorninck,F.H.(1966).Replicas of iron tools from a Byzantine shipwreck,Studies in Conservation,9,133-42.

[177] Kelland,N.(1976).A method for carrying out accurate plamme tric surveys underwater.Hydrographic J.,2(4),17-32.

[178] Keller,C.(1973).Stratification problems in Norwegian harbours, I. J.N.A.,4,2,187-9.

[179] Keller,C. (1976).Four methodical groups of underwater archaeological sites. In Adolfson,J.(ed.).Underwater 75,pp.101-10.SMR Committee for Underwater Technology,Stockholm,

[180] Kemp,P. K.(1970).The British sailor,a social history of the lower deck,Dent, London.

[181] King,C.A.M.(1972).Beaches and coasts(2nd edn).Edward Arnold,London.

[182] Kirkman.J.(1972).A Portuguese wreck off Mombasa.Kenya.I.J.N.A.,1,153-7.

[183] Lamboglia,N.(1951).Le navi romana di Spargi.proceedings of the 2nd International Congress on Underwater Archaeaology,pp.124-31,Bordighera.

[184] Lamboglia,N. (1965).Albenga.In Taylor，J.du P.(ed.).Marine archaeology-,pp.53-65.Hulchinson, London.

[185] Lance,G.N.&Williams,W.T.(1967).A general theory of classificatory sorting strategies:1.Hierarchical systems. Computer J.,9,373-80.

[186] Landstrom,B.(1961).The ship.Transl. Phillips,M.Allen and Unwin, London.

[187] Landstrom,B. (1970).Ships of the Pharaohs: 4000 years of Egyptian ship-building.Allen and Unwin, London.

[188] Lane,F.C.(1983).The economic meaning of the invention of the compass. American History Review,68,601;12.

[189] Larn, R.,McBride,P.&.Davis,R.(1974).Mid-seventeenth century merchant ship, Mutlion Cove，Cornwall, I.J.N.A., 3,67-79.

[190] Lethibrige, T.C.(1952).Boats and boatmen,Thames and Hudson.London.

[191] Lewis,J.D.(1973).Cosalan: an early Roman harbour.In Blackman,D. J.(ed.).Marine archaeology, pp.233-59. Butterworth, London.

[192] Lewis,M.A.(1961).Armada guns: a comparative study of English and Spanish armaments. Allen and Unwin, London.

[193] Lewis,N.&Reinhold,M.(1955).Roman civilisation (2 vols.)..Columbia University Press,New York.

[194] Lihtly,R.A.(1976).An eighteenth century Dutch East Indiaman found at Cape Town,1971. I.J.N.A., 5,305-16.

[195] Linder,E.(1967).La ville Phenicienne d'Athit,Archaeologia,17,25-9.

[196] Linder,E.&Raban,A.(1975).Marine archaeology. Cassel, London.

[197] Lloyd, C.(1968).The British seaman,1200-1860,Collins,London.

[198] Long,C.D.(1975).Excavations in the medieval city of Trondheim,Norway,Medieval Archaeol.,19,1-32.

[199] Longridge,C.J.N.(1956).The anatomy of Nelson's ships,per-cival Marshall, London.

[200] Losman, A.&Sigurdsson,I.(1974).Alde vertenskapliga instrument pa Skokloster.Skokloster Studies,No.10.

[201] Love,C.E.(1961).The teredo.Scientific American,204,132-40.

[202]Lubbock,B.(ed.)(1934).Barlow's journal of his life at sea(2 vols.).Hurst and Blackett,London.

[203] Lucas,A.T.(1963).The dugout canoe in Ireland.Varbergs Museum Arsbok,68,57-68,Varberg, Sweden.

[204] Lundin,E.(1973).Locating objects underwater,using a hydrolite. I. J.N.A.,2,371-8.

[205] Lyell,C.(1832).Principles of geology(1st edn,3vols,).London.

[206] Lyon,D.J.(1974).Documentary sources for the archaeological diver;ship plans at the National Maritime Museum. I.J.N.A.,3.3-19.

[207] Lyon,E.(1976).The trouble with treasure,National Ceographic,149,789-809.

[208] McBridge,n.(1976).The Dartmouth,a Brtish frigate wrecked off Mul1,1690.3.The guns. I.J.N.A.,5, 189--200.

[209] McBridge,n. (1977).The ship that died on Reefdyke shoal.Triton,22 (5),220-2.

[210] McBride,P.,Larn,R.&Davis,R.(1972).A mid-seventeenth century merchant ship found near Mullton Cove,Cornwall, I.J.N.A.,1,135−42.

[211] McGrail,S.(1975).The Brigg raft re-excavated.Lincolnshire Hist. Archaeol.,10,5-13.

[212] McGrail,S. (ed.)(1977a).Sources and techniques in boat archaeology. British Archaeological Reports,Supplementary Series No,29. Oxford.

[213] McGrail,S. (1977b).Searching for pattern among the logboats of England and Wales.In McGirail,S.(ed.),Sources and techniques in boat archaeology,British Archaeological Reports Supplementary Series,No.29, Oxford.

[214] MsGrail,S.& McKee,E.(1974).The building and trails of the replica of an ancient boat: the Gokstad faering(2 vols.). National Maritime Museum,Maritime Monographs and Reports No.11,London.

[215] McGrail,S.&Switsur,R.(1975).Early British boats and their chronology. I.J.N.A.,4,191-200.

[216] McKee,A.(1973).King Henry VI11's 'Mary Rose'.Souvenir Press, London.

[217] MsKee,E.(1972).The Graveney boat permissable assumptions during reconstruction -A summary,National Maritime Museum. Maritime Monographs and Reports No.6, p.25, London,

[218] Mainwaring, H.(1644)The seaman's dictionary. London.

[219] Marsden, P. (1966).A Roman ship from Blackfriars. Guildhall Museum, London.

[220] Marsden, P. (1971).A seventeenth century boat found in London,Post-Medieval Archaeol.,5,88-98.

[221] Marsden, P. (1972).The wreck of the Amsterdam near Hastings,1749.I.J.N.A.,1,73-96.

[222] Marsden, P.(1974).The wreck of the 'Amsterdam'.Hutchinson,London.

[223] Marsden, P. (1976a).A boat of the Roman period found at Bruges,Beilgium,in 1899,and related types.I.J.N.A.,5.23-55.

[224] Marsden, P. (l976b).The Meresteyn wrecked in 1702 near Cape Town,South Africa,I.J.N.A.,5， 201-19.

[225] Marsden, P. (1977).Celtic boats of Europe.In McGrail,S.(ed.).Sources and techniques in boat archaeology, pp.281-8.British Archaeology Report Supplementary Series, No.29.Oxford.

[226] Marstrander,S.(1976).Building a hide boat: an archaeological experiment. I.J.N.A.,5,13-22.

[227] Martin,C.J.M.(1972).El Gran Grifon,an Armada wreck on Fair Isle,I. J.N.A.,1,59-71.

[228] Martin,C.J.M.(1973).The Spanish Armada expedition, 1968-70.In Blackman, D.J.(ed.).Marine archaeology, pp.439-59, Butterworth, London.

[229] Martin,C.J.M.(1975),Full fathom five:The wrecks of the Spanish Armada,- Chatto and Windus, London.

[230] Martin,C.J.M.(1978).The Dartmourh,a British frigate wrecked off Mull,1690.5.The ship.I.J.N.A.,7.29-58.

[231] Martin,C.J.M.&Long,A.N.(1975).The use of explosives on the Adeland,1974. I.J.N.A.,4,345-52.

[232] Martin,P.F.de C.(1977).The Dartmouth,a British frigate wrecked off Mall,1690.4.The clay pipes.I.J.N.A.,6,219-23.

[233] Marx,R.F.(1971).Shipwrecks of the Western Hemisphere,1492-1825,David McKay, New York.

[234] Marx,R.F. (1972).New World Newsletter;Florida. I.J.N.A.,1,208-9.

[235] Marx,R.F. (1973a).Port Royal rediscovered.New English Library, London.

[236] Marx,R.F. (1973b).United States news:Florida,I.J.N.A.,2,204-5.

[237] Mattingly, G.(1959).The defeat of the Spanish Armada.Jonathan Cape.London.

[238] May, W.E.(1973).History of marine navigation,G.T.Foulis.Henley on Thames.

[239] Mayhew, D.R.(1974).The Defense,search and recovery, 1972 I. J.N.A.,3,312-13.

[240] Morrison,J.S.(1976).The classical tradition. In Greenhill,B., The archaeology of the boat,pp.155-73 and C.BIack.

[241] Muckelroy,K.W.(1975).A systematic approach to the investigation of scattered, Wreck sites,I.J.N.A.,4,173-90.

[242] Muckelroy,K.W. (1976).The integration of historical and archaeological data concerning an historic wreck site: the Kennemerland,World Archaeol.,7(13),280-90.

[243] Muckelroy,K.W. (1977a).Historic wreck sites in Britain and their environments.In Hiscock,K.& Baume,A.D.(eds.).Progress in underwater science, pp.111-20.Pentech Press, London.

[244] Muckelroy,K.W. (1977b).Historic wreck sites in Britain and their environments.I.J.N.A.,6,47-57.

[245] Muckelroy,K.W. (1977c).A possible seventeenth-century Dutch backstaff. Marine's Mirror,63,213-14.

[246] Muhly,J.D.,Wheeler,T.S.& Maddin,R.(1977).The Cape Gelidonya shipwreck and the Bronze Age metals trade in the eastern Mediterranean.J. Field Archaeol.,4,353-62.

[247] Müller-Wille,M.(1974).Boat graves in northern Europe.I.J.N.A.,3.187-24.

[248] Naish,G.P.B.(1968).The 'Wasa', her place in history. HMSO,London.

[249] Needham,J.(1971).Science and civilisation in China Vol.4.part 3: civil engineering and nautics. Cambridge University Press,London.

[250] Neft,D.S.(1966).Statistical analysis for areal distributions.Regional Science Research Institute;Monograph series,No.2. Philadelphia.Pennsylvania.

[251] Nesteroff,W.D.(1972).Geological aspects of marine sites.In UNESCO,Underwater archaeology,a nascent discipline, pp.175-83, UNESCO,Paris.

[252] North, N.A.(1975).The formation of coral concretion on marine iron.I. J.N.A.,5,253-8.

[253] Ohrelius,B.(1962).'Vasa',the King's ship.Transl.Michael.M.Cassell, London.

[254]Olsen,O.&Crumlin-Pedersen,Q.(1967).Skuldelev ship,II.acta archaeologica, 38,73-174.

[255] Osaki, E.(1973).Seventeenth century Japanese harbour works. In Flemming.N.C.（ed.）.Science diving international, pp.66-9,British Sub-Aqua Club,London,

[256] Owen,D.I.(1970).Picking up the pieces;the salvage excavation of a looted fifth century B.C.shipwreck in the Straits of Messina. Expedition,13,21 -9.

[257] Owen,D.I. (1971).Excavating a classical shipwreck.Archaeology,24,118-29。

[258] Parker, A.J.(1973).Evidence provided by underwater archaeology for Roman trade in the western Mediterranean. In Blackman,D.J.(ed.).Marine archaeology.pp.361-81. Butterworth, London.

[259] Parker, A.J. (1976).Report on Fifth International Congress of Underwater Archaeology.I.J.N.A.,5,347-8.

[260] Peacock, D.P.S.(1971).Roman amphorae in pre-Roman Britain.In Jesson,M.&Hill,D.(cds.).The Iron Age and its hill-forts.pp.161-88.Southampton University Department of Archaeology. Southampton.

[261] Pearson,C.(1976).Legislation for the protection of shipwrecks in Western Australia.I.J.N.A.,5,171-3.

[262] Peterson, M.L.(1972).Traders and privateers across the Atlantic:1492-1733. In Bass,G.F.(ed.).A history of seafaring,based on underwater archaeology, pp.254—80.Thames and Hudson,London.

[263] Prercy,R.C.M.(1977).Mombasa wreck excavation,preliminary report,1977. I.J.N.A.,6,331-47.

[264] Pirenne,H.(1939).Mohammed and Charlemagne,Transl.,Mial,B. from 10th French edn.Unwin University Books,London.

[265] Pitt-Rives,A.H.L.F.(1892).Excavation in Cranborne Chase,III.Published privately.

[266] Poideberd,A.(1939).Ungrand port disparu.Tyr.Bibioatheque Archeologique et historique, vol.29, Paris.

[267] Poidebard.A.& Lauffray,J.(1951).Sidon:amenageents antiques port du Saida,Ministere des travaux publics, Beyrouth.

[268] Pomey,P.(1973).L'architecture navale Romaine et les fouilles sous-marines. In Duval,P.M. (ed.).Recherches d'Archeologie Celtique et Gallo-Romainev, pp.37-51.Centre Nationale de Recherches Scientifiques, Paris.

[269] Price, R.& Muckelroy, K. (1974).The second season of work on the Kennemerland site,1973;an interim report.I.J.N.A.,3,257-68.

[270] Price, R.& Muckelroy, K. (1977).The Kennemerland site: the third and fourth seasons. 1974 and 1976.An interim report.I.J.N.A.,6,187-218.

[271] Prynne,M.W.(1968).Henry V's Grace Dieu.Mariner' Mirror,54,115-28.

[272] Renfrew,C.(1973).Before civilisation.Jonathan Cape,London.

[273] Rice,W.McP. (1821).An ancient vessel recently found under the old bed of the River Rother in 1822.Archaeology, 20,553-65.

[274] Robinson,M.S.(1958).The van der Veide Drawings.A catalogue of drawings in the National Maritime Museum. Cambridge University Press, London.

[275] Robinson,W.S.& Branerd,G.W.(1951).A method for chronologically ordering archaeological deposits, and the place of chronological ordering in archaeological analysis.American Antiquity,16, 293-313.

[276] Rochier,R.(1975).Note sur un des plus gros jas d'arcre antique connu. C.A.S.,4,119-50.

[277] Rogh,G.(1963).Spargi.In Taylor,J.du P.(ed.). Marine archaeology,pp.103-18. Hutchinson,London.

[278] Rostovtsev,M.I.(1926).The social and economic history of the Roman Empire.Oxford University Press,Oxford.

[279] Rule, M.F. (1972).The Mary Rose:interim report,1972,I.J.N.A.,1,132-4.

[280] Rule, M.F. (1973).The MaryRose: second interim report. I.J.N.A.,2,385 -8.

[281] Rule, M.F. (1976).An early gun-port lid. Mariner's Mirror,62,184-5.

[282] Sanlaville,P.(1972).Vermutues dating of changes in sea level.In UNESCO, Underwater archaeology, anascent discipline,pp.185-91.UNESCO.Paris.

[283] Santamaria,C.(1972). Etude d'un site archéologique sous-marin situé à l'Est du Cap Dramont,C.A.S.,1,65-73.

[284] Samtanaria,C.,Dumas,F.,Benait.F.&Sivirine,A.(1965).Dramon 'A'. In Taylor. J.duP.(ed.).Marine archeaology,pp.93-103.Hutchinson,London.

[285] Seranton,R.L.& Ramage,E.S.(1967).Investigations at Corinthi: an Kenech-reir,Hesperta,36,124-86.

[286] Shaw,J.W.(1972).Greek and Roman harbourworks,In Bass,G.F.(ed.). A history of seafaring, based on underwater archaeology, pp. 88-112,Thame and Hudson,London.

[287] Sheppard,T.(1926). Roman remains in North Lincolnshire,Trans.E.Riding Antiq.Soc.,25,170-4.

[288] Siegel,S.(1956).Nonparametric statistics for the behavioural sciences. McGraw Hill Series in Psychology,New York.

[289] Steveking,G.de G.(1976).Progress in economic and social archaeology.In Steveking,G.de G.,Longworth,I.H.,and Wilson, K.E.(eds.).Problems in economic and social archaeology.ppxv-xxvi,Duckworth,London.

[290] Smith, R.A. (1907).The wreck on Pudding Pan Rock,Herne Bay,Kent.Proc. Soc. Antiq.,21,268-9.

[291] Smith, R.A. (1909).The Pudding Pan Rock,Herne Bay.Kent,Proc.Soc.Antiq.,22,395-114.

[292] Sneath,P.H.A.&Sokal,R.R.(1973).Numerical taxonomy;the principles and practice of numerical classifications W.H. Freeman,San Francisco.

[293] Stanbury,M.(ed.)(1975).Batavia catalogue.Perth Western Australian Museum,Perth, W.A.

[294] Stenuit, R. (1972). Treasures of the Armada. David and Charles, Newton, Abbot .

[295] Stenuit, R. (1971). Early relics of the VOC trade from Shetland: the wreck of the flute lastdrager loss off Yell,1653.I.J.N.A.,3,213-56.

[296] Stenuit, R. (1975).Treasure of Porto Santo,National Geographic,118(2).250-76.

[297] Stevens,S.,Philip,B.& William,W.(1976). A major discovery of Bronze Age: implements at Dover.Kant Archaeol. Review,43, 67-73.

[298] Swiny,H.W.&Katzev,M.L.(1933).The Kyrenia shipwreck,a fourth century B.C. merchant ship. In Blackman,D.J.(ed.). Marine archaeology.pp.339—59. Butterworth,London.

[299] Tarilez.P.(1965) .Titan.In Tayler, J.du P.(ed.). marine archaeology. Pp.76-92,Hutchinson,London.

[300] Tatton Brown.T.W.T.(1974).Old Custom House. Medieval Archaeol.,18,202-4.

[301] Taylor,E.G.R.(1956).The haven finding art.Hollis and Carter,London.

[302] Taylor,J.du P.(ed.)(1965).Marine archaeology.Hutchinson,London。

[303] Tchernia,A.(1969). Les fourlles sous marines de Planier (Bouche du Rhone),Compres rendus de l'Academie des inscriptions et belles lettres (Inst. de France).1969,292-309.

[304] Techernia,A.&Pomey,P.(1978). L'épaOe romaine de la Madrague de Giens (Var) . (Fouilles de l'Institut d'archéologie mé¬ diterranéenne) .Supplement a Gallia.

[305] Testaguzza,O.(1961).The port of Rome,Archaeology,17,173-9.

[306] Thomas,C.(1959).Imported potttery in dark age western Britain.Medieval archaeol.,3,89-111.

[307] Thompson,I.A.A.(1975).Spanish Armada guns.Mariner's Mirrror,61,355-71.

[308] Thompson,M.W.(1967).Noogorod the Great.Evelyn,Adams and Mackay, London.

[309] Throckmorton.P. (1969).Ancient ship yields new facts and a strange cargo. National Geographic,135(2),282-300.

[310] Throckmorton.P. (1970).Shipwrecks and archaeology,the unharvested sea. Victor Gollanez,London.

[311] Throckmorton.P. (1973a).Ships and shipwreck;the archaeology of ships.In Blackman,D.J.(ed.),Marine archaeology,pp,193-520. Butterworth,London.

[312] Throckmorton.P. (1973b).The Roman wreck at Pantano Longarini.I. J.N.A.,2,213-66.

[313] Throckmorton,P.,Hall,E.T..Frost,H.,Martin,C.,Walton,M.G.&Wignall,S. (1969).Surveying in archaeology under water, Colt Archaeological Institute manograph No.5,Bernard Quaritch, London.

[314] Toudouze.O.C.(1934).Histoire de 1a Marine,Paris.

[315] Tylecote,R.F.(1977),Durable materials for sea water:the archaeological evi- dence.I.J.N.A.,6,269-83.

[316] Ucelli,G.(1950).Le navi di Nemi.La Liberia dello Stato Roma.

[317] Uhlig,H.H.(1948).The corrosion handbook,Electrochemical Society, New York.

[318] UNESCO(1972).Underwater archaeology, a nascent discipline UNE- SCO,Paris.

[319] van der Heide,G.D. (1956).Archaeological investigations in newland.Antiq- uity and Survival,1,93-120.

[320] van der Heide,G.D. (1976).Archaeological research in the Zuider Zee.Na- tional Maritime Museum,London.

[321] van Doorninck, F.H. (1967).The seventeenth century ship at Yassi Ada;some contributions to the history of naval architecture. Ph.D.thesis,University of Pennsylvania.

[322] van Doorninck, F.H. (1972).Byzantium，mistress of the sea;330-641.In Bass,G.F.(ed.).A history of seafaring,based on under water archaeology, pp.134-58.Thames and Hudson,London.

[323] van Doorninck, F.H. (1976).The Fourth century wreck at Yassi Ada,an interim report on the hull. I.J.N.A.,5. 115-31.

[324] Visquis,A.G.(1973).Premier inventaire du mobilier del' epa ve des jarres a Agay. C.A.S.，2,157-67.

[325] Vrsalovic,D.(1974).Istrazivanja i zastita podmorskih archeoloskih spomenika u SR Hrvatskoj. Republicki Zavod za zastitu spomenika kulcture, Zagreb.

[326] Wainwrighr,F.T.(1962).Archaeology and place-names and history,Routledge and Kegan Paul,London.

[327] Wallace,P.F.& McGrail,S.(1976).Wood quay,Dublin. I.J.N.A.,5,80.

[328] Ward,J.H.(1963).Hierarchical grouping to optimise an objective function. J.American Statist. Assoc.,58,236-44.

[329] Waters,D.W.(1958).Fhe art of navigation in England in Elizabethan and early Stuart times. Hollis and Carter,London.

[330] Weier, L.E. (1971).The deterioraton of inorganic materials under the sea.Institute of Archaeol.Bull.,11,131-63.

[331] Weier, L.E. (1975).A fourteenth fifteenth century A.D. shipwreck at Sattahip. I.J.N.A.,4,385-6.

[332] Weinberg,G.D.,Grace,V.R.,Edward,G,R.,Robinson,H.S.,Throckmorton,P-.&Ralph,E.K.(1965).The Antiky thera shipwreck reconsidered.Trans. American philosph.Soc, 55(3).

[333] Wheeler,R.C.&van Gemert,R.C.(1972).Waterways open the New World.In
      Bass,G.F.(ed.).A history of seafaring, based on underwater archaeology.pp,
      282-304, Thames and Hudson, London.

[334] Wheeler,R.C.,Kenyon,W.A.,Woolwortn,A.R.&Birk, D.A.(1975).Voices From
      rapids. Minnesota Historical Archaeology Series,No.3.Minnesota Historical
      Society, St Paul, Minnesota.

[335] Wheeler,R.E.M. (1954a).Archaeology from the earth.Oxford University
      Press, Oxford.

[336] Wheeler, R.E.M. (1954b). Rome beyond the Imperial frontiers. George Bell,
      London.

[337] White,L.(962). Medieval technology and social change,Oxford University
      press, Oxford.

[338] Wignall,S.(1973).The Armada shot controversy. In Blackman,D.J.(ed.).Ma-
      rine archaeology.pp. 463-77. Butterworth, London.

[339] Wilkes,W,St J.(1971). Nautical archaeology, David and Charles., Newton
      Abbot.

[340] Williams, P.F.de C. (1976). Roman harbours, I.J.N.A., 5, 73-9.

[341] Wishart, D. (l969), An algorithm for bierarchicat classifications. Biometrics,
      25, 165-70.

[342] Witsen,N.(1671).Architectura navalis et regimen nauticum...schecps bourw-
      en bestier,Amsterdam. (Reprinted Graphc,1970).

[343] Wright,,E.V.(1976).The North Ferrbyboats.National Maritime Museum, Mar-
      itime Monographs and Reports,No. 23, London.

[344] Yorke,R.A.& Davidson,D.P.(1969).Roman harbours of Algeria。 Underwater
      Association Report,1969, pp.8-21.

[345] Yorke,R.A.& Little,J.H.(1975).Offshore survey at Carthage,Tunisia,1973.
      I.J.N.A.,4,85-102.

[346] Yorke,R.A.,Little,J.H.&Davidson,D.P.(1976).Offshore Surveys of the harbours of Carthage; a summary of the 1975 season's work,I.J.N.A., 5.173-6.

[347] Zacharchuk, W.(1972). The Restigouche excavation.I.J.N.A.,1, 157-63.

[348] Zenkovich,V.P.(1967).process of coastal development. Transl. Fry, D.G.Steers, J.A.&King, C.A.M.(ed.), Oliver and Boyd, Edinburgh.